范仕强

说不尽的中国人

曾仕强谈民族精神

曾仕强　著

中国工人出版社

目录
CONTENTS

上篇 中国人在想什么

中篇 中国人为什么这样想

下篇　乱中有序的奥秘

上篇
中国人在想什么

中国人，你心里在想什么

中国人最有趣的事情，莫过于同时说两句话，而且是两句互相矛盾的话。

我们先说：好心有好报。接着又说：好心遭雷殛。

这两句话，显然十分矛盾。善有善报，固然大家深信不疑，而好人早死，经常为小人所害，也是不争的事实。可见这两句话，都具有相当的道理。

中国人一方面要求慢条斯理，从容不迫；一方面却鼓励动如脱兔，捷足先登。一方面主张未雨绸缪，及早盘算；一方面却倡导能拖且拖，到时再说。一方面相信谋事在人，成事在天；一方面则力求趋吉避凶，善于补过。一方面讲求深藏不露，量力而为；一方面则鼓吹见义勇为，舍我其谁。一方面要随机应变，见机行事；一方面却应该择善固执，坚持原则。一方面强调无欲则刚，知足常乐；一方面却常常取法乎上，方得其中。

西方人大多觉得中国人毫无原则，做什么事情，都是个案处理，好像爱怎么样就怎么样，毫无法纪精神。

中国人自问，除了有原则之外，简直一无所有。我们每一个人，都认为自己十分坚持原则，并且非常规矩，不敢目无法纪。

为什么西方人看中国人，和中国人扪心自问，答案相差这么大？因为西方人长期以来，分大于合，喜欢把事情分开来看。他们认为对就是对，不对便不对，不主张含糊其词显得是非不明。中国人却擅长把二看成三，明明只有两种选择，却有办法凭空生出第三种来，比西方人硬是多一种选择，更富于弹性空间，增加权宜应变的机会。

中国人的普遍观念，竟然是“错，绝对不可以；对，真的没有用”。如此含混模糊，难怪西方人不能理解。

错，当然不可以，这一点应该没有疑问。然而对呢？有什么用？从小到大我们的遭遇，就是错，要挨骂！而对，同样挨骂！因为我们知道，完全错或完全对,几乎是不可能的。大部分都是对中有错,而错中也有对。只能够骂得轻重的程度有一些不同,怎么能够只骂这一个却不骂另外一个?岂不是显得有些偏心吗?

对,没有用。看起来很乱。经过一番分析:很对,很对,把对方气坏了,让他听不进去,有什么用?对是对,并不能挽回颓势,于事无补,又有什么用?便知道乱中果然有序。意思是看似凌乱,实际上井然有序。

为什么中国人能够乱中有序呢?

因为我们具有把二看成三的本事,善于兼顾两端,找出中庸之道。在变化多端的现象中,发挥质量管理的精神,寻找合理的平衡点。

我们把互相矛盾的两句话,当作品管的上下限,譬如把"事无不可对人言"看作上限,将"逢人只说三分话"当成下限。在上下限之间,我们因人、因事、因时、因地,表现出"稍有保留""说八分""说七分""说六分""说五分""避重就轻""含含糊糊"等不一样的因应方式。同样一件事,对张三、李四、王五,分别说出不相同的话,看起来真的十分凌乱,实际上却始终紧扣着"逢人只说三分话""事无不可对人言"兼顾并重的不二原则。应用得宜,表现得合理,便是合乎秩序。

说中国人拥有很大的自由,对。因为天大、地大、人也大,根本没有人管得了中国人,任何规定只要不加以理会,好像什么事都没有,当然十分自由。然而,说中国人一点自由也没有,也对。因为中国人的事情,四个字就讲完了,那就是"可大、可小"。任何事情,看起来很小,可能一下子就变成很大。反过来,很大也可以变成很小。只要大事化小、小事化了,不就没事了吗?中国人基本上居于把二看成三,将"充分自由"和"毫无自由"这两种极端的情况,看成品管的上下限,因而走出"只要自律、自修,不违反规定,当然自由"的第三条合理途径。

我们同样将"君子"和"小人"当作两个极端,看成品管的上下限。把人分成圣人、真君子、君子、真小人、小人、伪君子六种等级。伪君子最可怕,也最可恨。和小人比较起来,伪君子看起来高明得多,却完全没有做人的价值。小人不如真小人,因为让大家都知道,总比让人家看不清楚,等到吃亏上当才悔恨,当然要好得多。真君子又比君子强,因为真君子又比君子更经得起考验,就算单独一个人的时候,也不致由于没有旁人在场而有所疏忽。

先小人后君子，便是井然有序的表现。一个人必须掌握“调整快”与“拿捏准”两大要领，不怕快速调整，只怕拿捏不精准。若是很精准，当然能够快速调整。做圣人很难，成君子就好了。最要紧的，千万不要做伪君子。取法乎上，才能得其中。以真君子为长期努力的目标，先以真小人的态度来达到君子的目标，只能算是不得已的方式。及时调整，越来越精准，很快就达到目标。

许多人批评中国人不遵守交通规则，在中国开车，危险万分。但是，看得懂的人都知道中国人掌握到简易的精神，懂得以不变应万变。自古以来，我们只有一条不易的交通规则，那就是“头过，身体就跟着过去”。至于其他交通规则，包括斑马线、红绿灯、双黄线、双白线等等，基本上都是外来的东西，我们出于持经达变的原则，先把这些规则，当作参考用。然后再因时、因地、因人而权宜应变。看起来十分凌乱，实际上条条有理。

现代中国人，应该进一步把可变与不可变区分开来。将可变与不可变看成品管的上下限，在许可的范围内，做合理的判断。像交通这方面的事情，最好克制自己，以不可变为经，尽量遵守交通规则，不需要做太多的调整。

然而，不可以因为一旦遵守规则，便丧失权宜应变的调整能力，以期维持乱中有序的本事，不失去中国人的本性。

一、中国人最可笑的事情——自己看不懂自己

《第三次浪潮》(*The third wave*)作者托夫勒(Alvin Toffler)指出:社会急遽变化,所造成的人类最大的危机,乃是在人的心灵上丧失了三种东西,那就是:共识、秩序和意义。由于缺乏共识,产生许多误会和冲突,引发彼此的疏离和仇恨;因为缺乏秩序,显得无规范、无纪律,似乎伦理和组织都失去了应有的功能;加上缺乏意义,使得生活没有目标,人生迷失方向,当然困惑而混乱。

当前台湾地区,大家都很积极认真,各自都在紧张忙碌中兢兢业业忙工作。但是,我们总觉得有些不对劲。原本以为十分熟悉的中国人,竟然越来越难以理解。本来相当清楚的社会环境,好像也越来越觉得陌生。一直很有把握的事情,如今是越来越没有信心。

难道我们真的处在"转型期",必须忍受这些"惊人的震撼""激烈的变动",无奈地等待"意外的结果"?等待永远不是最好的办法,就算"等",也要有计划、有预期效果,才不致空叹"无力感"。

深究起来,我们主要的不安,来自缺乏"共识"。而最可笑的,居然是"中国人看不懂中国人"。彼此朝夕共处,却陌生如路人。

从表面上看,中国人"听天由命"。实际上哪一个中国人真正"认命"?哪一个中国人,不是到处打听,寻觅确实有本领"改变命运"的高人?

中国人分明不认输,不承认别人的能力比自己强,一天到晚期盼着改变自己的命运。嘴巴上则时常挂着"听天由命",慨叹"命运由天不由人",到底为什么?

我们常说中国人"认命",恐怕不是事实!中国人"盲从权威,依赖认命",实际上只说明中国人的某一方面,却完全看错了中国人的另一方面。

历史上有许多事实,证明中国人盲从权威。却也有很多记载,报道中国人

英勇而理智地反抗权威。如果说这是“平均数”的“多少”问题,那又陷入读书人的自以为是。因为中国人的真正个性,乃是“害怕权威而不崇拜权威”。权威使我们害怕,采取比较缓和或迂回的方式来沟通。如果合理,我们就顺从;如果不合理,我们会衡量实际情况,决定因应的态度。

中国人“一切看情况”,显示我们抱着“不一定”的心态,让我们充分体会出:中国人具有多方面的性格。

我们说中国人如何如何,基本上都对,至少说中了中国人多方面性格当中的一面。说的人看听的人猛点头,便越说越有信心,以为反应良好,必然命中目标。不料正好中了中国人的计:原来猛点头未必表示完全赞成。

反过来说,我们说中国人怎样怎样,基本上都错,至少遗漏了中国人并不这样的某些方面。听的人给我们面子,就会引证许多事实,称赞所言甚是。听的人若是不给我们面子,也可能引经据典,搬出一大堆相反的论证,驳斥我们所说的根本就是片面的道理。

然而,中国人有时候这样,有时候那样,岂不成为毫无原则的“骑墙派”?

答案仍然是否定的。中国人最讨厌没有主见的人,也十分厌恶固执己见。因为我们所秉持的一贯精神,乃是“有原则地应变”。经常变来变去,却怎么变都不会违背自己既定的原则。

“害怕权威而不崇拜权威”便是我们不变的一种原则。我们会短暂地表现出推崇权威,屈服在权威底下,但是,一见情势改变,我们就会鄙视权威,给予轻蔑的回应,甚至羞辱倒台的权威。

我们“知命却不认命”,说“命运作弄人”是自我安慰,说自己运气好,则多半表示谦虚。

西方学者研究中国人性格,常常把中国人看成静态的、固定的。中国人自己明白,中国人是活的、动态的,而且是不固定的。

现在,我们先从下面这个案例,来探讨中国人的行为,看看是不是真的不容易了解。

案例实录一

城市交通的乱中有序

似乎真的是“风水轮流转”。

以前,中国人到美国,有很多事情看不懂,显得十分没有面子。现在,美国人来到台北,竟然发现许多地方弄不清楚,心里相当纳闷。不过,中国人看不懂的时候,不太喜欢发问,只是暗自摸索,或者私底下打听,所以并不明显。美国人就不同了,他们会问,经常出“洋”相。

美国人来到台北,第一个难题,多半发生在交通上。从国际机场经由高速公路,一路倒也相安无事。各种景象,依然十分熟悉,和美国本土没有太大的差异。可是,一进入台北市,看见车辆挤成一堆,不禁怀疑自己的视力,为什么连几线道都搞不清楚?

这时候,美国人开口提出“问题”:“这里到底是几线道?”

中国人的答案实在很难琢磨,居然会这样回答:“要看车子大小。”

老美听不懂,很紧张地追问:“为什么?”意思是:“几线道和车子大小怎么会扯上关系?”

我们优哉游哉,轻松地反问老美:“那你们看什么?”

美国人一本正经地说:“看地面上所画的线啊!”

中国人也振振有词:“看地面上的线有什么用?那些线是政府派人胡乱画上去的。中国人不会反对,但是开车的时候,也不太理会它。”

“开车不看线,那要看什么?”

“中国人最有兴趣的,是目测前面两车的间隔,然后看看自己的车子,究竟挤不挤得进去。如果挤得进去,那就不用客气。若是挤不进去,我们就会停下来,让机器脚踏车去挤。”

老美听出一些名堂,恍然大悟地说:“怪不得两线道挤三辆车,有中国人的地方,总是比较热闹!”

中国人除了喜欢热闹,到处人挤人、车挤车之外,还特别显得凌乱。

美国人觉得凌乱相当可怕,就问第二个问题:“在外国常听说台北交通很乱,真的是这样吗?”

我们的话又是矛盾的:“在台北,我简直不敢开车。不过,开两次也就习惯了!”

“这么乱,为什么开两次就会习惯呢?”美国人好像百思不解。

“因为中国人的智慧高。再凌乱的场面,都有办法摆平的。”

“原来,中国人的交通,不是遵照交通规则来运作,而是运用高度的智慧来进行。”老美的智慧也不低,一点就通。

台北市的交通,中国人心里明白,单单依凭交通规则,根本动弹不得。我们巧妙地运用智慧,才能够在凌乱、拥挤当中,在“简直不敢开车”的气氛下,勇敢地买车、开车。

美国人又想不通了:“运用智慧,总该归纳出一些道理来吧?”

我们是“不明言”的民族,除非不得已,不愿意说出一番大道理。中国人最讲道理,却非常厌恶讲道理的人。“你懂,你懂,说道理说得天花乱坠。难道我不懂?我不说而已,要说,比你说得更透彻。”

但是,一迫之下,中国人随机应变,就开始说出一部分道理:“是这样子的,我们中国人,一切显得很凌乱,但是,乱中有序,所以大家边骂边过日子,也活得挺好的。”

“乱中有序,这倒很有意思。”美国人分析能力很强,马上抓住“乱中有序”不放,要做进一步的分析。

“所谓乱中有序,是指凌乱现象的背后,有一些道理,用来维持这种凌乱的秩序。”中国人自己也摸不清楚,怎么情急之下,能够说出这么有学问的话来,可见久远的传统,会有意无意地增强我们的实力。

“那么,中国人开车的有力依据,到底是什么?”

“中国人讲究简单明了,一切道理,经过我们长久不断地归纳、再归纳,可以说已经千锤百炼,找到最根本的东西!”

“请你不要东拉西扯、拐弯抹角。既然简单明了,就请直接讲出来。”

“这个嘛!好的,我现在就把中国人开车的第一要则说出来。”

“请赶快说。”

“不要急嘛!对了,就是俗语常说的‘头过,身体就会过’。”

“这句话是什么意思?”老美始终显得很急。

中国人比较不慌不忙:“一部车子,如果它的头部通过了,车子的后部,是不是也会跟着顺利通过呢?"

"那当然。"

"所以中国人开车,最要紧的,是看车头能不能通过,能过即过,不能过即止,这是大家都了解的道理。"

"怪不得大家争先恐后,原来想争得车头的位置!"

"中国人当争则争,当让则让。车头的位置未确定之前,要争,才不致落后。车头的位置一旦确定,自己的车头争不过人家,落在他人之后,便应该礼让,让车头在前的车子先行。"

"一阵冲锋陷阵,就是为了拔得头筹。忽然停住,乃是名位已定,应该客气地礼让,而毫无怨言。"果然入境随俗,老美很快就有了中华文化的气息。

争来争去争那一个头,争不过时便要礼让,叫作"守规矩"。看起来很乱,原来有这么一条简明的道理在背后支撑着,才能够乱中有序。

美国人想了想,又想出第三个问题:"既然中国人都明知乱中有序,为什么一直叫喊乱得可怕?"

"我们自己说台北市交通乱得可怕,是跟着你们说的,说难听一些,也是说给你们听的。"

"真的?"

"你们在美国开车,要变换车道时,首先打方向灯。方向灯闪亮,后面的车会减速、礼让,所以很容易就变换过去。你们来到台北,以为同样的车子、同样的交通规则,必然有同样的反应。没有想到,一打方向灯,后面的车子竟然按喇叭,加油又加速,弄得你们心脏快要停止,因此觉得在台北开车十分可怕。"

"是啊!为什么看见前车打方向灯,后面的车子非但不礼让,反而猛按喇叭,甚至开亮大灯呢?"

"道理很简单,是怕前面那辆车头挤过来,特别提出警告的。后面的车子不加油加速,前面的车子把头往这边一歪,整个形势马上改观,所以不得不防。"

"听起来颇有道理,可是,大家互不相让,问题如何解决呢?"

"这正是我们所说的智慧。你看,要变换车道的人,结果没有不如愿以偿的,是不是?"

美国人还是搞不懂,摇摇头。接着又问:"就算是我们美国人惹的祸,说你们的交通乱得可怕,那你们为什么也要跟着这样说呢?"

中国人依然慢条斯理,毫不为难地回答:"近百年来,我们好像已经养成习惯,用欧美人士的标准来衡量我们自己。反正欧美人士怎么说,中国人也跟着怎么说,非但可以少花脑筋,而且比较安全,因为遭受攻击的概率比较小。"

"那为什么又说是说给我们听的呢?"

"这个更为明显。现在一切讲求现代化,特别优先的,便是'口头现代化'。至少我们已经大声喊出'交通混乱是国民的耻辱',也不断呼喊要'找回交通的爱',让你们明白,我们正在追求现代化!"

"这样做是没有效果的。现代化必须和自己的文化结合在一起,才有真实的作用。"老美喜欢说老实话,这一点相当可爱。

"可惜,美国国务院没有正式发一纸什么皮书给我们。好在中国人一向喜欢说就让他去说,不喜欢听的依然故我,丝毫不受影响,所以叫喊了快一百年,还是没有什么改变。"

"这一点就不正确了,我看你们的青少年,已经有很大的改变。"老美再度展示锐利的观察力和分析力,而且也会照实明白地说出来。

"对,他们是严重的'受害者'。我们起初也非常担心,现在我们终于看明白了,反而比较放心。"

"为什么呢?"

"因为他们随着岁月的增进,会自己调整回来。中国人常说,大学容易毕业,社会大学不容易毕业。社会的力量不知不觉地保护着中国人,长期维护着可爱的中华文化。"

在案例一中,我们至少看出几点:

1.中国人不是有问题不问,而是不必公开发问让自己没有面子。我们暗地里请教,既获得答案,又顾全面子,是一种比较周到的方式。

2.中国人的思维逻辑,往往自成一套。开车不看地面上的线,并不表示国人完全漠视客观的条件。我们把所画的线当作参考,依据车子的大小和前面两部车子的间隔,做合理的决定。我们的想法:"只要不妨碍别人,弹性运用路面的空间,有什么不好?"

3.常听人说:"台北市我不敢开车",紧接着说:"不过开几次也就习惯了!"

可见乱中有序,不然开多少次都不可能习惯。这乱中有序,依据的都是中国人自己的道理。我们的文化,具有很大的包容性,不排斥外来文化,却将外来的一切包含在固有的文化之中。这才是中国人"以不变应万变"的真本事,可惜现在我们似乎缺乏勇气面对这种特性,反而一味盲目指责中国人的不是。

长期以来,我们总是认为中国人的态度不够明朗化,明明有问题,就是死爱面子,不肯问。现在我们有问题便明白提出来,就是"比较开朗",却不料等于"公开招认自己的不懂"而惹得自己没有面子,这怪谁呢?

在中国社会,自己没面子最好不要怨天尤人,应该反省自己:"是不是自己的衡量标准不合中国文化,把对的当作错的,而将错的当作对的呢?"

中国人有很多想法和西方并不一致。难道和西方不一样的想法,就必然是错误的?

我们的行为,往往表面上看起来很乱,简直乱七八糟。然而,仔细一想,乱的背后十分有道理。这种乱中有序的中国功夫,我们好像越来越看不懂了,是不是?

中国人看不懂中国人,怎么建立共识?缺乏共识的社会,怎么可能有良好的秩序?原本乱中有序的,也被曲解成为没有秩序,那"中国人"这个名词,又具有什么意义?中国人不明白自己怎样是对的,怎样又是错的,当然困惑而混乱。

二、中国人最自豪的事情——未尝有一己之私

西方人把“自私”放在台面上，认为“人会自私”，乃是相当透明化的事实。何况“只要我喜欢，有什么不可以？”他们居于“你自私，我自私，他也自私”的出发点，坐下来协商、谈判，然后设定“游戏规则”，各自为自己的利益而努力。

中国人并不如此。我们自古以来，便认定“人有自私的心理”，但是，人应该致力自修，把自己从“自私”的层级，提升到“大公无私”的境地。人必须“应该”重于“喜欢”，“虽然我喜欢，如果不应该，就要自我克制，不可以去尝试”，这才是“人之所以为人”的道理。

传统中国人，谁也不敢公然倡导“只要我喜欢，有什么不可以”，更遑论把它编成歌谣来唱？

多问“应该不应该”，不能只问“喜欢不喜欢”。这就是“去私”的功夫，目标则摆在“无私”的心田。

历来多少显赫人物，莫不以“未尝有一己之私”而自豪。不敢有一念之私，成为大官拍胸膛的最雄厚本钱。

中国人对任何事情，总是“动机”“过程”与“结果”并重，而且任何一样不合乎理想，都会造成很大的遗憾。其中动机纯正，为公而不为私，乃是十分重要的因素。公而忘私，不敢假公济私，几乎成为中国人的口头禅。天下为公，更是中国人从小到大都能朗朗上口的字句。

然而，每当我们谈及中国人的时候，我们很少不无奈何地慨叹：“没有办法，自私，中国人嘛！”

人行道堆满杂物，自私。车辆开上红砖道，自私。停车超越行人斑马线，自私。把公家的物品带回家，也是自私。只顾自己的方便，不管他人是否安全，当然是自私。

我们可以列举几千条有关中国人“自私”的罪状，不过追究起来，几乎每一

个中国人都不承认自己是自私的,这到底是什么道理?

两个车道挤三部车子、在高速公路上面行驶路肩、大厦地下室充当餐厅、老师在上课时间利用耳机收听股票行情。诸如此类的情形,在我们这个社会简直比比皆是。这些情况,足以证明中国人自私吗?

我们且来看看案例二,再作判断,可能更为切合实际。

案例实录二

中国人喜欢充分利用

两个车道挤三部车子,在表面上看起来,是中国人喜欢热闹,也可以解释为自私,只顾及自己的方便,丝毫"不守规矩"。

但是,当一部车从两部之间的夹缝进去的时候,中国人的心目当中,丝毫没有"自私"或"不守规矩"的羞愧感,而是充满了逃过交警拦截的庆幸心态。他可能看看右边,似乎在告诉那一位驾驶朋友:"你看,没有碰擦到你的车子,刚刚好,差一点儿我就不会挤进来了。"也可能瞧一瞧左边,好像在传达一种信息:"我总算赶上来了,下一次起步时,我如果稍微超前,你只好忍耐一些,跟在我的后面。"

他为什么没有羞愧感呢?探究起来,很容易发现,中国人的脑海深处,留有一种牢不可破的观念:"充分利用。"台北市人多车多,如果不能够充分利用每一寸道路空间,交通流量势必大幅减低,拥塞的情况就会更加严重。

中国人这种"充分利用"的观念,是自古以来就逐步养成,而且一再推广,不但根深蒂固,而且应用得十分广泛。比如一只鸡,给外国人食用,往往"头不食,脚不食,内脏也不敢食,弄得垃圾一大堆"。中国人呢?"从头食到尾,鸡毛晒一晒,要做鸡毛掸子,一点儿垃圾也没有"。

这样我们才可以了解,为什么车子一上高速公路,我们看见车子拥塞,马上会看看路肩,心想空在那里,不让大家行驶,实在可惜。

只是中国人多数奉行"不敢为天下先"的政策,不愿意率先行驶路肩,以免万一被交通警察逮到,十分"倒霉"。因此大家耐心等待,等待那个"不怕死"的率先行驶路肩,立刻有人跟进。最好是跟在大卡车后面,第一,它的位置高,看得远,随时可以发现警车的踪影;第二,它体积较大,有遮蔽、掩护的作用;第三,它想缩回来行驶慢车道时,以大吃小,也比较容易。跟在这种有利的车辆后面,只要提高警觉,不在紧急刹车时撞了上去,便可以放心驶去。随时察觉前车缩回慢车道的动作,赶紧跟着缩回,大概可以担保无事。

被挤在快车道,或虽然占着超车道,却寸步难行,大家眼巴巴地看着路肩上的车辆飞驰而过,不免大骂"中国人不守规矩",觉得气愤不堪。

如果忍耐不住,便会自己找理由,逐渐向路肩移过去,好不容易挤上路肩,正待飞驰一番,不料前车逃逸无踪,而自己正好被警察逮住,当然大呼"倒霉"不已!

"充分利用"的理念并没有错,但是,用错地方,岂止倒霉而已,有时会闯成大祸,还是小心为妙。

再看,很多大厦的地下室,也被"充分利用",改装成为餐厅、美容院、三温暖、地下商店等等,害得违章拆除大队冒险犯难,到处去拆,依然拆不完!

中国人深知"正确的观念,有时也会产生不良的影响;不正确的观念,有时反而带来良好的影响",可惜,我们的智慧,越来越被漠视,以致调整失灵,不知如何是好!

孙中山先生上李鸿章书,结论说:"人能尽其才,则百事兴;地能尽其利,则民食足;物能尽其用,则材力丰;货能畅其流,则财源裕。"其中"人尽其才,地尽其利,物尽其用,货畅其流",实际上就是"充分利用"的主张,所以是"富强的大经,治国的大本"。

东南亚的华侨,白天经营珠宝店,晚上在夜市摆流动摊的,比比皆是。他们"充分利用"时间,被赞美为"勤勉"。

比较热闹的地区,把商店的货品堆积到人行道上,以吸引过路的人潮,名为"诱导台",实际上也是"充分利用"空间,把商店延伸到街头。

古人说得相当清楚:"汉代妇女,一个月工作四十五天。"她们白天工作,晚上还要织布,每天工作一天半,一个月便可以工作四十五天。这种"充分利用"时间的方式,成为中国人勤劳的习惯。

现代教师,利用上课时间,插好耳机收听股票行情,以便在下课时打电话告知友人买进或卖出,同时满足"充分利用"时间与公家电话的需求,似乎也颇合勤劳的原则。

值得我们注意的是,同样充分利用公家时间与器材,一旦成功或发财,似乎完全是对的。若是失败或穷困,那就成为众人取笑的对象。

充分利用上班时间,认真读书,结果考取公费进修,又充分利用公家的金钱,攻读自己的学历。这种勤读楷模,大家公开赞扬,被认为"他能,我为什么不能"的标的,极力仿效。没有人计较他所使用的,是公家的时间;他所花费的,也是公家的金钱。

相反的,"公时不能私用""公私应该分明",却也是没有人反对的口号。

高速公路上,电动字幕闪现"保持行车安全距离,违者重罚"的字样。

我们问司机:"什么叫作安全距离?"

司机回答:"没有碰撞在一起,就是保持安全距离;一旦发生车祸,前后碰撞在一起,便是没有保持安全距离。"

如果再追问下去:"到底要保持多大的距离?"

司机可就火气大得很:"整条高速公路都快塞满了,怎样保持距离?"

"为什么不能?"

"一有一点空隙,旁边的车就要钻进来。"可见是"充分利用"空间的观念在作怪。

"他们为什么要钻来钻去蛇行呢?"

"要不然,花那么多钱买外国车做什么?"又是"充分利用"外国车性能的念头。

在食的方面,中国人一双筷子,要吃尽天下苍生,便是"充分利用"可以入口的东西。这一餐吃不完的食物,舍不得丢弃,把它留存下来,一再加热,管它还有没有营养价值,这正是"充分利用"的美德。

以往可以如此,因为往昔的食物,大多是自然的,没有什么人工加味料,一热再热,就算没有营养,至少可以填饱肚子。万一已经腐坏,了不起多跑几趟厕所,也就自然排泄。现在的食物,什么奇奇怪怪的成分一大堆,多热几次,如果产生致癌毒素,恐怕再多跑几趟厕所,也将宣告非药物所能挽救。

现代中国人,在食的方面,最好奉行另外一句老话:"吃一点,喝一点。"多样选择,而且分量不要多,这样各种毒素都有,也都不足致命的分量,可以保住一命。不固定食物,不偏食,样样都来,常常换胃口,这才是"充分利用"各种食物的崭新诠释。

在衣的方面，中国人一件衣服，要一补再补，表示爱惜物力。大哥穿过的制服，留下来给二哥穿，二哥穿过了还可以传给小弟穿，这种“兄终弟及”的精神，充分显现“充分利用”的理念。

旧的衣服，若是没有人承接，我们也会把它洗干净留存起来，或者用以救济贫穷，或者用来充当抹布。有时候把许多旧衣服拼凑起来，成为新颖的“乞丐装”，更是体现了巧妇的佳思。

穷的时候，新三年，旧三年，拆拆补补又三年。这种时期，中国人好像永远不长高，也不加胖。年年如是，日日如此。人体可以配合穷困，将衣服充分利用。

富有的时候，一会儿袖口太宽，一会儿领口太高。充分利用理由添购新装。把旧衣服送人，必定充分利用对方的心理需求：“这一件我才穿过一次，跟新的完全一样。”接受的人，也不必领情，反正是人家不要的，我只是充分利用而已。

说到住的方面，一个屋檐下，可以五代同堂。现代中国人，更是科学化，一家人挤在二十坪(一坪约合3.3平方米)的房屋内，竟然可以收留五十个寄居学童，因为方便就读学区较好的学校。这种举动，无论就各种角度来看，都在发挥充分利用的莫大力量。大家充分利用，明星学校才更加明星化。

海外华侨，屋子里居住人口的密度，经常为外人叹为观止。有时一场大火，烧出那么多人，殊难想象。

行的方面，中国人更有办法。公家的车子要依照规定时限报废，才可以充分利用预算，同时把它的剩余价值让给明眼人去充分利用。私人的车子，那就寿命比乌龟还要长，因为我开车技术好，又特别用心保养，所以虽然开了二十几年，引擎还是听不出什么杂音。

一部车子，规定除司机以外，可以乘坐四人。如今我们一共五人，再多加一部，岂非浪费？不如张兄、李兄身体不胖，勉强挤在前面那一个座位上，你看如何？

“过收费站，被警察看见如何是好？”

“不要紧，快到收费站的时候，李兄可以躲在张兄的前面，上面用西装盖起来，警察看我们神色自若，不会起疑的。”

充分利用一部车的空间，也充分利用警察先生的心理。中国人脑筋灵光，加上“充分利用”的意识极强，如何配合得恰到好处，让我们共同勉励，以求合理。

除了“充分利用”之外,我们还有许多拒绝承认“自私”的挡箭牌。难怪我们经常责怪中国人自私,而挨骂的人,却理直气壮,对指责常常不屑一顾。

“充分利用”的观念并没有错,只是任何观念,长久使用之后,逐渐忘记本来的用意,往往衍生许多错误的行为。我们若是不从观念的端正着手,一味指责错误的行为,多年来的事实,已经证明“骂的人很生气,听的人无所谓”,根本没有多大的效果。

最奇特的现象,则是骂人家自私的人,到了与自身有利害关系的紧要时刻,竟然也学所骂的人那般“自私”起来。这时候如果有人照样责骂他,而他也照样不理会。

一般而言,一个中国人,处理和自己利害关系息息相关的事的时候,几乎都是标准的中国人。处理和自己没有利害关系的事情,则说得头头是道,完全是西方式的大道理。

中国人之所以能够历久弥新却又不改中国人本色,便是嘴巴说大道理,一学便会;切身去实行,大家就会盘算利弊得失,因而不轻易改变。

大家心中有数,中国人这一套,听起来似乎非常没有道理,实际上对当事人往往利多于弊。既然利大于害,其中必然有大道理在,为什么我们不好好研究,逐一改善,使其符合现代精神,而又切合我们内心的需求呢?

就以“充分利用”来说,台湾地区车多路窄,希望政府将现有的二线道拓宽成为三线道,事实上有很大的困难。仅仅将二线道的线改画成三线,也有些车子非出线不可。于是自行调节,能挤就挤,在有限的空间产生最大的交通流量,谨慎地发挥“充分利用”的功效,未尝不是解决实际问题的有效方法。

但是,高速公路的路肩,那就不是“充分利用”所能够涵盖的部分。因为路肩空而不用,才能紧急时产生“无用之用”的“大用”。

我们应该充分沟通路肩的无用之用,因为“无用之用”也是中国人熟悉的东西。否则严禁行驶路肩,违者重罚,遇到“不怕花钱的大爷”,抱着“了不起花几个买路钱”的心情。抓不到他,他笑政府“嘴巴会讲,实际上做不到”;抓到了他,他骂政府“死要钱,什么地方都不放过”。有些人甚至怀疑“路肩禁止一般人使用,是方便警察车快速通过,以便追拿超速的车辆”,因而更加不服气。

大厦地下室禁止违规使用,事实上也是为了“无用之用”的“大用”。但是禁止的人,说一大堆中国人听不进去的道理;禁止的命令,写一大堆中国人看不懂的中国字。结果禁者自禁，违者自违，而且不认为自己有违规的行为。这种情况长期存在，而我们天天生气，却不深一层去思考，岂不更加令人生气？

中国人从小就被教导“不可以自私”，要顾及家人。至少中国人对家人自私的时候，相当有顾忌，心中也十分不安。学校教育，如果顺着家庭教育，将不可以对家人自私，扩充到不可以对别人自私。同时把很多“看起来自私，实际上不是自私”的案例，说明得清楚明白，一代比一代更不自私，中华文化就得以发扬光大。

现在我们开口中国人自私，闭口中国人自私。新生代听多了，自然觉得“凡中国人皆自私，我是中国人，当然也自私”，因而自私得心安理得，毫无愧疚。

中国人以不自私为荣，才能够逐渐克制自私的心理。一天到晚骂中国人自私，反而令人觉得自私才是中国人的本性，放弃不自私的修治，改唱“只要我喜欢，有什么不可以？”唱久了，中华文化也就完了。

有一天，我们相信中国人未尝有一己之私，我们就成功了，不但是经济起飞，而且是泱泱文化大国。

三、中国人最拿手的事情——怎么说都有道理

不错,这是重视沟通的时代。然而,跟中国人怎么才沟得通呢?眼前不是有很多事情沟不通吗?

台电核一、核二、核三厂,没有什么沟通就盖起来了。核四厂要沟通,一直沟而不通,搁置在那里。

美国人也有沟不通的时候,他们可以委请专家,客观评估的结果,大家接受或不接受,总有一个决定。

中国专家也很多,只是专家一出场,观众就失望地喊起来:"这几个?不行。他们已经被台电收买了!"中国专家气急败坏地以人格担保:"绝对没有这回事!"大家依然不相信。

严格说起来,中国人是世界上最讲道理的民族。不幸的是,我们今天说这种话,连中国人自己都不敢承认。有些人甚至嘲笑地说:"对,讲道理,可惜讲的都是歪理。"

认为别人说的都是歪理,唯独自己说的才是真理,这也是中国人的另一种特性,同样构成中国人的沟通难题。

其实,中国人很容易沟通,只要顺性而为,顺着中国民族性去沟通,轻松愉快。偏偏我们现在不走这一条路,非要倡导什么"有话直说""一切透明化""提高会议效率",弄得背道而驰,越来越忙乱,却越来越无效。

中国人最拿手的事情,莫过于"怎么说都有道理"。这么高明的沟通能手,怎么说得过他?每当看见"说服"这两个字的时候,中国人心里都会好笑:"说服?你想说服谁呀?"中国人个个都是道理专家,我们把"名嘴"都当成"盖仙",当面给他面子,可以,背后要叫我服气,很难。

我们都知道:"话都是你讲的,怎么讲都对!"

有人读了一些西方经典,大骂中国人爱玩文字游戏。中国人已经说得十分

清楚，语言、文字本身就是一种障碍。我们不爱玩文字游戏，请不要误解。

我们的智慧，使我们明白："道理实在不好讲！"你看，中国人一开口，便是："这件事情嘛，其实很难讲。"或者："这位仁兄嘛，很难讲。"

中国人为什么样样很难讲，很难讲为什么还那么喜欢讲，是不是讲多了反而容易讲？

请看案例三。

案例实录三

人人各有一套大道理

从高雄华王大饭店乘计程车前往小港机场，准备返回台北。司机眼明手快，一个急转弯，就朝高雄女中的方向驶去。

"生意好不好？"我想稳定他的情绪，希望他不要开得那么快，却苦于中国人不方便直言，便先动用闲聊的方式，使他知道我不是喜欢找麻烦的人，以利于圆满的沟通。

"普通啊！"司机看都不看我一眼，使用中国人的标准回答语，"普普通通""差不多""如此如此"，保证不会出差错。

"路不好驾驶乎！"闽南语近乎文言，说起来简单，含义却相当深奥。

"有什么不好驾驶？路这么大条，车辆只有这么小，怎么会不好驾驶？"总算一句话触及他的牢骚点，转过头来看我一眼，似乎要决定是不是继续发挥下去。"大家骂交通不好，偏偏不用心去寻找交通不好的原因，一路骂下去，有什么用？"

这个司机不简单，有一套。我好奇地问他："那你看是什么原因？"

"什么原因？有钱人爱买车，又不认真练习开车的技术。你看，前面那一部私家车，能过不敢过，挡死在那里。一句话：怕死又要自己开车，弄得大家都动弹不得。"

这种道理相当新奇，我觉得茅塞顿开，赶紧再请教："大家都不开私家车，改坐计程车，交通会不会改善？"

“我可以保证。私家车不要塞死在前面，像我这种驾驶技术，来回机场一趟，只需要现在三分之一的时间。”

“那大卡车也要禁止上路才行。”

“大卡车还好，最可恶的是公车，站站都要停，同样阻碍交通。”

“但是，有些专家认为大家都乘坐公共汽车，交通就会顺畅得多。”

“那根本是乱说。专家都是读死书的，随便说说而已。”

古代中国人，“秀才不出门，能知天下事”。现代中国人，“只要不抓人，开口胡乱讲”。

有人说知识普及，人人有“知”的机会，所以意见特别多，叫作“多元化”。其实，中国自古以来，一直多元化。不过以往中国人有话避免公开说，凡公开说的不是含含糊糊，就是投其所好，显得相当一元化。现在则有话不公开说，等于放弃作秀的机会，反正对也说、不对也可以说，才叫作多元化。

我们访问公车司机：“台北市交通为什么这么乱呢？”答案想必相当简单：“私家车不守规矩，计程车又爱停便停，有时气不过，真想下车揍人！”

没有一个中国人自己承认不讲道理，个个都肯定自己最讲道理。问题是大家都不承认别人的道理，只承认自己的道理。

“道理只有一条，歪理却有一千条”，这是大家共同认定的道理。但是“一条道理比较不容易找”，不见得你说的就是那一条道理。“千条歪理比较容易撞”，随便撞一下，便出现一条歪理，可见你和我一样，都是胡乱撞出一条理来。

公说公有理，婆也说婆有理。究竟谁有理？答案有好几个。奇怪的是，这些可能的答案，最后都和“人”有关。所以中国人每听一事，每闻一意见，通常会先问：“是谁说的？”

“谁说的”决定对或错、是或非、可以或不可以，同时也决定接受与否、要赞成或反对。

问卷调查如果必须具名负责，不是被揉成一团，摔到纸篓去，便是小心翼翼，挑选对答者有利的答案。若是无须具名，中国人一看编有号码，立刻提高警觉，认为是查对填答人的密码，而有所戒慎。完全没有记号时，放心作答，又可能“有意让某些人难堪”而故意不按原意填写答案。关键仍在于问题文字的不明确，以及弄不清楚这当中的话究竟是谁说的。

中国人比较适合讨论,特别是面对面,连声音带表情都很清楚,又可以肯定"谁说的",帮助自己拿定主意。

哥哥希望弟弟下午不要出门,在家帮忙家事,若是用商量的口吻:"你下午有没有事情?能不能留在家里帮忙?"弟弟通常会机警地回答:"还没有决定,因为我的同学可能会来找我。"

哥哥如果懂得"假传圣旨",说:"父亲说你最近玩得差不多了,希望你下午留下来帮帮母亲的忙。"效果可能会好些。

父亲想买一只摇椅,交代哥哥征求弟弟的意见。哥哥说:"我建议买一只摇椅送给父亲坐用,你看如何?"

弟弟可能会说:"不要啦,父亲不喜欢摇来摇去。"

哥哥若是这样说:"父亲想买一只摇椅,要我问问你的意见。"

弟弟可能说:"早就应该买了,父亲最喜欢摇来摇去的。"他心里好笑,既然父意已决,我还需要说些什么?

中国人要知道,理不易明。道理往往是相对的,随你怎么说,都有一部分道理。既然道理不好讲,甚至永远讲不清楚,那么,我又何必苦苦和人家作对?

看起来中国人善于"讨好"别人,其实不是。

"请问你这样做,是不是想讨好他呢?"

"岂有此理,我为什么要讨好他?同样是人,我为什么要讨好他?"如果是长辈,就可能改口:"他是长辈,我怎么敢用讨好的心情来对待他?"

表面上,中国人很喜欢"投机取巧",实际上完全不是。

"请问,你这种行为,是不是存心投机取巧?"

"绝对不是。"

"不用不好意思,坦白说,是不是这样?"

"真的不是。我为什么要投机取巧?根本不可能。"

中国人不是"讨好",而是"做个顺水人情,以免得罪人,后患无穷"。

中国人从不存心投机取巧,我们心里只存在着"随机应变"的念头。

不幸的是,"讨好"和"保持和谐"很难分辨,而"投机取巧"和"随机应变"也似乎并无差异。

因此,中国人看自己是"保持和谐",看别人则根本就是存心"讨好",居然还不肯承认。中国人看自己是"随机应变",绝无投机取巧的企图,看别人则分明是“投机取巧”,还敢强辩,应该罪加一等。

中国人“各有道理”,并不是有意的,而是各人怀着不同的心理差距,以致“只看到自己的道理,否认别人的道理”。

竞选成功的,一定觉得“我的努力获得大众的肯定”,而那些失败的,就会抱怨“这是不公正的结果”,并且理直气壮地宣称“再来一次,如果真的公正,我就认输”。赢,是我自己的功夫;输,是别人害死我的。这也是一种道理,大家认不认定,答案非常简单:“要看是谁说的。”

道理似乎是圆的,从这一个角度看,一大堆道理。从另一个角度看,又是一大堆道理。人只有一张嘴巴,同一个时间只能说一部分道理,存心反对的人,便可以用另外一部分道理来反击。

应该做而未做的事,我们可以骂他:“没有担当,一天到晚研究,要研究到什么时候?”

应该做而做的事,我们可以笑他:“像这种简单易行的事,老早就该做了,不知道为什么拖到现在?如果没有慢五年,至少也慢了三年。”

做了而做得不好的事,我们可以批评他:“为什么事先不多开几次听证会,不多请教一些专家,不多听取公众的意见,弄成这种结局,到底谁应该负起责任?”

做了而做得较好的事,我们同样可以指责他:“作秀的成分大于做事!”

中国人比较适合讨论,但是参与讨论的人,最好事先加以控制,不是一言堂,亲上加亲,便是刻意安排某种限度的“反间”,用反对来赞成。

至于公开讨论,不限制参与的人,结果是“越辩越觉得道理难明”,草草收场是常见的现象。

中国人在一起讨论,如果要求有效,必须切实奉行一条定律:“站在赞成的立场来反对”,目的在“反对得让对方有面子”。

甲说:“中秋节应该吃月饼,才是不忘传统。”

乙顺着甲的语气来反对他:“传统很重要,我们希望在吃月饼的时候,能够注意卫生。不但要吃得卫生,而且要保持吃月饼的人环境的卫生。”

保证甲会相当乐意地支持乙的观念:“卫生的确很重要。”

现代中国人,错把“情、理、法”的次序,看成西方式的“情排在最前面,可见中国人最重情”。

中国人依据《易经》"居中为吉"的观念,"情、理、法"三者,理居其中,所以最重要。中国人的"情、理、法"系统,有其独到的奥妙。现代中国人多半行而不知,自己说不出情理法的真义,却不断地要把它改变成"法、理、情"或"理、法、情",固然不知者不罪,却显然造成了无心之过。

做人做事都要按照道理,因为"有理走遍天下,无理寸步难行"。中国人喜欢讲道理,便是"深切地希望自己有理",不屑于做一个不讲道理的人。

但是,"理不易明"才是中国人的大智慧。道理多半是相对的,从这边说,可以说出一大堆道理。从那边说,同样可以说出一大套道理。

中国人不方便有话直说,主要是不知道对方会采取什么态度来回应。一坐上计程车,便直截了当地告诉司机:"不要开太快。"司机可能很不耐烦:"你怎么知道我会不会开得太快?告诉你,我生平最讨厌开快车,也最讨厌话说得太快的人。"请问他这么说,有什么不对?

司机答话先含含糊糊,再单刀直入,可见中国人书读得多少,并不代表懂不懂得人性。一般中国人,大多能够照道理去做,却未必说得出道理,因为他虽然不一定具有丰富的知识,实际上大多拥有中国人固有的人性智慧。

道理是相对的,大家都认为相当合理。说话含含糊糊,目的在寻觅对方究竟站在道理的哪一端,以便决定自己的对策。我们可以赞成他这一句话,也可以反对他这一句话,因为五千年漫长的历史,在正反两方面都提供我们很多证据,随时可以取用,方便之至。

不过,相对的道理,很容易造成混乱的局面。谁都可以找出一大堆道理来掩饰自己的偏差行为,使道德价值变成不切实际的空洞理论。很多中国人,被"公说公有理,婆说婆有理"弄得是非不明,乃是不容否认的事实。

问题是:把道理绝对化,势必走上专制独裁的道路,没有人欢迎。现在道理相对化,正符合多元化的潮流,我们还抱怨什么呢?

倒不如承认"怎么说都有道理",然后设法"让他先说",用含含糊糊的方式,试探对方的道理,以便进行沟通。这么说来,中国式的沟通,好像有重新被采纳的必要。西式沟通,对西方人有效;对中国人未必有效,这也是现代中国人不得不面对的课题。

问卷法盛行以来,大家都知道"问卷的过程正确,问卷的结果不一定就会正确",所以同一份问卷,可以出现相对的答案。

百分之五十三反对,看起来人数超过半数,好像不赞成的人数占得很多。但是,从短短不到一个月的时间,反对的人数已经由百分之七十急速下降到百分之五十三,证明反对的声浪,还有减缩的可能,显示这件事情,很快就会获得大多数人的赞成。这种说法,难道不是事实?

中国人的做法,是每当听见一句话的时候,首先查询"是谁说的",然后以这个说话的人,来判断这一句话到底对或不对,很落伍,并不科学,对不对?

但是,在中国社会,如果不问清这一句话到底是谁说,请问依据什么标准,可以断定它对或不对呢?

依据"是谁说的"来决定是非,当然不是知识分子所应有的态度。我们不妨体认"真理往往不在两者之一,却在两者之中"的"中庸"之道,好好地学习孔子"无可无不可"的原则,从问题的各方面来反问到底。只要不执着于"我的道理都是正确的",也虚心地"听听别人的道理",然后"衡情论理",比较容易找到合理的平衡点。

现在我们越来越不敢讲中国人的道理,更越来越讲不清楚中国人的道理。长此以往,复兴中华文化,恐怕只有依赖保存古董,保留一些民间技艺,而对中华文化的实质,并没有太大的助益吧。

四、中国人最奇特的事情——先说往往会先死

由于道理是相对的,若是存心捣蛋,你说东我偏说西。你说西我又偏要说东。先说的人,往往站在亮处,很容易遭受攻击而处于不利的位置。

中国人见面不说正经话,专门说一些没有用的废话。初看起来,既缺乏效率,又没有时间观念。细究起来,其中含有极为高明的智慧,不容忽视。

见面胡扯的目的,在"让对方先开口",使自己获得有利的情势。中国人明知"形势比人强",时时不忘"造势",而说一些废话,正可以在不知不觉中造成有利的形势,何乐而不为?

现代中国人,当然也明白"先说先死"的道理。不过行之日久,逐渐变成不自觉的行为。口头上受到西方的影响,喜欢说些"有话直说"的好听话,因而不知不觉地对别人的见面不说正经话,越来越觉得不能忍受,甚至斥为不合时势的农业社会作风,实在是"自欺欺人"。

先说当然也可能不死,因为中国人的道理一向是相对的,"先说先死"固然是事实,"有话直说"也可能得到许多好处。既然两者各有利弊,为什么强调"先说先死"呢?站在先说先死的立场来有话直说,才是中国人真正的功夫。先说先死是"根本","有话直说"不过是"作用"。"本立而道生",首先巩固"先说先死"的"根本",然后产生"有话直说"的"作用",可保立于不败之地。

有些人本末倒置,强调"有话直说",等到自己吃亏上当,再来怨天尤人,并不见得高明。

完整的道理,是"先说先死,不说也死",中国人一向讲求简单明了,所以只说"先说先死"。我们举一反三,当然应该体认"不说也死"的可怕性,因而修炼出一套"说到不死"的太极沟通法。

不知道"先说先死"的厉害,常常死得不明不白。这些人不知自我反省,却埋怨中国人不够"开朗",痛骂中国社会过分阴险,请问,这些人还有什么希望?

知道“先说先死”的道理,便紧闭嘴巴,死也不开口,结果有意见不敢说,又觉得十分窝囊,请问,这些人还有什么希望?

不急着找答案,先来看一看案例四。

案例实录四

先说出来就得不到情报

李太太结识一批朋友,趁着先生上班的时间,轮流到各家聚会,既增进友谊,又能够交换见识,不亦乐乎!

这一天,大家来到李太太家中。李太太拿出一件新买的外套,说:“我把这件外套试穿给各位看看,但是,拜托各位不要动手来摸,因为这是我姐姐要的,我替她买回来,请各位鉴定一下,到底好不好看?”

大家一阵欢呼,李太太就把外套穿上。王太太伸手去摸,有人制止。想不到李太太反而笑着说:“没关系,轻一点就好,我看王太太的手刚刚洗过,很干净的。”

李太太很高明,她知道中国人的习惯,欣赏一件东西,总喜欢动手去摸。因为“眼睛看的,不一定是真的”,用手触摸,才觉得实在。石门水库有一株蛇瓜,长得和蛇十分相像。许多人看见,都要好奇地摸它一下。管理员特地用红纸书写几个大字:“欢迎欣赏,请勿动手。”游客们眼睛看看这几个字,嘴巴念着这两句话,手依然动着,伸手去摸一摸,啊,果然是真的!

既然如此,李太太为什么还要拜托各位不动手呢?这正是中国人聪明的地方。李太太这几句话,包含着好几层用意:第一,这件外套不是我的,是我姐姐的,所以才敢拜托各位不要动手;如果是我自己的,要摸要穿都请便。第二,我穿给各位看,不在炫耀我会买东西,却希望借重各位的经验,帮助我评鉴评鉴,看我买得好不好。第三,我拜托各位不要摸,是要求各位如果真的要动手,就请先把手弄干净,而且轻轻地触摸。如果弄脏了、摸坏了,不要怪我翻脸,因为我事先已经说得很清楚,应该怪你自己才对。李太太这一番话,对众人说而不是对特定的人说,所以不致引起大家的反感。在顾虑大家的面子中,达到保护自己的目的。至于这件外套究竟是谁的,其实无关紧要。将来李太太自己穿着,一句话就解决了:“我姐姐看我穿得很合身,干脆就送给我穿了。”自己买自己穿,有点炫耀的味道,可能刺激别人。姐姐送的,大家羡慕大于妒忌,对自己要安全得多。中国人说一句话,可真不简单,稍微不留意,就会“先说先死”,引起众人的不愉快,甚至反过来讥讽、笑骂,往往弄得自己下不了台。

王太太伸手来摸,李太太反而笑着说:“没关系,轻一点就好,我看王太太的手刚刚洗过,很干净的。”这又是什么道理?王太太伸手过来,已经是特定的个人,李太太再告诉她不要摸,说不定王太太觉得没有面子,反而更加用力去搓揉,并且说道:“真正好料子都是不怕揉的,你看我身上穿的这一件,怎么揉都不会起皱儿。”就算生气地当场把她赶出门去,也会弄得大家不欢而散。背后大家议论起来,王太太、李太太都不对,结论则可能是:“如果真的怕人家摸,不要拿出来好啦。其实那一件外套也没有什么了不起,何必怕成那个样子?”

中国人说话,先看对众人或对个人。对众人可以说得严重一些,听的人自然会推来推去,认为那么难听的话,不可能是说给我听的,保准是说给某人听的,因为他平常的确有这种坏习惯,难怪人家说出这么难听的话。对个人就必须格外小心,否则听的人受不了,多半会反击。

大家看着、摸着,蒋太太开口道出大家的共同关心点:“多少钱买的?”中国人深知“一分钱一分货”,评鉴之前,问一问价钱,比较好论定。

李太太说:“你们猜猜看?”这一句话,几乎中国太太、小姐都十分熟悉。因为脑海中那一句“先说先死”的警语,提醒我们最好不要先把价钱说出来,对自己不利。

我们不妨模拟一下,当蒋太太开口问价钱的时候,李太太马上把它说出来:“三万六千元。”

万一蒋太太紧接着喊起来:“哎哟,怎么要那么贵啊,我前天也买一件,才三万一千元。”这时候李太太的脸,恐怕已经黑掉三分之一了。

李太太如果继续追问下去:“你买的,跟这一件完全一样吗?”偏偏蒋太太的答案是:“那可不是吗?质料、颜色,连牌子都一样啦!”李太太的脸,大概有三分之二是黑的,一模一样的外套,凭空比人家多花五千块钱,实在太不会买东西了,还好意思拿出来展示!

若是李太太不死心,问她:“你再看看清楚,真的是同一厂牌的?”蒋太太又回答:“英文字我并不认识,不过这种牌子,我倒是买过好几件了!”李太太必然整脸都是黑的,太没有面子了。

幸亏李太太毕竟有一些中华文化的素养,不一下子就把价钱说出来,懂得运用反问法,要大家猜猜看。

詹太太听见李太太要众人猜一猜价钱,心想这是开口的大好机会。因为她正巧两天前也买了一件一模一样的外套,只是不方便说出来。这时候利用猜价钱的机会表露一手,大家多半会联想到她买外套的事情。于是她相当有把握地说:“三万三千元。”

中国人猜价钱,离不开心理作战。没有买过这一类外套的人,会猜出偏高的价钱,存心让李太太高兴一下。反正是瞎猜,为什么不说得高些,那么不会做人?

买过的人,有的会以较高的价钱,来测试对方的虚实。例如自己刚刚花费三万五千元购得一件外套,可能故意猜“四万元”。如果对方一听到这么高的价钱,便趁机再问:“真的值四万?”我们证实说:“我前两天买一件,不大相同,但是差不多,四万。”对方马上接着说:“你猜对了,不过我杀了一些价钱,才花三万八千元。”这一问一答,便把对方的性格摸得相当清楚,是不是?

詹太太是另外一种人,她的目的,不在试探李太太的为人,却着重在抓住机会炫耀自己,所以她采取实价实报的方式,来引人注目。

李太太一听詹太太如此有把握,心想“幸亏我没有先把价钱说出来”,转而追问下去:“真的三万三千元?”

詹太太造势成功,顺口就说:“是啊,我两天前才买一件。”在这种情况下说出来,大家比较不会反感,认为詹太太爱出风头、死要面子!

李太太相当笃定,问:“同样的牌子?”

“就是你这个牌子。”

“两天前买的?”

“对,才买两天。”

“在哪里买的?”

“在大西洋百货买的。”

然后,李太太面不改色地说:“那么巧,我也是三万三千元买的。”

李太太为什么要骗人呢?堂堂中国人,根本用不着欺骗别人。李太太这样做,目的不在骗人,而且也没有欺骗大家的用意。这不是很奇怪吗?明明花三万六千元买的,现在告诉大家她恰巧也是三万三千元买的,难道不算骗人,那么怎样才是欺骗的行为呢?

中国人的事情,如此急着下判断,相当危险。李太太的确没有骗人,她一再追问詹太太购买的时间和地点,便是进行深入的查证。至于嘴巴上说三万三千元,并非存心欺骗,只是暂时抵挡一下。等待众人散去,李太太马上找到卖给她的那位售货员,一五一十地把詹太太的资讯告诉她,最后理直气壮地质问她:"我问你是不是实在价,你说绝对不会骗我,现在呢?你还有什么话可说?"

售货小姐还给她三千元,三万六千元减掉三千元,岂不是正巧三万三千元?李太太哪里有欺骗众人的行为?

不要忘记,中国人是情报专家,专门搜集对自己有利的情报。这种特长,最好不要消失掉,才比较有利。为了搜集情报,中国人懂得隐藏自己,不要把自己所知道的,或者所想象的,先行说出来。

先说的人,自己站在亮处,一切被人家看得很清楚,对自己相当不利。不但把自己的想法说出来,有些客气的中国人,就不肯把真相说出来,以免引起误会,认为有意出对方的洋相。听不到不同的声音,乃是先说先死的第一要义。中国人常常出现"一言堂",似乎大家的意见很一致,十分有共识。其实不是这样,只是因为带头的人,太喜欢率先说出自己的意见,以致其他的人,不便说或者不愿说,因而不是"说出同样的话,以免引起猜疑,把自己归入非主流派",便是"不说话,做一个没有声音的人,来引起大家的喜爱"。这样一来,大家很和谐,却不能集思广益;众人一团和气,却容易不辨是非。

中国人高明的地方,正是"自己不说,却有办法让对方先说"。所以布局、造势,实在是中国人了不起的素养。李太太善于布局,把大家的心思集中在她的新外套上面,又懂得造势,使詹太太提供最正确的资讯,以便要回三千元,而且不会贻笑大方,让好朋友背地里笑她不会买东西。打从李太太亮出新外套,每一句话都有用意。一步一步扣得相当紧密,有人说:"这样做人,未免太累了!"意思是伤那么多脑筋做什么?其实,习惯成自然。刚开始也许累一些,久而久之,自然得很。而且熟能生巧,转接得十分自然,根本用不着伤什么脑筋。何况,我们不来这一套,其他中国人照样会记取"先说先死"的教训,跟我们来这一套。只要没有害人之心,转一个弯有何不可?

本案例中,李太太的智慧果然很高。她一开口就“有话直说”:“拜托各位不要动手来摸。”她知道这一句话可能得罪大家,害死自己,所以特别加上“这是我姐姐要的,我替她买回来”的注解,希望大家给予谅宥,不要怪她说得那么直率。证明中国人在顾全众人面子的前提下,仍然可以有话直说。

有话直说是因,可能产生两种不同的果:一是“死”,二是“不死”。今后有话直说的人,最好不要责怪中国人,也不必埋怨中国社会,反省自己,修正自己,恐怕是比较有效的途径。

放眼各界,凡是有话直说而不致害死自己的,都有相当的本事。深究起来,掌握“先说先死”的基本精神,才是直说而不死的最佳保障。

说的对象十分要紧,对亲人说话,和对一般人说话,无论态度和语气,都有很大的不同。

现代中国人相当现代化,知道政府不会把他怎么样,他就拼命骂政府。有些人在电视上出现大骂政府的镜头,居然没有怎么样,年轻人信以为真,好像现代化了,一切都可以直言,结果害死自己。

先说先死,好像是必然的,不过有当场死,或者待搜证而后死,所谓死有先后,时间不同而已。

长久以来,中国人被“先说先死”压得气都喘不过来,如今民主社会,似乎先说不但不会先死,反而有先说先造势,对自己有利的趋势。不错,这是表面的现象,更是短暂的优势,千万不要上当才好。

民主时,大家要更加重视“不说也死”。李太太若是害怕先说先死,就会一句话也不说,把新买的外套藏起来,她就丧失讨回三千元的机会,也失去有好东西大家一起欣赏的乐趣。

李太太把新外套拿出来,一句话也不说,大家七手八脚,就会把新外套弄得不像样,最后还怪李太太“为什么不早说”,你看,大家轻轻一摸,居然就不成样子了。

但是民主时代,大家也需要有先说先死的警惕,因为政府必须维护公权力,最多能屈能伸,暂时让某些人神气一下,最后还是要展示公权力,才算尽责任。

没有考虑清楚,缺乏明确证据,就喜欢先说的人,让他先死,有什么不对?

如果先说便有利,岂不鼓励大家为了作秀而胡乱说,活像台湾今天这种乱糟糟的场面。

有人说,民主时代本来就是吵吵闹闹。我们反问若是如此,民主有什么价值?要吵吵闹闹,中国人最有本领,用不着民主来推动。

有人说,自由社会,先说不应该先死。这种观念也不正确,因为人人有说话的自由,却不可以乱说话。越有说话的自由,越不应该乱说,才能保有真正的自由。

应该说的话,一句也不能少,但是要小心,说到大家都有面子,自己才不会死。不应该说的话,一句也不能说,因为言多必失,祸从口出,绝不因时代变迁而有所改变。何况这些要求,不过是标准定得高一些,基本上是正确而具有价值的。

五、中国人最奥妙的事情——话里有话

我们总以为中国人喜欢人家听话，而且喜欢听话的人。衡量实际情况，并非全然如此。

人家不听话，我们有时很生气，有时反而十分高兴。不听话，要看不听什么人的话。

人家听话，我们有时很高兴，有时则相当不高兴。常听人说："这种话你也听？"意思是劝人家不必听话，因为这些话听了就会上当。听话，当然也要看听什么人的话。听话不听话，全凭说的人是谁，说的是什么话。可见中国人的不一定性，凡事看情况，在沟通方面，也应用得很广泛。

我们的决定很合理，喜欢听话的人。听话的人会接受合理的决定，大家都有好处。

决定不知道合理与否？或者自己拿不定主意，便不喜欢听话的人。因为在这种情况下，听话的人会把自己害死，当然不喜欢。这时候我们反而欢迎有意见的人，不听话，却能够帮助我们趋于合理。

不过，中国话很不容易听，才是我们真正的难处。中国人要人家不要听话，其中含有"中国话不可以用耳朵听"的意思，必须特别小心。

不要听他的，包含不要听他的话，也包含不要单凭耳朵听他的话。中国人比较少说："听他怎么说。"反而常常告诫我们："看他说什么？"

现代中国人，听不懂中国人说的话，例子很多。

曾经听过这么一则笑话：有一个中国人被非洲某族土人擒获，酋长弄不清楚他到底是哪里人。于是找来一个日本人，发现彼此言语不通。再找来一个韩国人，也是彼此讲不通。然后酋长判断他是中国人，就找来一个中国人，想不到比画了半天，又是不能通。酋长无奈地说："同样是中国人，彼此言语不通，这究竟是怎么一回事？"

中国人南腔北调,就算大家都说普通话,也很难保证彼此听得懂。勉强听懂,也未必弄得清楚他的真正用意。这种情况,现在似乎越来越严重,所以沟通起来十分困难。可惜现代中国人,好像并不重视这种困境,也就不用心求突破。这样下去,我们之间的共识,大概会越来越不容易建立。

果真如此吗?请看案例五。

案例实录五

中国话不仅要听还要看

那一天,从雾峰到沙鹿。司机看见大路出车祸,怕耽误了时间,便转道小路而行。

他越走越迷糊,觉得没有把握,便停下来,请问路旁边一位老先生:“借问一下,到沙鹿怎么走?”

老先生神定气闲,吸一口烟,不慌不忙地回答:“有路就可以走,多问几次就会到。”

中国人似乎在哲学与科学之间,比较偏向于哲学。每一个中国人,必要时都可以成为哲学家,却不是任何人都能够成为科学家。

老先生这两句话,真是放之四海而皆准,再说上五千年也不会错。中国人很喜欢说类似的话,叫人听了觉得十分有道理,同时又觉得摸不着头脑。

司机表示感谢,把电动窗升上来,很有信心地向前驶去。

我觉得很纳闷,问他:“你知道怎么走了?”

他说:“知道。”

这位司机一向言语不多,却又时常一语惊人,看来也是一位哲学家。

“他刚才那两句话,你听得清楚?”

“当然,他讲得那么明白,我心中有数。”

那两句含含糊糊的话,司机居然认为“那么明白”,难怪会胸有成竹,不再请问其他的人。

“那两句话,是什么意思?”我进一步查证,想知道他是怎么听出玄机的。

“有路就可以走，表示我走的路是对的。如果我已经走错了，他会把手一扬，然后指向南方说：‘往南。’或者指向北面说：‘上北。’现在我走对了，他不必举手，所以说有路就可以走，告诉我顺着这一条路走下去。”

“那第二句呢？”

“多问几次就会到，意思是后面会出现几次比较复杂的岔路，那时候一定要问路，不要乱闯。”

经他这么解释，我才恍然大悟。原来中国话简单明了，两句话就可以把这个问题交代得很清楚。

中国话的最大特色，在于主语和谓语好像没有什么分别。孔子说：“学而时习之。”其中的“学”字，究竟是动词，还是名词，谁也闹不清。下面加上一句“不亦说乎”，同样是没头没脑的。

如果用西洋人的语法，恐怕要说成“一个人若是学而时习之，那么他就可能不亦说乎”，听的人才不会弄错，也才合乎文法的要求。

中国文字使用得早，那时候尚未发明印刷术，更谈不上影印、照相，每一个字，都要一刀一刀刻在竹简上，所以越省略越好。古代中国人，面对着竹简上面几个简单的字句，便能够触类旁通，想出很多很多竹简上面所没有的东西来，养成中国人“看得少、想得多”的习惯。

看得少，主要因为一共只有那么几个字，再看也是那么多。想得多，是由于言简意赅，不想根本不知道在说些什么。

请问一位中国人：“排队好不好？”

“当然好啦，排队才有秩序，大家都方便。”

“那么，你排不排队呢？”

“当然排啦，只要大家排，我一定排。”

结果大家都不排队，乱成一团。是不是中国人说话不算话呢？凡是听得懂中国话的人，都知道答案是否定的。“当然排啦”有一个先决条件，那就是“大家都排队”。如今居然有人不排，那就不能怪我不排队。

现在逐渐有些人只听不想，以致听不懂中国人所说的话，实在是一种遗憾。

有一次，新闻记者访问摊贩，对话在电视上现场播出。记者问甲摊贩：“如果政府把大家集中起来，你愿意接受政府的安排吗？”

甲摊贩回答:“政府早该这么做了,我们也不愿意这样流动啊,很辛苦的。”

再访问乙摊贩:“政府打算把流动摊贩集中起来,你觉得怎么样?”

乙摊贩答道:“很好啊,只要有合理的地方,我一定去。”

甲、乙摊贩都是“哲学家”,说的话含意很深。年轻的记者大概是书念多了,反而听不出玄机,竟然做出这样的结论:“我们一直认为流动摊贩不支持政府的方案,现在事实证明他们也希望固定下来,不喜欢这样流动下去。”

甲摊贩丝毫没有承诺,他只是批评政府步调太慢,像这一类事情老早就该做的,怎么拖到现在?他又坦承自己喜欢安定下来,不愿意一辈子流动。然而情非得已,不得不流动的时候,还是会流动。现在且看政府如何安排,能不能真的让他安定,否则他还会继续流动下去。

乙摊贩更妙,政府要有合理的地方,他才肯去。如果将来他依然流动,原因是政府安排的地方不合理,错不在他。

听不懂话的人,常常硬把自己的意见安在别人头上,令人啼笑皆非。

科学话一加一必定等于二,比较容易讲,也比较容易听。哲学话一加一未必等于二,难讲,也难听。中国人喜欢说:“难讲。”是实在话,不是客套。

中国人常常感叹:“我说得这么清楚,他根本听不懂,叫我如何是好?”为什么“说得这么清楚”,而“他根本听不懂”呢?因为哲学的话多半是不能用耳听的,要用心领悟,才听得懂“话中的话”,以及“话外的话”。

这样,我们才明白中国人常常叫人不要听别人的话:“不要听他的,这种话你也听?”

中国人很少叫人要听话,却经常提醒人不要听。原来中国话不适合用耳朵听,应该配合眼睛看。所以中国人常说:“赶快去看,看他说什么?”

中国话不能光用听的,要用看的。而且不能单凭一双眼睛去看,还要动用“心眼”,才能够真正看清楚。

“心眼”要大,才听得真实。“心眼”太小,成了“小心眼”,那就“以小人之心,度君子之腹”了。

大“心眼”指“用正当的心去体会”,对方有难言之隐,有说不出来的苦衷,有说出来反而彼此难过的事情,千万不要用不正当的心思去曲解,而应当以正当的心思,来详加体认和理会。

哲学家唐君毅先生曾经说过:“要正确地了解别人的思想,最要紧的便是自己没有私心,而对别人没有偏见。有了偏见和私心,便不容易了解别人了。"偏见和私心,便是"小心眼";没有偏见,也没有私心,才能够确切地体会别人的话意。

秦二世当政时,赵高牵着一只梅花鹿,硬说它是一匹马。二世奇怪地问道:"这不明明是一头鹿吗?你说它是马,真是错得太远了。"赵高猛然挺起身来,睁大眼睛看看左右群臣,大声问:"这是一匹马,陛下怎么能说是鹿?"二世要诸臣百官评定究竟是鹿还是马。想不到百官早已被赵高吓住,几乎是众口同声地高喊:"是马。"有些人说得结结巴巴,生怕得罪赵高,赶快补充地说:"这,这不是鹿。"

后来的人,把"指鹿为马"当作"不明是非、颠倒黑白"的人,实在是不很恰当的说法。

赵高不是不明是非,他不可能笨得连鹿、马都分不清楚。他只是借此试探一下,究竟自己在朝廷的权势怎样。真正的话意,乃是:"请问诸臣百官,你们比较服从秦二世,还是和秦二世一样,都要依附我?"

当今民主时代,一切重视民意基础。高票当选的人,会不会照样指鹿为马一番呢?最起码也会摔断主席台的麦克风,用"手语"来证实在场的先生、女士们,比较畏惧我而不怕主席吧!

赵高的哲学语言,沿用至今。他不是"不明是非",他只是故意"颠倒黑白"。中国人有权有势的时候,往往蓄意颠倒黑白,慎之,慎之。

秦二世不是听不懂,他应该早就"看"出赵高的野心。胡亥凭着赵高的计谋而登上"二世"的帝位,居然没有料到赵高会如此跋扈。可见有私心的秦二世,已经"小心眼"到看不懂赵高"指鹿为马"的用意了。

我们嘲笑群臣不分黑白,其实他们才是真正听得懂话意的人。中国人不但听得懂哲学话,而且懂得用哲学话来保护自己,所以"明哲保身",成为中国人普遍秉持的人生哲学。

朱子解释"明哲保身"说:"明是明理之明,哲乃了然于心,保身则是依道理进退而处世,于是罪刑、灾祸不至。"了然于心,首先要听懂中国人的哲学语言,否则何以进退?

一句"你看着办吧",足够令我们想上老半天。究竟是"全权委托你",还是"猜猜我的用意",甚至可能是"居然搞成这样子,你自己走路吧"。

什么叫作"你看着办吧"?用耳朵听不出来,加上眼睛看,还要动脑筋,结果呢？你看着办吧！

说哲学话，显得没头没尾，又随时可以转弯或改变，乃是中国人的看家本领。

《增广贤文》是传统中国社会的启蒙读物，影响力既深且广。它主张“逢人且说三分话，未可全抛一片心”，看起来好像“劝人不要太诚实”，实际上绝非如此。

中国人重视“诚意、正心”，哪里可能劝人不要太诚实？由于我们听到“逢人且说三分话”这一类的话，却“看”不出它真正的用意，才会产生如此严重的误解。

“逢人且说三分话”不是科学话，是哲学话。我们不要忘记，中国人在逢人且说三分话之外，同样主张“知无不言，言无不尽”。为什么我们单挑“逢人且说三分话”，就断然加以批判，难道不是“断章取义”吗？

逢人且说三分话专指对交情不深、关系不够的人而言，因为人心隔肚皮，知人知面不知心，当然应该逢人且说三分话，未可全抛一片心。

知无不言，言无不尽，专指对交情深厚、关系密切的人而言，因为既然是亲如家人，还有什么好隐瞒的？

中国人说“逢人且说三分话”的时候，已经含有“知无不言，言无不尽”的意思。彼此尚不熟悉，当然未可全抛一片心。等到互相信赖，就要彼此交心，知无不言，言无不尽，才算不负知交。

我们说“言无不尽”的时候，同样应该想起“逢人且说三分话”，因为彼此虽然关系密切，交情深厚，但是这一件事，可能会伤害他的自尊心，或者引起他的嫉妒心，就必须有相当的保留，说三分留七分，那七分也许不说他也会明白，大家都安，有什么不好？

司机问路，老先生说：“有路就可以走。”表示司机走对了路。老先生这一句话，含有“路不可以乱走”的意思，既然可以走，当然是一条行得通的道路。

若是司机已经走错路，老先生会说“有路就可以走”吗？一想便知他绝对不能如此不负责任。这时候他会说：“往那边走比较近。”事实上条条大路通罗马，怎么走最后都可能到达目的地，只是远与近不同而已。

中国话听起来含含糊糊，“看”起来清清楚楚。中国话不能用听的，要用看的，应该错不了。

看还不够，因为中国人不喜欢啰里啰唆讲一大堆，却欢迎简单明了。短短一两句，含意很深，所以看了之后，要多想。不用心想，简直弄不清楚中国人的话意。

“各人自扫门前雪，休管他人瓦上霜”，并不是劝人不要管闲事，不要合群。否则“路见不平，拔刀相助”又是劝我们做什么呢？

中国人最喜欢同时说两句“相反”的话，唯有如此，才能够“立于不败之地”。

不要看到一句话，便忘掉另外一句话，这才是最要紧的。我们现在一天到晚拿“宁为鸡首，不为牛后”来形容中国人喜欢当老板，根本不合事实，却害惨了新生代，将他们导入一条歧途，产生“中国人爱当老板”的错觉，真是罪过。

“宁为鸡首，不为牛后”是一句老话，没有人会怀疑。但是中国人同样指出“天塌下来有高个子顶住”，而且“大树底下好乘凉”，难道这些不是中国人的老话吗？

今后听见“人心不同，各如其面”，最好想起“人同此心，心同此理”。听到“见事莫说，问事不知”，最好立即想到“见义勇为”。这样才不致以偏概全，落入一偏之见。

现代中国人既不擅长说“中国话”，又喜欢从字面上来“听”中国话，导致彼此很难沟通。

中国话说得太“白”，太“科学化”，很容易伤人，至少也让人家没有面子。而在中国社会，凡伤人或使人没有面子的，最后必然伤及自己，岂能不特别谨慎？

六、中国人最神气的事情——用心想就会知道

中国和巴比伦、埃及、印度并称为世界四大文明古国。中华文化是中国人在自己生长的土地上所创造出来的文化。然后不停地吸收、融合外来文化,才能够历久常新,生生不息。

根据地下文物和先民遗址的发现,我国祖先的活动范围,以黄河流域为中心,向北延伸到长城以北,向南进展到长江以南。和巴比伦、埃及、印度文化集中在大河入海的冲积地区并不相同。我们分布较广,扩展得比较分散。中国早期的文化,实际上已经相当多元化。

我国北边是蒙古草原,再往北便是冰天雪地的西伯利亚。东边濒临大海,南边有大川山岭,西边为沙漠、高原。四面的天然屏障,固然有助于我国境内各民族的融合,而缺乏高度文明的四邻,则使中国人的文化,成为四邻学习的典范。

同时,中国人的重行思想,使我们十分看重实践的功夫。中国人爱读书,却不是为了求取知识,而是讲求道理。读书明理,才是我们追求的重点。

一个人读多少书,获得多少知识,从某种意义上讲,其实并不重要。做人最要紧的,是"懂事",也就是按照道理去实践。

中国人最讨厌"说得多做得少"的人,也不欢迎"用学得的知识来做坏事"的欺世盗名之徒。

我们最需要的,正是王阳明所说的"要有个头脑"。梁启超解释"头脑"是什么呢?叫它"诚意""致良知"或者"动机纯洁"都可以。若是没有这个"头脑",知识越多越坏;有了头脑之后,知识就变得越多越好。

中国人所重视的知识,和西方式的向外求得的不同,大多是向内求的。因为知识是诚心发出来的条件,所以不需要费多大的力,便自然会得到。

我们认为"天下无难事,只怕有心人",只要诚恳地用心去思考,一切答案

自然会呈现在眼前。任何人有心去想,碰着这件事,就会解决这件事;走到某一地步,也就会自然地追求更上一步。

这样,中国人倾向于"不尚知识而重情义",逐渐养成不重读死书,却一心一意追求活道理的习惯,以致"看得少而想得多"。一方面警惕"尽信书不如无书",一方面则深信"用心想就会知道"。这种不爱看书只爱想道理的现象,会产生哪些问题,请看案例六。

案例实录六

自己想的比较可靠

中国人"看得少、想得多"的习惯,乃是自古已然。相沿日久,反而不明白何以如此的道理。

我们现在常常羡慕日本人读书风气良好,不是说日本人坐车、等车都不忘读书,便是称赞日本人每年花费大量金钱购买图书,值得我们效法。

其实,我们稍微动一下脑筋,便知道日本人为什么如此勤于阅读的原因。中国是世界上四大文明古国之一,日本就在中国的旁边,而又发展得比较迟缓。当日本人产生问题的时候,很自然就想到"这种问题,中国人已经想过了,而且早已有了答案",因而不用自己去想,却用心去看中国人的答案。这也看,那也看,看了之后,又果然获得满意的解答。习惯成自然,从此多读书少思考了。

反观我们中国,自古以来,在地理上相当孤立。在我国周围,从来没有出现过高度文明的民族。东夷、西戎、南蛮、北狄,有谁能够提供答案,让我们去阅读的?

既然无书可读,一切就要靠自己去想。中国人"看得少、想得多",实在是不得已的。

这种习惯,一直影响到现代中国人。美国人买回任何东西,在使用之前,必定先看说明书,日本人亦然。他们不看说明书,几乎不敢动手去碰买来的东西。

中国人不然。我们把东西买回来,最关心的是“保证书”。我们普遍认定“保证书”比“说明书”更重要,所以一定先把它找出来,细心收藏,以免将来真正要用保证书的时候,找都找不到。

填好保证书或者藏好保证书之后,我们很自然地把说明书摆在一旁,甚至于顺手丢掉。

如果问一位中国人为什么不看说明书,答案居然十分简单明了:“还要看,想想就知道了。”

中国人习惯,这样不行,反过来一定行。如果这样不行,反过来也不行,中国人就会发火,大骂设计者没有水准:“搞什么名堂?”

你骂他不看说明书,他则振振有词:“我这么忙,哪里有美国人的时间?”人家美国人比较空闲,可以慢慢地看说明书,我们中国人忙得要命,哪里有闲工夫可以看说明书呢?做给中国人使用的东西,不但要简单、方便,而且要坚固、耐用,不然的话,一到手就出问题,中国人不怪自己不看说明书,反而会破口大骂:“品质极差,价钱太贵。”

中国厂商也明白这种习惯,所以说明书多半用英文或日文书写,很少用中文表达,因为反正中国人不看,写一大堆也没有用。

就算使用中文书写说明书,也会随便乱用名词,甚至写到连自己都看不懂,结果竟然没有人提出抗议,可见看的人少之又少。

报纸不看,因为上面可能乱写。这一点中国人倒是相当聪明,简直到了料事如神的地步。写新闻加上个人的猜想,实际上也是“少看、多想”(少观察事实,多自己想象)的延伸,符合中国人的习惯。

电视新闻不看,因为该听到自然道听途说会传入耳内,大家不愿流传的事情,看它做什么?三台播报新闻的时间岔开,大家就不看播报新闻的那一台。三台联合,统一播放新闻,大家便关掉电视,让它好好休息一下,以免使用时间过久,影响电视机的寿命。

出布告不看。将来问起来,一句“不知道”或“没有看到”,谁也拿我没办法。

我还可以慢条斯理地请教他:“请问,你把布告贴在什么地方?”

他如果把我带去,实地观看他所张贴的布告,我就毫不愧怍地告诉他:“难怪,我一辈子也不可能从这里走过,怪不得没有看到。”保准把他气死。

游戏规则不看，反正玩起来有什么不对劲，对方一定会提出异议，那时候再看着办。何况裁判也不一定仔细看游戏规则，他乱吹一场，我看游戏规则又有何用？

眼前看见“此路不通”，马上想起“不知道是真的、假的”？一眼看见某些规定，立即想到“这种规定根本不合理”。想得多、看得少，果真妙用无穷。

自从学生补习班兴起以后，中国人身受“恶性”补习的熏染，已经有了明显的改变。从“看得少，想得多”变成“背得多，想得少”，甚至到了只会背诵、不会思考的地步。

要背诵当然要看，所以阅读的机会比从前大幅度增加，可惜由于“考试导向”作祟，阅读的范围，仅限于考试的科目，因而造就一大堆“死背历史，却不懂得历史”的人。这种多看、少想、死背的人越多，凡事就越不可理喻。其可怕的程度，远超过往昔“看得少、想得多”的传统中国人。

使用任何东西之前，先仔细看说明书。等自己看完了、弄懂了，别人已经用过了，甚至有了更进一步的改良。于是怨恨不平之心，顿然产生。

报纸、杂志样样都看，而且样样深信不疑。由于某报有某报的说法，而另一种报纸又有另一种报纸的报道。甲杂志这样说，乙杂志却那样说。请问相信哪家，又不相信哪一家的呢？

电视新闻更加要看，新闻播报员不但播报新闻，而且添加许多个人的意见。看过之后，更加真假难辨，究竟如何是好？

布告要看，仔细看完以后，进一步把布告内容背诵下来。却不料布告之后还有新的布告，而前后内容殊不一致，请问会不会气死自己？

天天高喊游戏规则，想不到使用中国文字写成的游戏规则根本就不容易弄清楚。一句话可以有好几种不同的解释，令人无所适从。

从一定意义上讲，自古以来，中国社会就是在“少看多想”和“多看少想”两种人互相激荡之下，逐渐演化以迄于今的。以往的情况，是老百姓“少看多想”，读书人“多看少想”。现在则是遭受恶性补习之害的人“多看少想”，而没有受害的人，依然“少看多想”。

读书人多看少想，变成两脚书橱，食古不化。偶尔出现一些“多看也能多想”的人，才能够真正把书读通，把道理想通。古代中国人，就凭着这少数士人引导并且建立一些中心思想，才得以连绵不绝，世代相继。

现代恶性补习长大的中国人,多看多背少想。一肚子学问,却看不清楚社会的真相。有了某一专长,便误以为自己具备所有专长;得了某一领域的诺贝尔奖,便认为自己是全科诺贝尔奖得主,似乎一下子什么都懂,也都敢提出主张。

以往中国人,由于环境的限制,仅能"少看多想"。现代中国人,居于环境的需要,实在应该"多看也多想"。一则现代知识爆发,日进千里,如果不多看,便可能赶不上时代。再则多元化潮流,样样说法层出不穷,若是不多想,怎么能够明辨是非?还有,科技发达,伪造作假的方法日益增多,这边出现"暴民打警察"的录影带,那边马上出现"警察打民众"的录影带,孰真孰假,不多用脑筋想想,行得通吗?

"多想"是中国人最为重视的,中国人一直主张:"想好再说"或"想好再做"。

谋定而后动,无论任何动静,都应该先仔细想想。

中国人的标准态度,是"什么话都可以听,却听归听,未必尽信",甚至读书,也要告诫自己"尽信书不如无书",不可以一看就信、一听就信,才不致误人害已。

孔子提倡"举一反三",便是希望我们"多思考"。中国人重视"小心翼翼","小心"就是"细心思考"的意思。

说明书当然要看,这种文件可以帮助我们妥善运用工具或物品。除了功能方面可能被渲染夸大以外,我们拿来参考,并没有什么不好。

报纸要看,却不可以轻易相信。多看几家报道,多想想为什么如此,慎重判断,比较不会上当。

听电视新闻,应该抱着"事实报道可以听,判断报道不必听"的心态,凡是记者自己的观感,以及记者看稿念出来的评论,都只供参考,不可马上相信。

布告可以看,也应当看。不过,布告内容随时可能改变。我们看归看,还是要继续留意,随时注意调整,才能及时有所应变。

游戏规则并不能保证中国人把游戏进行得很好,因为中国人擅长"平衡思考",有阴即有阳,有阳便有阴。是和非、善和恶、美和丑,并无绝对分野。

中国人当然重视游戏规则,却更需要高明的裁判水准。想想看,怎么判才合理?已经成为游戏规则有效运作的重要环节。参考游戏规则,适时给予合理的裁判，实际上是中国人自古以来没有改变的生活方式。

多想是根本，能多看就多看，不能多看只好少看，却务必要多多思考，中国人开口说话，多半以“我想”做开端，正是此理。

到底是“想得多，看得少”好呢？还是“看得多，想得少”好？答案很明显，不可以“二选一”。因为“想得多，看得少”，常常会胡思乱想，不能切合实际。而“看得多，想得少”，便会满脑子装着杂七杂八的资讯，却毫无头绪。特别是“想了，就认为是真的”，变成“生活在想象中的世界”，或者“看到，便认为是真的”，成为“错误资讯的奴隶”，那就更加倒霉了。

“保证书”当然比“说明书”重要。问题是保证书究竟保证谁？又保证什么东西？现代中国人似乎仍然处于“想得多，看得少”的阶段。“想”保证书“当然”能够保证一切的损失。等到事情发生，保证书找不到是一回事。就算找到了，能不能保证一切的损失，保证大有疑问。

我们现在要求产品必须出具保证书，却很少有人计较“保证书怎么写”。事实上，真正看得懂保证书的人并不多，会写一张“名实相符”的保证书的人，更是可遇不可求。

中国人到现在，普遍存有“保险”并不保险的观念，便是受到“想得多，看得少”的影响，“想”保险公司当然样样都保险，不“看”实际保险的范围相当有限，以致没有事大家得过且过，一旦有事，马上证明保险公司原来并不保险，大兴“早知如此，绝不投保”的感叹。

“说明书”要不要看，视产品设计得好坏而定。设计者站在使用者的立场，当然应该合乎“这样不行，反过来一定行”的原则，否则遭受“设计的什么鬼东西”的恶评，也就没有什么话说。但是，中国人最好明白“标准定得太高，大家很不容易做到”的道理，最好耐心先看一看说明书。

不过，我们还是衷心地盼望，写说明书的人，高抬贵手，少用西方的表达方式，弄得大家看不懂，势必降低大家阅读说明书的兴趣。那时再来骂使用者没有水准，同样十分不合理。

中国人主张“边看边想，两者并重”。看而不想，很容易上当。大家爱看，就有人写一些东西来骗人，演一些似是而非的戏来骗钱。尤其是“爱看到非看不可”的时候，变成“看迷”，然后挤在一堆，不幸被其他看迷践踏而死，更是“自己跟自己过不去”，何苦来哉！想而不看，很容易脱离现实，生活在幻想的世界中。特别是想到甜美处,成为“一厢情愿”,结果“明明他是答应的,为什么却拒绝了”,有时也会害死自己。

资讯越来越多,样样要看,怎么看得完?如果顺手抓起来就看,万一抓到的都是乱七八糟的资讯,就算看完才发觉错误,宝贵的时间已经去而不返。若是看完仍未觉察那根本就是不正确的,岂不更为可怜?

现代中国人,知道样样都看,会累死自己。因此“只看自己专业领域”的东西,把自己变成一个“知道少少中多多的专业者”,人人如此,社会就难以沟通了。

要看,必须有人引导。现代老师的主要功能,应该是正确开列书单,指引有必要看的人,走上正道。可惜这一类老师,实在少之又少。门派观念或先入为主,都不能开出令人欣赏的书单,使我们要看却无从看起。

看,要跟着想。“看他说些什么”之后,要思索“他为什么这样说”。不可以因为推崇这位先生,就认为他每一句话都对;不可以由于对某人有成见,便断定他所说的话都没有道理。中国人不鼓励崇拜英雄,更不希望看到疯狂的“歌迷”“戏迷”“作者迷”“政客迷”,用意即在于此。

边看边想,两者合一,而真正的比重,仍然“想大于看”。现代中国人逐渐偏离“想就知道”的道路,背诵很多西方人的姓名和理论。无论在什么场合,一开口就引用外国人的话,一举例便是“先进国家如何如何”,幸亏大部分中国人,依然保留“少看多想”的传统,否则中华文化,早已断绝,连“复兴中华文化”的口号,也没有人呼喊了。

想一想,难道这些道理只有外国人懂,中国人不懂吗?同样的意思,用中国人的话不是更亲切吗?对知识分子而言,想比看更重要,真是千古不移的至理名言。

多想,想得有条理,头脑才会清楚。有了清楚的头脑,无论想或看,都能有所得而不迷惑。

七、中国人最高明的事情——善用平衡思考法

外国人士往往觉得中国人慢吞吞,不讲究效率。现代中国人受到影响,力求加快步调,产生“急躁”的毛病,实在得不偿失。

中国人慎重而迟缓,处处提高警觉,唯恐“欲速则不达”。但是在缓慢的过程中,能够掌握问题的要点,并且有充裕的时间来处理,使其有条不紊。这种功夫,今天好像不受到重视,以致忙上加忙,常常忙中有错。

慎重而迟缓,看起来像“推、拖、拉”,实际上是“从容不迫”,不把自己局限在现有的问题当中。

有些人害怕“推、拖、拉”,遇到问题,立即勇往直前地,要求快速解决,于是很难顾及前因后果以及相关人物。快是快,却容易造成事后悔憾的不良后果,恐怕不是人们所乐见的。

我们把抓不住重点的人,称为“不得要领”。“要”指“腰”,“领”就是“颈项”。要抓人,抓住他的腰部或颈项,掌握问题的重点,便叫作“很得要领”。

任何一件事,如果不能“跳进当中想一想”,然后再“跳到旁边看一看”,就会“当局者迷”而难以“旁观者清”。就事论事,若是只就此事论此事,很容易把自己拘束在极小的范围内,难免“画地为牢”而“坐井观天”。

高明的中国人,深知往远处着想,往大处着眼。不是扩大一些,便是缩小一些;如非提升一层,即是降低一级,然后看出要领,自然轻松愉快地解决问题。

分析事物的本质与真相,比毫不思索便快速去解决,要安全得多,长期看来,也快速得多。

有些人解决若干问题,又制造更多的问题。解决得越快速,后遗症来得越凶猛。问题越解决,新的问题似乎越多。这时候,我们就需要中国人高明的平衡思考法。

中国人常说“穷则变,变则通”,因而世间无难事。我们又擅长“大事化小,小事化了”,根本原因,即是“平衡思考”发挥威力。

解决倒好像没有解决;看来没有解决,结果却真的解决了。我们常常怀疑事情到底是怎么解决的?有人说还不是“拖”字诀,用时间来解决问题。这种答案,不太可靠吧?如果拖的功效那么宏大,我们还反对什么呢?

什么才是中国人的平衡思考法,真实的效果如何,请看案例七。

案例实录七

要买一本农民历,却不必看它

某甲有事想请李大人帮忙,却苦于没有交情。多方打听,找到李大人的弟弟,正好是某甲挚友的同学。

向李大人弟弟恳求时,得到的答案是:“我不能答应你,因为我哥哥一向公私分明,而且他决定的事情,很不容易改变,什么人说都没有用。”

某甲依然一再道谢,离去之后,李大人弟弟走访李大人,顺便问起某甲的事情。

“是某甲拜托你来找我的吗?”李大人问。

“是的,但是我没有答应他。我告诉他你一向公私分明,而且决定的事,很少会改变。”弟弟据实以答。

“既然这样,那你为什么还要提起他的事?”

“因为某甲的确有困难,我怕你本来是好意的,结果变成坏意,所以才顺便提一提。”

于是,李大人把某甲的案子重新调出来。仔细看看,发现某甲的确备受委屈。结果按照某甲的意思,把案子重新审理。

中国人深明理想归理想,实际归实际,两者不可能没有差距,如何维持两者之间的平衡,才最重要。

某甲有事,按理应该直接去找李大人,而李大人按理也应该冷静地接受某甲的解说。但是,实际上某甲可能见不到李大人,见面也很难沟通,沟通也未必就有效果。

《易经》的思想，使中国人明白“阴阳对立而并蓄”。有“直接”，相对的便有“间接”。某甲直接访见李大人，由于关系不够、交情不深，可能弄巧成拙。于是转一个角度，想到“间接”，终于间接又间接，找到李大人的弟弟。

兄弟，可能血浓于水，也可能反目成仇。摸清楚“阳性反应”，确定兄弟友爱之后，这才登门拜访。由于“某甲挚友”的关系，不妨开门见山，有话直说。

李大人弟弟毫不客气地回绝，这才看得出某甲的人品，究竟如何。某甲依然一再道谢，证明他请托归请托，并没有不顾一切猛施压力，也不致遭受拒绝便心生怨恨，是一个相当讲道理的人。

同时，李大人问起来的时候，也才能够理直气壮地告以“我没有答应他”，显得自己不但没有滥做人情，而且表示自己依“理”帮忙，却不是依“情”害公。

李大人听罢，继续追问“为什么还要提起他的事”，旨在证实弟弟确属合理的询问与关心。

弟弟“顺便”提一提，主要是恐怕哥哥好意变坏意。这是“家人与外人”之间的“平衡”。

李大人再次调案，把某甲的事情做一番合理的调整，正是“情”与“理”的“平衡”。

中国人的平衡思考，实在不容易拿捏。请看某甲、李大人、李大人弟弟的每一言行，真是“差一点都不行”。诸多变数之中，要求其平衡，当然大意不得。

李大人弟弟如果满口答应，一则失去自己的立场，凭什么拿哥哥的职掌做自己的人情？再则失去考验某甲为人的机会，因为满口答应，某甲当然欢天喜地，看不出他“阴”的一面。

万一李大人弟弟回绝之后，某甲无论如何，苦缠不舍，或者翻脸生气，十分不高兴。李大人弟弟这才看清楚某甲的为人，从此拒绝到底，以后根本用不着再见面。

李大人弟弟既然满口回绝，为什么还要“顺便”提起某甲的事呢？因为兄弟毕竟需要彼此关心，从旁问一问，若是某甲的陈情不合理，就用不着有任何变更，打从一开始便没有答应他。如果某甲的陈情相当合理，也可以提醒哥哥，让他达成更为合适的定案，聊尽为人弟弟的一点心意。帮忙某甲，是为了合理。至于某甲知道与否？会不会感激？根本用不着考虑，这才是做人的正道。

结果呢？某甲发现自己的案情有所变化，自然联想到李大人弟弟。中国人的平衡思考，使某甲主动前来感谢李大人弟弟："承蒙协助，十分感激！"

李大人弟弟回答："我没有帮什么忙，是我哥哥自己发现真相，自动改变的。"

平衡思考，把中国人的和谐人际关系，发挥到极致。每一个人的立场，都充分顾虑。每一个人的面子，都面面顾及。

种花的人常常拔除花盆中的杂草，而培植草皮的人，却把草皮中的花除掉。花和草本来不分好坏、善恶，花间之草必须拔除，草皮中的花也要除掉。标准何在？不过视平衡的需要。

中国人的观念，阴中有阳，阳中有阴。当我们判别善恶的时候，不免也产生"善中有恶、恶中有善"的念头，以致容易产生中国人"善恶不分、是非不明"的误解。

出席会议，起立嘛好像向主办单位低头，不起立嘛又似乎过分没有礼貌，于是有人就起立照常起立，双手抱在胸前，象征"礼貌与无礼"之间的平衡，这就是中国人的"兼顾"作风。

庄子《庚桑楚篇》说得十分清楚："在街上踩了别人的脚，会郑重地向他说'对不起'，表示自己的歉意。兄长踩了弟弟的脚，会摸摸它，表示怜惜抚慰。父母至亲踩了子女的脚，只需看一看它，无须谢过。"庄子指出中国人"至礼没有人我之分，至义没有物我之分，至知不用谋略，而至仁则不表露爱迹，至信也不以金钱做质证"，事实上就是平衡思考的表现。

李大人弟弟若是存心帮忙，就已经失去帮忙的纯粹性。真正乐于助人，是连帮忙、协助的意识都没有。存心帮某甲的忙，就可能害了自己的哥哥。

西方家庭，夫妇之间的爱很不安定，随时有婚变的可能，所以时时要意识到爱，常常要向对方表达爱意。中国夫妇的爱相当安定，爱已经变成生活方式融会在生活本身之中。除非夫妻一方的爱情露出了危机，彼此才会从无意识的爱转回到有意识的爱，是一种不安定、不平衡的征兆。现代中国人，逐渐礼仪表面化、爱情口头化，实际上就是不安定的内心在作祟，谈不上什么现代化。

父母生病，做儿子的日夜服侍，因而获得孝子的名声。这种孝子的声誉，实际上由父母生病的不幸事态而获得。因父母不幸而成为孝子，不如因父母平安而得不到孝子的称誉。天下间许多事情，正如计算父母的年龄，一则以喜，一则以忧。

西方人对这种一则以喜、一则以忧的游戏规则，十分困惑，他们简直无法了解中国人的喝酒猜拳规则。

“请问，中国人猜酒拳，到底是想赢呢，还是想输?”西方人好奇地发出问题。

“当然想赢!”中国人慢条斯理地回答。

“既然希望赢拳，为什么赢拳的人不能喝酒，反而让猜输的人喝呢?”

“不但让输拳的人喝酒，而且喝酒的人，还不能够高高兴兴一口气喝下去。他必须装模作样，好像很难喝，很不愿意喝的样子，三番五次，勉强喝下去。”

“为什么呢?”

“因为他如果很高兴、很迅速地喝下去，赢拳的人，就会觉得吃亏上当，心里就不舒服。”

“哦，我明白了，一方赢拳，一方赢酒，只是让赢酒的人稍微露出一些痛苦的样子，赢拳的人就心满意足了。”西方人脑筋一转，弄清楚兼顾双方的好处，也明白平衡的感觉，原来如此。

“假若我们修改游戏规则，让赢拳的人同时赢酒，结果连续输拳又输酒的人，必然一肚子火气，可能会掀桌子、摔酒杯，甚至骂人、揍人，那就彼此不愉快了。”

“好，好，就算兼顾得很有道理。但我还有一点怀疑，假使赢拳的人一路赢下去，岂非整个晚上都没有机会喝酒了?”

“这个你放心。连续赢拳的人，随时想喝酒，只要说一句:‘来，我陪你喝一杯。’不但马上有酒喝，而且显得够义气。”

西洋人不说话了，看中国人神神秘秘，原来都是平衡思考在运转，难怪一会儿转东，一会儿又转西，让人摸不着头脑。

许多人家中购有农民历，逐日记载宜、忌或不宜。有人问我:“当今科学时代，到底要不要买农民历呢?”

我会这样回答:“要，还是需要买一本。”

又问:“那么，每天要翻阅一下啰!”

“不，不要看。”我说。

“那就怪了，要买，却不要看。那买来做什么?”

“不要急。一个人天天翻阅农民历,保证什么事都不能做。而且处处受牵制,人就活得不够自主。”

“既然这样,干脆不要买好了!”

“那怎么行?有这么一天,早晨起来,便眼皮直跳,喝牛奶居然打破杯子,上厕所差点跌倒。这时候,把农民历翻开来一看,原来写得很明白:本日凶多吉少,诸事不宜。于是特别小心,趋吉避凶,有什么不好?”

乍听起来,买一个农民历但不要看,好像没有道理,仔细分析起来,这正是中国人的平衡思考。

八、中国人最自动的事情——随时随地教训人

出国前,穿越验证关卡,心里正觉得依依难舍。验证小姐面带不悦地说:“这个号码为什么不填上?”

如果回答:“请旅行社代办的。”

小姐的口气就更严厉了:“代办,自己也应该检查一下。”

她绝对不是打官腔,说的话句句有道理。

看看她那么年轻,一点儿也不可爱。想想自己这一大把年纪,还那么粗心,当然要受一些教训。

中国人喜欢自动,这是很多人尚未发现的事实。而最自动的事情,则是随时随地,找机会教训人,丝毫不马虎。

人之大患,在好为人师。我们喜欢教训别人,自古已然,只是现代化风尚,使得这种作风更为加剧。

有一位口才很好的律师,打电话向儿子的老师抱怨:“他年纪轻轻,怎么会有这种口气,好像样样都比我懂。”老师说:“你自己是大律师,如果说不过你儿子,又怎么能怪我呢?”

以前只听见老师向学生说:“教学相长。”

如今竟然有学生在课堂上向老师说:“教学是相长的。”

往昔官员打官腔,大家习以为常。

现在到处都是“教训者”,小孩子也被利用来教导父母做好环保。

百货公司里,售货小姐教训顾客。“立法院”内,我们选出的民意代表教训政府派任的官员。马路旁边,摊贩也教训行人,走路要当心。

中国人天生爱教训他人,从某种角度讲,这本不是一件坏事,因此古代中国,规定“小孩子有耳无嘴”,多听一些道理,长大后才能正确教训别人。如今在台湾,所谓民主风潮,小孩子嘴巴唱着“只要我喜欢,有什么不可以”,顺着电

视上“回去告诉爸妈,不可以这样做”的指示,当然可以理直气壮地,不待长大成人,便到处教训人。

以前,我们警觉“自己看的未必正确,自己想的不一定合理”,比较不好意思随便教训人。现在,我们相信“亲眼看到当然是真的”,而且决心革除传统“不敢说”的做法,努力促使自己“有话直说”,社会混乱,自是意料中事。

随时随地教训人,若是合理,倒也不失“见义勇为”。可惜“理不易明”,道理并不是那么容易弄得清楚。任由脑筋不清楚的人,随时随地教训大家,那才是“说不出的悲哀”呢!

中国人果真如此吗?请看案例八。

案例实录八

骂别人才显得自己伟大

那一天,自高雄返台北的华航班机上,目睹了这么一个景象,说出来请大家参考。

飞机的轮子落地,乘客的心随着安定下来。服务员一阵叽里咕噜,好像没有什么人在听。有人站起来拿随身携带的行李,于是群起响应,几乎有三分之二的人都跟着站起来。几十分钟的坐姿,不应该觉得疲累,没有必要急于改变姿势。为了掩饰自己那一副生怕吃亏的表情,有些人伸伸腰杆,活动一下筋骨,随手把所带的东西拿下来。

有一位中年男士,大概是上飞机时,头顶上的行李位置已经被别人捷足先登,不得已求其次,只好放置在走道对面座位的顶上。他伸一伸手,根本摸不着,便侧身向前,准备把身体移动到走道上面。

这时,一位年轻的小姐劝阻他:“飞机还没有停稳,不用急!”

料不到那位中年绅士开口说:“你不急,那你这么早站起来干吗?”这位先生的人生体验,想必非同凡响,一句话就击中年轻小姐的痒处。

“慢慢来嘛,急什么呢!”年轻的小姐毕竟是中国人,心知自己无礼,冒犯了长者,但是大庭广众之中,怎么可以认错、丢脸?所以嘴巴要硬到底,胡乱找一些理由,来搪塞自己的行为。

“先生,只有你在向走道上面挤啊!”一位年轻的男士看不惯,理直气壮地反驳那位中年绅士。

“当然啰,大家已经拿到自己的行李,还急什么?我的行李没有到手,不趁这个时候移动一下,等一下大家下飞机,我一个人停在那里拿行李,必定有人会骂我:‘你刚才为什么不拿,难道睡着了?’我岂不是比现在更难堪?”中年绅士侃侃而谈,弄得大家疑云重重,搞不清楚谁对谁错,顿然觉得是非果然不容易判明!

这时候,有一位男士把手提箱拿下来,递向那位中年绅士:“先生,是不是这一个箱子,请你接好。”

大家的心情忽然开朗,这才是互助的中华文化,彼此骂来骂去有什么用?能不能解决问题?

中国人骂中国人保守、自私、肮脏、愚蠢……不知道骂了多少年,也不知道究竟还要再骂多少年?

从古到今,中国人的嘴巴似乎只有两种功能:一是吃东西,一为骂人。吃东西迄今未变,骂人却有很大的差异。老祖宗专骂外人,什么蛮夷戎狄,指的全是中国人以外的人。现代中国人骂中国人,不敢骂外国人。

中国人为什么喜欢骂人呢?原因很简单:骂人家不行,远比自己实际上表现得比别人行更方便。自己要表现得比别人行,需要有清楚的头脑、力行的决心、贯彻的意志以及实行的方法,实在很不简单。骂人家不行可就容易得多,一句“他,还差得远啰”,或者“这种事早就该做;居然拖到今天”,都是既损人又显得自己十分高明,确属轻而易举,人人可为。

骂人家不行,也是中国人“唯我独尊”的自然表现。现代中国人,似乎只佩服两种人:一种是外国人,一种是已经死掉的中国人。

小学生写作文,老师命题为:“我所敬仰的人”。大家写的,多半是“林肯”“爱迪生”“布什”,或者是“岳飞”“孔子”“郑成功”。

大学教授上电视,一开口“举一个例子”,便是“美国”“英国”或“日本”如何如何。想要以名人的话来证明自己的道理,不是“朱夫子也有类似的说法”,便是“马斯洛的观点是这样的”。

各种传播媒体,争先报道“欧美先进国家”的做法,纷纷以“日本能,我们为什么不能”来暗示“当代活着的中国人”是“最没有出息”的。不过,有一个人例外,那正是“此时此刻开口说话”的“我”。

中正国际机场出境处,一位女士急着要填写一些东西,找不到圆珠笔,向前面一位年轻的男士借用。男士很有礼貌地把笔借给她,顺口说:“以后出门,最好带一支笔,免得向人家借用。”

越年轻的中国人,越容易把别人看作傻瓜,连一点常识都没有,有机会就要教训人。当然,如果是外国人向他借用,我担保不会乘机教训他。

年轻人事情做不好,向老一辈的人请教。老一辈的人,也可能取笑他:“那么简单?没有三年五年工夫,怎么做得好?”如果知识程度低一些,还可能直接骂他:“这个也要问,简直是猪脑。”

许多人最喜欢也最常吃的是猪肉,却一直认为动物之中,猪最懒也最笨。猪肉吃多了,喜欢骂人家“笨得像猪一样”。

到某大饭店演讲,由于时间还没有开始,想趁机参观一下,刚走到厨房附近,服务小姐斩钉截铁地说:“洗手间不在这边,在那一头的右边。”

中国人很聪明,往往自认为“你想做什么,我一眼就看透了”。

西方人比较重视“You're OK. I'm OK.”中国人则从小就被教育成为“He's not OK. You're not OK. Only I'm OK.”

小时候,妈妈再三叮咛:“不要出去同那些流鼻涕的脏小孩玩。”

妈妈心目当中,别人家的孩童,整天流鼻涕,脏兮兮的,只有自己的孩子从来不流鼻涕。就算偶尔流一下,那也是不脏的,用手抹一下,擦一擦,便清洁溜溜。

入学读书,成绩考得不好,父母会异口同声地向别人解释:“我们孩子从小体弱多病,西药吃多了,脑筋受伤,所以记忆力不好,吃很大的亏。”

成绩考得好,父母也会异口同声地炫耀:“他一天到晚就知道玩,居然成绩还不错。”

成绩不好的孩子,都知道“罪不在我”,是“西药害我”。成绩良好的孩子,更明白“我是天才”,不必用功就能够得高分。

长大以后,知道用功的人,也沿用过去的口吻,以“大考大玩,小考小玩,不考也玩”来掩饰自己的“闭门苦读”。制造“不用功”的假象来凸显自己的“聪明过人”,养成“招呼大家一起玩,然后独自躲起来用功”的障眼法术。

不知道用功的人,自有一套“行行出状元”的说辞,“你看人家王永庆、吴火狮,没有读什么书,还不是照样成大事”。中国的活人,似乎只有这种场合之下,显得相当有价值。

但是,追问下去:“你将来想当王永庆啰!”

答案多半是:“那才不哩!像他那么劳碌,有什么好?”可见嘴巴称赞,心里还是有一些不服气。

“青出于蓝,更胜于蓝”,这才是中国人的伟大抱负。但却把“跟在外国人后面,超越中国人前面”,当作“有为者当若是”的志气。

考取大学,立刻自我肯定“十多万人之中,能够脱颖而出,绝非偶然”。新生的眼睛,永远长在额头上,对老师失望,对学校抱怨,总认为“自己填错了志愿”,或者“事先误信传言”,才进入这种大学,颇感遗憾。

没有考取大学,一部分会警觉“自己的考运怎么那么差”,你看张三、李四,高中时代成绩不如我,考运好得混进台大。于是决心好好补习,晚上睡不着的时候,拿妈妈的口红,在镜上大书“妈,我要进台大”。至少可以让母亲笑中带着泪水,向亲友宣布“可怜的孩子,实在有志气”。

屡考不中,立刻想起“条条大路通罗马”,先服兵役,然后运用各种渠道,到“先进”国家读大学,顺利的话,索性读个高学位,回来之后,谁也不会查究那一段曲折的途径,照样可以高谈阔论,“国外如何如何”。

日本回来的留学生,一定说“日本最好,应该学日本”;德国回来的留学生,务须坚持“日本那一套,是从德国学来的,要学就要学源头,才不会走样”。

饮水思源,是中国人的美德。英国留学生,美国留学生,都是中国人,当然也极力把英、美先进国家的做法,搬回来亮相。

中华文化的特色,原来就是“包容性”,所以英、美、日、德,一概不排斥。民国以来,先日、次德、后英,接着是美,拼凑成为今日的大拼盘。

土生土长的也不示弱,“中学为体,西学为用”,便是“不忘本”的主张。“我没有到美国读书,但我去做过研究”,则是“没有吃过猪肉,至少也看过猪走路”的保证。

在现代人中,有一些人自甘于世界各先进国家之后,却一味追求在中国人群中“昂首鹤立”,闽南语把这种人的特性,归结为“输人不输阵”:宁可输给外国人,千万不可以输给咱们中国自己人,这才是真正的“唯我独尊”。

有人说中国人最讲道理,不过常常只相信自己的道理,不相信别人的道理。这种"唯我独尊"的念头,自幼在家庭里,已经不知不觉地在父母的宠爱中逐渐养成。

现代人自认为"新知识听多了,什么奇形怪状的东西也看多了",因而丧失谦恭心。又认为民主时代,大家一样大,谁也用不着怕谁,以致失去敬畏心。这种"我比谁都懂"的心态,比古人更为强烈。

研究所的教授,在课堂上开口"今天我要教你们这个",闭口"明天我还要教你们那个",学生背后取笑,他自己都不知道。

电视上的人物,不是专家便是权威,但是支支吾吾,不晓得在讲些什么。

坐进计程车,发觉司机先生"天文地理无所不知,国家大事无所不晓",吓得乘客乖乖地、沉默地接受疲劳轰炸。

在台湾,所谓"民意代表"更是十八般武艺件件精通,国防、医药、科技、环保等,一并向官员质询到底。

"虽千万人吾往矣"仿佛是许多人作秀时的最佳支撑力。完全忘记"三人行必有我师焉"的古训。

以上实例,只说明一个道理:对中国人而言,谦虚和恭敬的素养,乃是十分必要而且越来越加重要。民主原本带给大家尊严,可惜台湾地区的民主,似乎使得更多的人失去尊严,奈何。

我们常说昔日"大官威严,百姓倒霉",今日呢?大官面如土色,百姓的尊严又在哪里?

庄子有一天手持弹弓,到树林里游猎。忽然空中飞来一只小鸟,庄子立刻随后追击。小鸟对于庄子的行动,毫无所悉,它栖息在树底下,目光直视着前方的螳螂;而那只螳螂,正虎视眈眈地注视着自己的猎物,一只蝉。可怜的蝉儿对即将来临的可怕命运一无所知,正快乐地鸣唱着。万物都知悉他人的事,对自己反而一知半解。庄子可怜万物大难当头却不自知,不料背后森林公园管理员大声呵斥他:"此地已列入国家公园,严禁狩猎,为何擅自携带弹弓闯入?"

人不谦虚,当然"已经成为狙击目标而不能自觉"。

电视传布,教训人的威风无远弗届。然而教训者的面貌人人熟悉,一旦被指定为狙击目标,也就无所遁形了。

民主时代,大家要有尊严,就要重视敬畏心。彼此互相敬重,取代“有机会就教训他”,大家都有面子。

敬畏未必就是阿谀谄媚讨好,所以不一定造成“和稀泥”的恶果。敬是敬他的人格,因为人格一律平等,畏是畏他的道理,不可以离经叛道,当然应该接受合理的措施。人人恢复谦恭心、敬畏心,民主的花朵会开得更美丽;台湾经验,也就更可贵。

中国人可以教训人,只要说得有理,大家就应该接受。不过教训人之前,先考察自己,是否具备谦恭心、敬畏心。在谦虚、敬畏的大前提下,来教训他人,才不致反而被教训,自取其辱。

事实上,民主时代,大家除了谦恭心、敬畏心之外,更应该培养一分忍耐,称为不计较心。

走在西门町的行人徒步区中,正逢假日,警察三五成群,在执行任务。这时耳旁响起年轻的声音:“这算什么社会,放假日警察还这么多?”

人行道挤得水泄不通,前面有个小孩子蹲下去捡东西。虽然那不是我的孩子,也得暂停脚步,让出一些空间,孩子才有寻找的可能。后面的年轻少爷又喊了:“前面的人走不走?不走请让路。”

年轻人的话、少爷所说的话,句句是实,也够客气。他不是有意冒犯,只是不懂事。而且错不在他,在缺乏教养。我们除了忍耐,不计较之外,更要多思考,如何让下一代不再缺乏教养。

九、中国人最灵活的事情——大丈夫能屈能伸

中国人的弹性很大,适应力很强。说难听一点:得意时趾高气扬,似乎不可一世;失意时忍辱负重,就算有如丧家之犬,也不愿意因此而自杀。

我们针对中国人这种“屈伸自如”的特性,才不厌其烦地,一再重复申述“得意时要谦让,失意时勿丧志”的格言。然而,一般中国人,仍然能伸必伸,否则有权有势做什么?该屈便屈,要不然吃眼前亏哪里称得上好汉?

中国人因而成为“说两句话的民族”,一方面鼓励我们“天下为公”,主张“公天下”,反对“私天下”;另一方面则提醒我们“人不自私,天诛地灭”。

这一屈一伸之间,含有相当宽广的空间。但是中国人却强调拿捏“分寸”,并不要求大家拿捏“丈尺”。可见空间虽大,仍需注意微细的调整,才能合理。

大丈夫能屈能伸,历史上多少仁人志士,就在这一屈一伸之间,成为众所敬仰的大丈夫。

现代人,可能是心里排斥,也可能是修养不足,不是对屈伸行为产生强烈的厌恶感,便是不能屈伸自如,经常弄得灰头土脸。

我们相信“形势比人强”,形势大好,一切对我有利的时候,如果能伸而不伸,岂非坐失良机?人有权有势时,有意无意地弄权持势,实在是当伸即伸的表现。

形势不好,一切对我不利时,若是应该屈而不屈,必然吃亏、倒霉。中国人天不怕、地不怕,就怕吃亏上当。好汉不吃眼前亏,自然该屈便屈。

从道理上说,当屈即屈,当伸便伸,原本相当有道理。中国人自古以来,多次伸屈,也体会出其中的奥妙。参加比赛,凯旋有一番炫耀,一番神气;失败回来也有一番委屈,一番霉气。只要分寸拿捏得准,保证顺利过关。有人批评奖罚不明,检讨不力,实在是不了解中国人的真正用意,才有此误解。

中国人绝对不是“不明是非”,也不会“缺乏面对事实的勇气”,更不应该

“检讨时书面文件一大堆，过后全无下文”。我们眼睛所看到的弊端，都是一些“变态”现象，不是中国人的“常态”行为。

按照中国人的方式，我们依然可以切实地检讨，勇敢地认错，认真地改善，并且收到确实的效果。

可惜，我们长年以来，已走入歧途，使得所谓“变态”行为到处可见，令人痛心。

请看案例九。

案例实录九

一切看情况办事

从夏威夷回来，搭乘泛美经东京到台湾的班机。坐在旁边的是一对外国夫妇。年纪不大，服饰十分考究。

空中小姐供应饮料，同时每人分给一包花生米。坐着无聊，便信手扯开，抓着几颗就往嘴巴里送。紧邻的外国先生忽然提问：“请问，这花生米好不好吃？”

“不好吃。”顺口而出，谈不上什么客观标准。

他拿起自己那一包花生米，放在他太太的桌面上。得意地笑了好几声：“不好吃，两包都给我的妻子吃！”

这是哪一国人？怎么会这样？我觉得有些纳闷。终因事不关己，管它做什么？依然自顾自不停地把花生米往嘴巴里塞，似乎也吃得津津有味。

“你这个人是怎么搞的？说不好吃，却拼命地一颗一颗吃个不停？”他不以为然，好像受到欺骗似的，相当不满意我的样子，顿然使我觉得事态有一些严重。

为了缓和紧张气氛，我带着正经的笑容，不慌不忙地向他解释：“我是中国人。这花生米真是不好吃，但是眼前没有更好的东西，当然还是要吃！”

他一句话也不讲，伸手把原来分给他的那一包，从太太的桌面上拿回来，扯开封口，抓起三五颗，送到嘴巴里。过了一会儿，才喃喃自语：“你们中国人，实在很奇怪。没有东西吃的时候,不好吃也要吃。"

外国人看不懂中国人,情有可原。现在越来越多的中国人,竟然也不了解中国人的性格,令人啼笑皆非。

自古以来,中国人一直在变,但是变来变去,只有一点没有变,那就是中国人的屈伸性格。屈伸意指能屈能伸,这种我们称它为大丈夫的性格,实际上是变动性的,亦即"不一定"的性格。

中国人最早居住在黄河流域。台湾地区的闽南人自称"河洛人",希望后代子孙不要忘记"我们是从黄河、洛水来的中原人"。比闽南人晚到台湾来的"客家人",也有意表明"我们也是从黄河、洛水来的,迟来一步,只好暂时客居他乡,将来终究要回中原去"的决心,所以世代相传,绝对不可以忘掉故乡的语言。

黄河最大的特色,在于它会改道。居住河东,忽然变成住在河西,令人感叹"十年河东,十年河西"。这种"无定着"的心态,着实影响中国人的性格,使我们随着黄河的改道而屈伸自如,不但善变,而且也好变。

如果请问一位美国朋友:"你打算怎么办?"答案多半是肯定的:"我打算如何如何!"美国人很容易下决心,成为"打算先生"(Mr.going-to-do)。

假若问一位中国人:"你打算怎么办?"答案很奇怪,多半是不肯定的:"到时候再说!"中国人相当聪明,不会那么早就下定决心。我们会因应人、事、时、地、物的变迁,必要时才拿定主意,否则就要继续观望,静观其变。中国人精打细算,会随时调整以求制宜。这种"有主意却经常改变"的精神,叫作"不执着"。

说中国人具有"不执着"的性格,那又是一种不容易觉察的偏差。因为说中国人不执着,并不算错。但是说中国人执着,也没有什么不对的地方。中国人一方面"不执着",一方面则极力主张"择善固执",也就是"执着"。如何由"不执着"的过程来选择当前最合适的决定,并且加以"执着",便是"中庸"的真义,也是中国人屈伸性格的合理化表现。

任何事情,预先有计划就能成功,没有计划便要失败。这种"凡事预则立,不预则废"的计划精神,对中国人来说,只是一种常识,称不上什么学问。几乎大家都知道:"吃饱了饭,从早到晚,如果没有一件事情肯用心去想,便很难有所成就。"但是一动心思,想到最为合适的办法,马上固定下来,万一时过境迁,最合适的办法可能变成最不合适，请问要不要适时调整，加以变更呢？中国人看起来“说话不算数”，“明明说得好好的，到时候又变了”，若是变得合理，应该是正当的行为。

出于屈伸性格的实际需要，中国人所说的话，通常都有正、反两种。我们刚刚说完“好心有好报”，马上接着说：“好心遭雷击。”这前后两句，刚好完全相反。

美国人听罢，大多不能接受，相当紧张地问：“这两句话，究竟哪一句才是对的？”

中国人一向十分轻松地回答：“两句话都对！”

美国人更加紧张：“为什么会这样？”

中国人越来越轻松：“因为不一定嘛，有时候好心有好报，有时候却好心遭雷击！”

事实上这两种情况，都有其可能性。好心人得到好报，固然很多；好心人受到恶报，历史上的见证也实在不少。自有刑罚以来，便不乏冤狱的记载。已经平反的，我们记不清楚；尚未获得平反的，更不知还有多少！

好心应该好心到不会被雷击死的程度，才属合理。这种“做人务必保持善良的心，却不可过分溺爱、宠信，以免惯坏了，徒然害了人又害己，因而遭受雷击”的品质，就叫作“中”。中国人之所以称为“中”国人，即是做人做事，力求“合理”。能屈能伸到合理的地步，便是“中”。中庸之道，也就是一切达到合理化的程度。

看不懂中国人性格的，会一口咬定中国人翻来覆去，丝毫不讲求信用。可笑的是，这些人马上又毫不犹豫地指称中国人保守、不喜欢变革。殊不知翻来覆去，根本就是善变，和保守、不喜欢变革刚好相反。可见持有此种观点的人，自身相当矛盾。

所以，说中国人反复无常，是因为所处环境变数很多，不得不然。说中国人保守、不喜欢变革，则是由于害怕越变越对自己不利，越变越不通。如果越变越有利，越变越通，中国人势必争先恐后，唯恐自己不在变革之列。中国人最喜欢赶时髦，什么时候自甘落后？

集矛盾的性格于一身，而又安排得动定咸宜，乃是中国人的拿手好戏，叫作“相反相成”，这就是中国人的高明之处。

别人权宜应变，我们骂他反复无常；我们随机应变，别人骂我们投机取巧。多年来我们惯于这样骂来骂去。骂别人来抬高自己的身价，原来就是屈伸性格的一部分。能骂即骂叫作“能伸”；该赔不是就赔不是便是“能屈”。这一伸一屈之间，不知道塑造了多少大丈夫，也让中国人的生存空间更为辽阔。一般人的做法，只要骂人者不迎面而来，指名道姓，能屈就要委屈一下。此时一屈便不知道究竟骂谁？如果修养不够，忍不住一伸，马上变成“做贼心虚”，陷入不打自招的困境。就算郑重否认，也落得“此地无银三百两”的罪名。若是真的指名道姓，有意单挑独斗，中国人好像应该宁死不屈，哪怕是死，也要全力以赴，务求冤枉得以洗清。“无事不惹事，有事不怕事”，正是屈伸性格的妙用。

说中国人守旧，对，也不对。说中国人创新，对，也不对。认为中国人守时，对，也不对。肯定中国人不守时，对，也不对。说中国人崇拜英雄，好像对，又好像不对。批评中国人不崇拜英雄，不见得对，也不见得不对。由此类推，凡说中国人如何如何，马上可以举出反证，中国人并不如何如何。怎么说都对，同时又怎么说都不对。

那么，中国人的性格是“不一定”啰？这一句话也要特别小心，连“不一定”都不一定。这里面有一个一定的东西，叫作“合理”。中国人凡事不执着，一切不确定，但是，都一定要以“合理”做取舍的标准。合理便执着，叫作“择善固执”。合理就确定，称为“谋定而后动”。

大丈夫能屈能伸，这一句话并不完整。下面应该加上非常重要的部分，那就是“一切唯求合义”。合义就是合宜，便是合理。能屈能伸到合理的程度，变来变去变到合宜的地步，才是真正的中国大丈夫。

能屈，一直屈到不合理的情况，叫作“懦夫”。“威武不能屈”，便是说为了合理，必须抱定铜墙铁壁一般的意志，坚定不移，而且勇往直前，绝不为任何威武所屈服。合理而不能屈，叫作“莽夫”。明明知道合理，却不能约束自己，牺牲自己的自由来成全大众的自由，表现出粗率冒昧的言语或行动，实在莽撞得令亲者痛仇者快。

能伸，也应该伸得合理，否则即是小人。从古到今，社会上大富的人，难免骄纵。大贵的人，也不免傲慢。富贵双全，那就既骄且傲。“富贵不能淫”，即在告诫这些人，不要伸到不合理的地步，以免祸害人群。伸得合理，乃是正当的满足欲望；伸得不合理，就成了纵欲，放荡不羁，终必害人害己。屈伸自如而又力求合理,表现出“富贵不淫,贫贱不移,威武不屈”,便是获得大家赞美的大丈夫!

东西好不好吃,并不是绝对的。有能力、有机会选择时,可以挑这个拣那个。无可选择的时候,中国人大多变得十分随和,显得能伸也能屈。

尤其难能可贵的是,明明不好吃,也能够吃得津津有味。若是勉强吞下去,那有多痛苦?中国人能处顺,也能处逆。富有时生活得很愉快,贫穷时也生活得很愉快,这才是中国人本色。

不错,中国人同样会嫌弃这个、厌恶那个。但是,请放心,那是为了标榜自己比人家“有办法”。我有本事,能够嫌弃这个、厌恶那个。一旦沦落天涯,风水轮流转,换到别人在我面前嫌弃这个、厌恶那个,我也就认了。

淡水渡轮恢复通航,乘坐渡轮的人,如果说:“很好啊,风光美丽,坐起来别有一番滋味!”听起来如何?

偏偏有一个少女,她这么说:“淡水河还是很臭,闻起来很恶心,叫人想吐!”听起来是不是很恶心?

台湾经验,若是造成只能处优不能处困的新生代,最好不要将这一部分向广大的中国人去推广,以免祸害更多中国人。

我们当然知道淡水河的臭味令人作呕,“不说也明白”,说了又怎样?这种念头,究竟道理何在?恐怕说来相当话长,不是仓促之间可以轻率判定的。

初看起来,中国人善变,很不容易捉摸。看不懂的人,就所观察到的表面现象,批评中国人喜欢两面讨好,见人说人话,见鬼说鬼话。

其实,中国人最不容易讨好。想讨好中国人,恐怕比登天还难。因为中国人的警觉性普遍很高,一讨好他,他立即提高警觉:“你对我这么好,莫非打什么主意?”

换一个角度,中国人也不喜欢讨好他人。我们对“拍马屁”“奉承”“讨好”这一类的行为,自古以来,就十分瞧不起。

不喜欢讨好,也不喜欢被讨好的中国人,居然到处充满“讨好的人”与“讨好某人或众人的事”,岂不奇怪?

中国人大概不会存心讨好,也不承认自己依赖讨好而升官发财。然而,只要有人官运亨通,财源广进,我们就会毫不犹豫地推断他不是有能力,而是善于拍马屁,讨好众人,才有今天的结果。

甚至公开表明不讨好的硬汉,一再声明“绝不妥协”,即使丢官也不在乎,我们依然心里有数,还不是用“不讨好”来“讨好”老板?老板喜欢这种调调,他就极力标榜这种调调,以求投其所好。这种论调,难道毫无道理?

可见一种现象,可以有多种解说。表面上看起来,某人在讨好群众,实际上分析起来,有许多可能性。

某人可能真的为了讨好群众,才有此主张。也可能由于这种主张切合群众的需求,因而获得众人的好感。

硬汉可能本性就这么硬,刚好遇见赏识硬汉的上司,当然特别给予支持。

中国人深明这种“时势造英雄”的道理,倡导“可出则出,不可出则隐”,“能进便进,不能进即守”的哲学,符合中国人“大丈夫能屈能伸”的特性。

“时势造英雄”,不合时势的人,当然也可以“英雄造时势”,所以任何时期,都可能出现“非主流”。如果力量较大,造出新时势,自然另有一番新气象。

既然时势可以造英雄,英雄也可以造时势。能伸的人,就让他去伸;该屈的人,也就心安理得,伺机东山再起。彼此无须互相攻讦,才是真正的大丈夫。

成功失败,都是自己的事,与他人无关。因为他人实在帮不上忙。要屈要伸,因此也操之在我。决定要屈,就不必嫉妒他人的伸;自己要伸,也不必嘲笑他人的屈。世界上有屈有伸,才显得调和;社会上有屈有伸,才有伸的余地。大家都不管闲事,闲事似乎不得解决;大家都热心管闲事,闲事势必增多。爱管闲事的人,好像没有权利痛责不爱管闲事的人,因为大家都来管,未必你就有机会能够管。那时候是不是又要大骂机会不公平呢?

能屈能伸,才显出中国人的弹性。要屈要伸,请由自己来决定。

十、中国人最倔强的事情——永远都不肯认输

无论如何，中国人百折不挠、永远屹立不倒的史实，大家都不能否认。

中国人遇到任何困境，绝不轻言绝望，也不轻易放弃努力。这种强韧性格，使中国人遍布全世界，酷暑或寒冷，都能够适应。

我们都明白，人生不如意事，十有八九。一个人一生当中，逆境占十分之六七，顺境不过是十分之三四，同时顺逆多半相间出现，所以需要坚苦忍耐的毅力，突破逆境，才能从容进入顺境。大丈夫的条件之一，便是威武不能屈。能伸能屈，却又威武不能屈。可见屈是为了再伸，并不是真的就此屈服下去。

中国人从小的教育，以“不认输”为主要精神。由于父母望子成龙、望女成凤，所以自幼给予很大的鼓励，寄予很高的厚望。子女感受到父母家人的冀望，无不立定志向，要成功，要立业。而每逢挫折，父母又常找理由来替子女搪塞，养成子女找借口、不肯认输的习惯。

最常见的是，当自己的子女不如别人时，父母很少承认自己的子女智慧不高或努力不够，一句“聪明的人，智慧开发得比较慢”，再一句“孩子还小，长大自然会好”，便解决了所有的疑惑。

这种教育的连带作用，从正面讲，可能会培养出“舍我其谁”的坚强意志，果真能够“泰山崩于前而色不改，麋鹿兴于左而目不瞬”，实在够气魄。从负面看，则由于反正有借口，只要不承认，就好像没有输。变成死不认错的转嫁者，不是把责任推给老天爷，就是把过失推给别人。固然够倔强，却相当容易气死人。

西方人肯认输，公然宣称要“反败为胜”。既然叫“反败”，即已承认“失败”了。

然而中国人却有时不肯认输。军队撤退，称为“大军转进”。下棋挫败，叫作“让他一盘提高他的兴趣”。考试不理想，怪命题者太偏心，专出冷门题目。

比赛成绩远比预期的差,埋怨训练环境不好。

永不认输,究竟好不好?就算真的不好,改得掉吗?有些人痛责别人不认输,轮到自己照样不肯认输,如何是好?

请看案例十。

案例实录十

遭遇失败马上找理由搪塞

老李参加四百米赛跑,自己评估实力,有希望进入前三名。结果复赛竟然被刷了下来,根本没有资格参加决赛。老李不服气地说:“这几天经常觉得肚子怪怪的,想不到影响这么大!”

中国人在比赛之前,个个夺标希望甚浓。不敢说一定拿到冠军,至少也坐三望二。向新闻界宣示,实力比去年好得多,目前体力正处于巅峰状态,并且斗志高昂。

比赛结果不理想,不是推说水土不服,便是责怪练习环境不好。不但不承认自己的实力不如人家,反而要求更好的练习待遇。一切为了:明年还可以再来。

所谓中国人的屈伸性格,是主张屈伸自如必须力求合理。要维护这种中庸之道,最重要的,便是心理上不移变其节操。一个人最容易变节的时期,大概是患难困穷。历史上多少人一旦遭遇特殊因素,便忠变叛,而顺也变成逆。这种改变,不可否认是严重的变节或失节。我们倡导“贫贱不能移”,就是期望大家即使遭遇困难、身受饥寒的压迫,也不可以移变节操。中国人唯有切实做到贫贱不能移,才算是纯洁明贞的大丈夫。既然人人都立志成为大丈夫,万一有做不到的地方,也要硬撑下去,以确保节操。这种心理,使得我们养成“永不认输”的习惯。

任何选举,赢的人总是声称自己抱持“平常心”。但是输的人无不怒气冲天,大骂选举不公平。中国人典型的想法,就是:“如果公平,我一定会当选;现在我没有当选,充分证明不公平。”

游戏规则也是一样,对自己有利的,才是良好的游戏规则;否则就满口怨言,睁着眼睛说瞎话,一直埋怨"缺乏游戏规则"。

输的人永远不认输,把责任推给游戏规则。中国社会,游戏规则常常背黑锅。每一个失败的人,都希望修订游戏规则。最好按照他的条件来修改,以便保证他会赢。

爱拼才会赢,还不如保送一定赢!

永不认输有正负两种路向,正向是"立于不败之地",负向则是"乱找理由搪塞"。前者属于预先防患,使自己永远不必认输。后者显然死不认错,其实是永远不敢认输。不必认输,值得大家鼓励;不敢认输,并不是好现象,应该是一种变态的委屈,殊不合理。

中国人力求立于不败之地,目的即在永远不会输,才可能永远不必认输。这是一条光明大道,要努力走下去。至于理由一大堆,就是不认输,不但贻笑大方,自己也不见得舒坦。所得到的,不过是表面上的安慰。

立于不败之地,必须以避免冲突为上策。因为一旦发生冲突,谁胜谁败,实在无法预料。

银幕上出现的中国剑侠,如果手里拿着剑,到处挑衅的,大概都是没有什么功夫的浅学之徒。他们根本不知道什么叫作"不败",因此常常被人家杀得毫无还手之地。

功夫高深的剑侠,绝不轻易和人家交手。凭他的眼光,瞬间就可以判断自己能否赢过对方。万一没有胜算,他便双手一抱拳,客气地说:"后会有期。"一溜烟儿跑得无影无踪,凡是看不出自己会失败的剑客,被杀死的时候,非但得不到众人的同情,反而背后惹来许多无情的嘲笑:"自己到底有几两重,居然也不称一称!"

有一次,一位黑道老大带着两名手下,乘坐一辆名牌轿车外出办事。司机开着车,要停不停地侵占了大半条人行斑马线。一位年轻人经过的时候,用脚猛踢汽车,骂道:"不守规矩,讨厌!"

两名手下十分生气,打算下车去教训那位年轻人。痛揍他一顿,看他以后还敢不敢乱骂人?

老大喝住他们,叫司机继续开车,然后不慌不乱地教导这两名手下:"这个年轻人很可恶,是不是?居然敢踢我们的汽车,大概是活得不耐烦了。不过,我告诉你,他是不知道我们在车上。如果他知道我们坐在车上,还敢来踢我们的车子,这个年轻人'有种',我们反而要佩服他的勇气。他不知道我们坐在车上,才来踢我们的车子,就不是勇敢,而是愚昧。一般人常常把愚昧当作勇敢,我们不要上当,盲目去揍一个愚昧的年轻人,徒然叫人家笑话。"

手下的道行不及老大,时常按捺不住,就要惹事。老大盗亦有道,在没有摸清楚这位年轻人的底细之前,制止手下去做无谓的举动,比较明白"不败"的道理。可见中国人黑白两道,希望立于不败之地,乃是共同的目标。

人难免要竞争,也就免不了冲突。中国人体会"站在不冲突的立场来冲突",一方面主张不要冲突,告诉我们"让一步海阔天空";一方面却鼓励我们不要逃避冲突,叫作"置之死地而后生"。前者纯粹是"礼让",后者则是毫不退避地"当仁不让"。

凡事先由和谐入手,主要在求"大家都赢",亦即"彼此都不败",皆大欢喜。实在没有办法,能进即进,该守就守,守不住便转进。转进不是退,而是为了下一次的进。中国人这一套"虽败犹荣"等于没有败的哲学,不但大家都有面子,而且很容易在和谐中求发展。

这一套哲学的运用,需要高度的智慧和艺术。否则很难保持均衡,却时常造成"和稀泥"的不幸局面。

西方人是竞技民族,他们遵照游戏规则,在竞赛中分胜负。赢的就是赢家,而输的也会服气。

我们把这一套西方的竞技哲学搬到中国来,发现游戏规则不管怎样定,总有人不满意。西方人不满意游戏规则,会依原有规则来修订新规则,而且既经修订,大家通过之后,就会遵照实施。我们则"一发现规则不合理,马上擅自不依规则而行,而且振振有词,理直气壮地指称看你把我怎么办"。

勉强定出一套游戏规则,大家没有意见,心里却随时准备"偷跑"。一面偷跑一面骂别人偷跑,吵吵闹闹,分不清谁是谁非。偏偏裁判水准又极为低下,不是说:"我们的仪器不如先进国家精密,所以观测相当困难。"言下之意:"最好编列一大笔预算,让我出国去考察,回来一定会改善。"便是说:"两方面都有错,也都有相当道理,希望双方都改进。"意思是说:"大家都不行,最好都退位,让我来。"

竞技不合乎我们的胃口,和谐又缺乏功力。于是立于不败之地的要求,就以负面的“乱找理由搪塞”来运作,固然表面上获得暂时的满足,实际上却越来越无奈,越来越显得到处充满无力感。

找理由搪塞,对中国人来说,是十分方便的事。第一,中国历史悠久,资料库非常丰富,随手拈来,就是一大堆理由。第二,打从春秋时代,中国就已经相当多元化,什么样的言论,好像都出现过。你说东,我就说西;你说西,我便说东。反正怎么说,都有一大堆理由。第三,中国人最清楚,时间可以解决一切。说一段理由,拖掉一段时间,大不了拖到死,也是一种解决的途径。

中国人天不怕地不怕,最怕的就是“不说道理”的人。有些人放着一条正理不说,专门东说西说,说上一千条歪理。不打算说服你,只存心把你气死!

用“气死人”的方法来解决问题,虽不是“立于不败之地”的一种路向。不过,“气死人”的人,自己也会“气”,说不定遇着功力高强的人,“还没有把他气死,自己就先气死了”,所以不算有把握可以不败。

“永不认输”的传统,还会继续传下去。妈妈告诉儿子,只会说:“不要看爸爸没有出息,他只是运气差,没有遇到好主管。你看叔叔运气好,很快就升得那么高。”然后鼓励儿子:“你要用功,跟人家好好相处,将来一定出人头地,替我们家争一口气。”

妈妈从来不会告诉儿子:“你祖父不行,你父亲也不行,这种遗传,可以看出你也不行。孩子,认命吧,不要同别人争,因为争不过别人的。”

望子成龙、望女成凤。子女就承受压力,不能输给别人。就算输了,也要找理由。永不认输,将来才有翻本的机会。不认输就是“有志气”的代名词,似乎很难改变。

子女向父母坦承“自己不如别人”,并且有“认输”的倾向。父母必然十分紧张,而且相当气愤:“为什么子女会如此不成才、不争气?”

永不认输有正面的意义,但是永不认输必须走上正途,那就是“事先充分准备”“随时应变以求制宜”,并且“不打没有把握的仗”,以求“立于不败之地”。

屈伸自如,保持相当弹性。遭遇困难,永远不向环境低头。中国人这种观念,难道不对吗?

死不认错,把所有责任都推给别人。永不认输,将别人的成就都曲解为运气好。中国人这种习性,难道是对的吗?

可见永不认输有对也有错。认定人生是长途竞赛,不折不挠,对一时的失败不灰心丧志,却能够再接再厉,改正过失,朝向既定的目标,咬紧牙关,一直奋斗下去。这种永不认输的精神,才是中国人心目中真正的勇者的精神。

中国人有一句老话:"知其不可而为之。"明明知道不可能,也要竭尽心力,放手一搏。

子女幼小的时候,看看样样都比不上别人。做父母的,能不能就此放弃?

我们反对小学按能力分班,主要原因即在"太早放弃那些被认为资质较差的小朋友"。"放牛班"的老师,能不能抱持"知其不可而为之"的心情,好好把班上的小朋友带起来,实在颇有疑问。

别人可以放弃我们,我们自己千万不能放弃。所以"不认输"的精神,可以说是"知其不要而为之"的良好基础。人一旦认输,逐渐漏气,终致丧失志气,那就什么都完了。

美国人认输,却不畏失败,产生很多"反败为胜"的感人事迹。问问美国人,也是借着"不认输"的毅力,才有以致之。

中国人态度上不认输,对比赛的公平性始终怀疑,心里头更不认输,究竟好不好?

参加比赛成绩不够理想,名落孙山。这时候如果承认失败,显然违背"不以胜败论英雄"的原则,掉入"胜者为王,败者为寇"的圈套。

比赛失利,立拿"胜者为王,败者为寇"来冷眼相待势必令人痛心。

中国人的"不认输",最好介乎"不以胜败论英雄"和"胜者为王,败者为寇"之间,兼顾两者,才能得乎其中。

我们的事情,说起来十分简单,一句话:"大家都有眼睛,自己会看!"

在比赛过程中,确实竭尽心力而又态度认真,大家看在眼里,就会"不以胜败论英雄",接受"虽败犹荣"的事实。

相反的,在过程中一副不在乎的样子,或者高傲的态度。万一失败,我们就会"胜者为王,败者为寇",给予不好消受的难堪。

当事人最好不要发表意见,让其他人来评定,比较有利。偏偏现代化电视,要访问当事人,把他的面容和言语,都公之于世,实在对当事人构成很大的损害。

明明有夺标实力，却由于某些失控的因素，痛失冠军。这时候面对众人，说什么话都不对。如果说“我是年轻人，应该把话讲出来”，更是“自己失败，还要趁机伤害别人”。爱护他的人，应该挺身而出，代替他说几句话，诸如“他现在心情很不好，总觉得对不起大家”，或者“他很伤心，不知道要说些什么才好”这一类的描述，来替他暂时解围。然后他自己再以实际行动，不断苦练，大家就会谅解，并进而大力支持。

中国人相信自己所看见的实际行动，不相信耳朵所听到的说明。对中国人而言，认输不认输，要经得起长期的考验，一个人能够从“不以成败论英雄”，坚毅地走出“胜者为王，败者为寇”的结果，才是真正的不认输。

不认输的本质，应该是“知其不可而为之”，换句话说，一切秉持“凡应该做的，都要不畏艰难，具备了把成功与失败的念头都撇开一边”的决心，对“应该”不认输，不是对成败不认输，才合乎正道。

结　语

看完以上十种案例,心里有什么感想?

中国人真的像大家所指责的那么坏吗?不守法,缺乏公德心,喜欢推、拖、拉,说话不算数,爱骗人,擅长拍马屁。好像需要慎重一些,不能够如此草率就把这么多莫须有的罪名加在中国人身上。从某种角度讲,之所以对中国人产生上述看法,其原因之一是:“中国人越来越不了解中国人。”

中国人最讲道理

“情、理、法”的传统次序,逐渐引起现代中国人的若干异议。虽然人数不是很多,意见犹未趋于一致,而“理、法、情”“法、理、情”的“重组”呼声,似已此起彼落,迭见呼应。

“以理为先”或“以法为先”的主张,各有其严正的立场,俱皆持之有理。但是,我们如果从中国人的“次序观”着眼,不难发现“情、理、法”的“次序意义”,应该是“以情为先,所重在理”,毕竟中国人是最讲求道理的。

中国人的处世法则,是中庸之道。这种折中融和的精神,在中国人的文化生活中,到处可见。例如:人与人的关系,我们把它综合为“群、家、己”三层,重点折中在“家”这一层。各人对自己的修养,有“张、节、弛”三态,中国人重视对于自己的节制能力,折中在“节”态。时间分为“过去、现在、未来”三段,我们折中以“现在”为中心,所以习惯上常说“承前启后”或“继往开来”。

“群、家、己”所重在“家”,“张、节、弛”所重在“节”,“过去、现在、未来”所重在“现在”,这种以“中”为“重”的观念,完全符合《易经》中所揭示的“宇宙秩序”:物极必反,居中为吉。

我们从人和时间的关系来看,一个人如果迷恋于既往的日子,生活在回忆之中,势必不能面对现在真实的环境而有适当的作为。中国人希望“好汉不提当年勇”,就是告诫我们:不要过分重视“过去”。相反的,对于未来的展望固然重要,却也不能过分脱离现实,否则沉醉在幻想之中,同样是不切实际的。人的活动,应该以“现在”为中心,贯串“过去”和“未来”,形成一贯的系统,这也是我们中国人注重传统的原因之一。

按照这种以中为吉的秩序观念,“情、理、法”三者,中国人也是折中在“理”的。它的排列次序,和“中庸精神”的应用是一贯的,毫无矛盾的现象。

从实际生活来考察,我们不能否认:中国人是最重视道理的。对中国人来说。读书的目的,在明白道理;做人做事,务求按照道理。人与人发生纠纷,请第三者“评评道理”,得理的人,不管结果如何,总能够心安;理亏的人,最好俯首认错,不然就是“强词夺理”。大家指责他,骂他:“你这个人怎么不讲道理?”不讲道理,是中国人对人最侮辱的话。我们从小到大,都在追求道理;白天晚上,都不敢忘圣贤先哲的道理。所以耶稣信徒到中国来传道,也跟着我们说:请到教堂听道理。

“情、理、法”的次序,显现“情在理先、法在理后”的自然性。情是人性的好、恶、喜、怒、哀、乐,乃人人所生而有的。孔子是一个感情十分丰富的人,他主张人应该过一种合理的感情生活。判断合理不合理之先,则是人要有感情,所以惠施对庄子说:“人而无情,何以谓之人?”孔子对于颜渊,遇之乐而丧之哀,这是“情”,但虽有哀乐,却不为哀乐所累,此为发而中节,便是合“理”。庄子讲无情,主张“有人之形,无人之情”。实际上是三国时王弼所说的“以情从理”:知“得”是“时”,“失”是“顺”,一切人事变化,莫非“命之行”,如能“安时而处顺”,便进入“哀乐不能入”的“悬解”境界。然而人事中所有得失演变,固然都是自然的,不得不然的;而人的感情,也是自然的,本来就不能去掉的。“以情从理”,只能做到感情初动的时候,便拿理来节制它;不能要求不动感情,径自求之于理,因为这是违反人性的自然的。

戴东原认为理不离情。他指出“不爽失”的情才是理,因而肯定唯有“情得”才能“理得”。“在己与人皆谓之情,无过情无不及情之谓理。”理是情的中节,他也是主张情先理后的。

法在理后,依然合乎自然的次序。法有积极的和消极的两种,前者为“礼”,后者即是“刑”。孔子重视“礼之本”,他曾经举例说:“一般的礼过于奢侈,宁可俭朴些好。丧礼,与其着重外表的虚文,宁可内心哀戚些好。”孔子不拘守传统的仪文细节,也不执着于顺从流俗,他认为一切典章制度的具体内容,都应该依“理”而做适当的改变,这个“理”就是“义”,此即孔子“摄礼归义”的理论,礼以“理”(义)为基础,这是“礼之本”的主要意义,也是理先法(礼)后的自然秩序。

孔子深切了解人的天赋不齐:有生而知之的,有学而知之的,有困而学之的,更有困而不学的。对于那些“化之弗变,导之弗从,伤义以败俗”的人,孔子并不反对用刑。但是他希望“刑以止刑”,使人知畏惧;重点仍然放在“齐之以礼”,使人存有羞耻心,便于引导向善。就常理判断:总是先有教化而后动用刑赏之法的,可见刑还在礼之后。

孔子思想,由“礼”(法)进到“义”(理),再进一步,由“义”进到“仁”。“仁”者二人,就是“人与人间的同情”,是一种自觉的“情”。人有同情心,属于自发的感情,仁者把握着刚刚激发感情的那一时刻,用理来确立价值判断。所以孔子说:“惟仁者能好人,能恶人。”孟子以“仁”为“人心”,视“义”为“人路”,肯定“居仁由义”的原则,就是“情先理后”的自然性。“义”指“正当”,正当合理的行为,即为合“礼”的表现;不合理、不正当的行为,便是不义,只好用刑罚来制裁,这是“理先法后”的自然性。孔子学说中的“仁、义、礼”理论,落实为中国人“情、理、法”的行为标准。

中国人从实际生活当中,体验讲理的最大难处,在于不能冷静持平,却很容易陷入意气之争,盲目坚持己见,形成“公说公有理,婆说婆有理”的场面,以致“有理说不清”。如果在讲理之先,从情入手,大家在情分上取得相当的谅解,那么讲起理来,自然比较易于接受对方的意见,彼此顾虑,兼及人我,才不会偏向强的一边,“强权即是公理”,而失去讲理的价值。

一般人的通病,一为私心,二为偏心,三为欺心,四为疑心。有了私心则不公,有了偏心就不正,有了欺心即不诚,有了疑心便不信。不公、不正、不诚、不信所发出的感情,就是大家所诟病、所害怕、所指责的情。仁者以公破私,以正破偏,以诚破欺,以信破疑,能发出公正诚信的纯真之情。纯真之情是道理的根本,中国人出于这一取向,认定情实应当有。

不公、不正、不诚、不信的人,无法“视人如己”,不能够“己所不欲,勿施于人”。这种不仁的人,其行为往往是不合理的,即使晓之以义(理)施以教化,也很不容易促其自觉。如果遇到实在不讲理的人,我们不得已也要绳之以法,用法来约束这些不讲道理的人。中国人心目中,法是手段,讲理才是目的。法是用来帮助大家讲理的。

“情”实应当有，因为纯真之情，是“理”的认同基础，有助于真理的沟通和确立；“法”是手段，积极的以礼为规范，消极的用刑施压力，目的都在叫人遵循道理。中国人的“情、理、法”，原来是“以情为先，所重在理”。中国人应该是最讲道理的。

不随便说“随便”

中国人嘴巴上常常喜欢说：“随便，随便！”其实，心里头并不是真的那么随便。

朋友来访，问他喝些什么？他顺口说：随便。当真随便倒一杯白开水给他，必然引起他的不满。他表面不说什么，甚至还堆满了笑容，依旧客气地“谢谢”，腹中却嘀咕着：“如果只有白开水，何必问我喝什么。”

请客人吃饭，我们总是说：没有什么菜，随便吃吃。实际上菜肴十分丰盛，否则客人也会不高兴的。反过来说，客人真的随便吃喝，丝毫都不客气，即使宾主交情甚深，看在眼里，也就不太舒服：又不是只有你我两人，当着我的妻儿，你也未免太随便了！

“随便”的意思有两种：一是“随意、任意”；一是“不拘束、不认真”。但是，在日常生活当中，使用起来却有下述三种含义：

(1)“随便”代表“看看你的诚意”。人家问我要什么？我答以随便，意思就是说：衡量你自己的能力，可以提供什么最好的。张三的经济环境比较差，只能够请我上普通馆子；李四手头宽裕，豪华酒楼也请得起。我希望知道对方的诚意，究竟有几分，所以说随便。结果张三、李四都请我吃快餐，我便觉察张三够诚意，李四则未免不够意思。

李四问我“到哪里用餐？”我当然不能直截了当地提议上豪华酒店，万一他认为那样并不值得，岂非自讨没趣？不过我也不愿意自贬身价，一开口就选择普通餐厅，非但显得土气，对方也未必领情。最好的办法，还是说“随便”。至少可以了解李四“所愿意给我的最合适的”是什么。因而知道自己在对方心目中的地位，以便调整自己所应表现的态度。李四的经济能力，足够请我吃大餐，事实上他只愿意请我吃快餐，表示在他的立场，快餐对我是最合适的。

张三、李四问我“喝什么饮料?”我照旧说“随便”,因为我希望了解“谁最有诚意,知道我喜欢喝什么”,张三居然叫了我最喜爱的种类和牌子,我便十分高兴;李四点了我最厌恶的饮料,我把它摆在面前,一口都不喝,他就应该体会到有什么差错,否则哪里谈得上有诚意?

(2)“随便”表示“我对你的敬意”。主人准备很多佳肴,仍然说“随便吃吃”,意思是这些菜虽然够好,但总觉得应该有更好的,才足以表达主人对贵宾的敬意。王五在百货公司买了一件名贵大衣,送给邱七的时候,他说:“这是我在路上买的,您随便穿穿。”邱七如果觉得名贵,可以说:“太名贵了,我不敢穿!”假若认为还不够好,也不会责怪王五的失敬,因为王五说得很清楚,随便穿穿嘛!

主人说“随便”,在东西实在好的情况下,具有“单凭物质不足以表达全部的敬意,必须拿精神来补助”的用意。中国传统以人为主宰的不重物观念,使得物质的地位和精神相比较,往往居于次要。我们不采取西方人的方式,强调送人的东西是最好的,来表示赠予者的敬意。中国人以不同的语气,用“随便种的”“随便做的”“随便买的”,盼望对方“随便吃吃”“随便穿穿”“随便用用”以提升精神的重要性。

如果东西并不很好,而主人说“随便”,那就代表“我已经尽力,希望你能够谅解”。有朋自远方来,而家里没有什么好食物,一时又难以张罗,只好抱歉地说:“事先不知道大驾光临,家里没有准备,请随便吃吃,真不好意思!”做儿子的,买回来一套普通的茶具,向母亲说:“爸爸喜欢喝茶,这一套茶具先随便用用,将来再换一套比较好的。”中国人讲究“尽心”,不是绝对的成果论者(不以胜败论英雄),只要诚心诚意,确已尽力而为,对方多半是会谅解的。即使对方还是不高兴,我也问心无愧,图个心安理得了。

(3)“随便”暗示“我有我的选择,只是我不便说出来”。哥哥征求弟弟的意见,假若弟弟确实无从选择,他会说:“请哥哥做主。”绝不能轻易说“随便”,因为对兄长说“随便”,往往含有“我有意见,不过为了尊敬兄长,暂时不便表达”的意思,希望哥哥听懂之后,进一步要他表示,这时才委婉地吐露浅见。

晚辈对长辈,部属对上司,答话时最好不说“随便”,否则就显得太随便(不拘束、不认真)。必要说随便时,务必要笑容可掬,让对方在欢愉的气氛中觉察自己有话要说而乐意给予表达的机会。

同辈之间,当然可以说“随便”。一方面尊重对方,一方面也比较客观地衡量一下自己的名分。主人先尊重我,请教我喝些什么?我按照中国人"互相互相"的对待原理,不敢马上表示意见(万一我要喝的,他正好没有,或舍不得让我喝,或认为我太苛求,或……那岂不成了不敬),所以用"随便"来尊重他的选择;他端给我一杯我最喜爱的饮料,使我觉得"活在他的心里",有一种"知心"的欣喜;他给我一杯热度合适的茶,我知道他很有诚意,喝下去十分解渴;他叫工友端来一杯滚烫的茶,茶叶轻飘飘地浮着,坚持和开水划清界限,恐怕一直到我将告别离去还碰它不得,那我也明白,他纯粹是公事公办,根本没有我的存在;如果他给我一杯白开水,我当然不高兴,因为他应该说:"现在流行喝白开水,据说对健康更有帮助,不知道你喝不喝得来?"哪里有资格问我喝什么?我说"随便",他就真的随便给我最普通的,这不是不敬吗?最起码也是没有诚意。当然这也不是绝对的,只是大多数人心里会有如此感受。

上对下说"随便"比较简单,但却添增了一份谦虚和更深的关怀。爸爸对儿子说"随便",除了"我自有选择"之外,包含着"不愿意增加你的负担""宁愿自己用较差的,使儿子能够有能力使用较上等的""我老了,用不着讲究也可以"等情意,好让儿子量力而为,还能够心安理得,这"随便"之中,寓有"父慈子孝"的大道理在,做儿子的实在应该好好加以体会。

主管要部属代表他出席会议,客气地请部属随便说几句。部属如果听得懂主管的话意,他就会充满喜悦(而不是在压力下无可奈何)地更加努力去准备,届时好好地把该讲的话,说得更清楚、更有效。部属希望主管尊重他,现在主管不但不施加压力,而且更谦虚、更关怀,要他"随便"(随意、任意),他当然更不敢"随便"(不拘束、不认真)。

西方人常说中国没有哲学,只有一大堆谚语。这话不完全对,但我们不得不佩服他们锐利的观察力,因为我国先哲,早已巧妙地把哲学从象牙塔里放出来,让哲学流传在每一个人的嘴巴上,化为不着形迹的谚语及口头语,竟然也被西方人察觉出来,实在了不起。

我们口头上说的"随便",正是孔子"无可无不可"的哲学。儒家谈"经权",要我们"执两用中",在不断变动的环境中,"持经达权"。人与人间,各自都在变迁,时时有不同的情况,我们如果丝毫不加考虑,马上凭自己的意愿,说出个人的意见,万一对方觉得为难,岂但"不敬",简直就有"不仁"的可能。不如将心比心,先说"随便",好让彼此有个商量。

既然“无可无不可”，“随便”就不是“任何人，任何时、地都通用”的，有许多地方，中国人并不说“随便”。例如：

朋友请客，问我到哪里吃饭？我了解他的情况不佳，但又不能伤害他的“面子”，这时不敢说“随便”，只能说：“我最近肠胃不好，很怕油腻，就在附近这家饭馆吃吃，下次再到远处去，好不好？”

有人托我帮忙，要请我吃饭。我暗自盘算，这一餐吃下去，背负人情太重，哪里敢说“随便”，赶忙借故推辞，心领为止。

弟弟想请哥哥全家人到东京去玩，哥哥如果不想去或不能去，就不能说“随便”。因为兹事体大，一说“随便”，弟弟就开始筹划，费尽苦心，哥哥才说不便或不愿领情，岂不伤了感情？反过来，长辈对晚辈有重大的事商量，晚辈也不可以胡乱说“随便”，大事不随便（随意、任意），无关紧要的小事才随便（不拘束、不认真），这是我们的“经”（常道）。

孔子说：“一个君子对天下的人和事，没有好恶的偏心，只以义为归。”“随便”并不是“差不多”，却是“义之与比”。我们要“合理的随便”，不要“不合理的随便”。中国人会说：“应该说‘随便’的时候，才可以说‘随便’；不应该说‘随便’的时候，就不可以说‘随便’。”这种话说了几乎等于没有说，许多人听不惯也听不懂。老子当年大概也常说这一类的话，有太多的经验，使他不得不指出“下士闻道，大笑之；不笑不足以为道”。我们这些后知后觉的人，在大笑过后，不妨仔细地体会一番，便了悟中国先哲的话，多半不偏不倚，再过一千年、一万年，还是正确无误的。

再说，我们听到“随便”的时候，更应该想到“义之与比”的道理。任何人说“随便”，如果他不是随便说的，那就等于说：“你自己想想，怎样才合理；只要合理，我当然就随你的便！”

“随便”绝不是“马马虎虎”，我们将心比心，既不希望人家“马马虎虎”待我，当然也就不可以“马马虎虎”对待别人。孔子希望我们断绝四种毛病：不任意测度，不期必于人，不固执，也不自私自利。要绝四，即从“随便”开始，但是务必要记住：该“随便”才随便；不该“随便”绝对不可以随便。

以不随便的态度来随便，才能执两用中，权变得宜。我们一方面不可以随便说“随便”，一方面也不能够随便理会或处置别人的“随便”，因为一个有修养、有分寸的中国人，是不随便说“随便”的。

将信又将疑

朋友李君，自行经营企业，去年业绩甚佳，盈余超出预估目标。他认为年轻人应有新作风，决定财务公开，并且给予同人远较同业为高的红利。不料同人不肯相信，纷纷猜测他事先动了手脚，隐瞒着一部分，然后才故意公开，想骗取同人的向心，更加为他卖力。

主管如果告诫员工，现在竞争十分剧烈，不努力提高生产力，公司说不定难逃倒闭的命运。员工听着，当面没有什么话说，等待主管走开，他就会用拳头轻敲墙壁，说："钢骨混凝土造的，哪里会倒？又在骗我们！"假若是美商公司，那就更加理直气壮："美国人投资的公司也会倒？骗人。"

员工说这种话，并不表示他全然不相信，当然更不代表他相信，因为中国人的基本态度是：将信又将疑。任何事情，我们不会不信，万一是真的，不信岂不倒霉？我们也不会信，如果是假的，信了反惹人笑话！世间事真真假假，假假真真，谁也料不定，所以最保险的态度，实在就是：将信将疑。

中国人的一切学问，说起来不外一个"道"字。孔子说：这是道。墨子说：这是道。老子也说：这才是道。说来说去，中国人最不容易信道，常听人说："你讲你的，我听我的，我才不信道。"

从表面上看，西方人比较守信，其实不然。美国人生活在美国社会，他深知一辈子只有一次骗人的机会，一旦失去信用，以后便没有信用，无法再骗人。因此他非常小心，不敢不守信。中国人生活在中国社会，他当然也知道有许多骗人的机会，因为我们自古以来，便重视"反求诸己"，社会上不太轻视那些骗人的人，反而内心相当羡慕他们，怎么这样有办法，一下子骗走那么多钱？我们只顾嘲笑那些受骗的人，"你看，又上当了！告诉你要小心，这下子惨了，对不对？"

美国社会重视"外力"，极力设法制裁"骗人的人"，使大家不得不讲求信用。中国社会既重视"外力"也重视"内力"，尽情嘲笑"受骗的人"，只要大家都不受骗，别人想骗，也就无从得手了。论结果彼此并无差异，谈方法中西各有巧妙。往昔我们经商，相当诚实地在店口写明"货物出门概不退换"，便是要"买者"自己留心，不要上当。后来我们过分强调马上就要"现代化"，硬是把那块牌子拿下来,形成骗者自骗,买者却不当心的局面,委实不知是爱之,还是适足以害之?

我国先哲并不是不知道“外力”的作用,但是比较之下,“用刑罚来实施法治,大家会尽量避免刑罚,不敢犯法,心里却没有羞愧”,孔子这才主张“礼治”,认为用德化来教导,用礼教来齐一,大家不但有所羞恶,而且言行俱正。

孔子说:“君子以依靠自己的努力为主,小人则以他人的扶助为主。”君子责己,所以防人之心不可无,自己小心不要上当,比较有把握。小人责人,一天到晚骂人家骗人、害人,却不责怪自己贪小便宜,恐怕此番上当,下一回也难以逃脱。

有人会说,现在是工业社会,这一套行不通。其实,放眼天下,哪一个地区,哪一个民族,不是由农业社会逐渐转向为工商社会的?美国人早在开拓西部的农业社会时代,便是如同现代这般,诉诸外力(法)而非求之内力(良心)。而我们的工商业界,也一直明白凡事如果要求法律解决,那并不是上策。

何况,我们重视“内力”,却绝不排斥“外力”,这才叫作“中道”,否则专重内力,也是一偏。凡是有人行骗,舆论必定严加指责,受害人必然告进法院,而法官也绝对依法量刑,但是,一般人心理状态是更加害怕,更加不敢轻易相信别人。

将信将疑,使得许许多多的事,弄得不明不白;更形成只信自己人不信外人,或宁可相信外人,绝不相信自己人的双重标准。不轻信的态度是正确的,那正是哲学的怀疑,人当然不可轻易相信任何人、事、物,但是怀疑之后,应该加以适当的判断,也即由不信而信,言行才有所依据,真相也终将大白,这时可信则信,不可信便不信,方为真正的“无可无不可”,也才有所“择善固执”。

判断的标准在“理”,而“理”难明,几乎每个人都戴着“有色眼镜”,各自言之成理。人与人之间,凡事都要讲理,一天八个小时,恐怕还不够用,哪里谈得上工作?按理上司处理部属有关事宜,都应该耐心听他申诉理由,然后和他讲理。理论上十分正确,却根本不切实际,上司天天和部属说明种种道理,工作绩效从哪里来?

我们当然不能不讲理,事实上又没有足够的时间允许我们慢慢地、清晰地讲理,所以彼此将信将疑,谁都不太相信谁。就算经常把“疑人不用,用人不疑”奉为信条,心里仍旧疑神疑鬼。好在中国人大多数是心理学家,十分了解只要动之以情,彼此建立信心对方便会深信不疑。“理”是“脸”,“情”则是“面子”。先给他“面子”，他就会要“脸”（讲理）；不给他“面子”，他深觉没有“面子”，哪里还必定要“脸”？反正不讲情分，翻脸无情，干脆不讲理，看你把我怎么办？

中国人“情在理先”，叫作“敬酒”；“法在理后”，即是“罚酒”。我们的设计，称为“敬酒不吃吃罚酒”：先给他面子，目的是要他讲理，此时是“敬酒”，他讲理，把该喝的喝掉，皆大欢喜，用不着动法伤感情；他偏不讲理，该喝的也不喝，大家当然不会放过他，一片指责之声，非要叫他喝下去不可，便是进入“罚酒”阶段。

许多人喜欢跟着人家指责中国人没有法的观念，不知守法。实则传统中国，固然国有国法、家有家法，连帮派都各有其严格的法；现代中国，更是法上有法，法外也有法，不可谓不严，不可谓不多了。

中国人心里明白，搞不好会触犯法律，而一旦违法，真够麻烦，哪里会不知法、不怕法？不过，中国人不愿意卑微地生活在“怕怕”的日子里，整天害怕这样，担心那样，到处是“法”的阴影，活起来有什么意思？君子不忧不惧，我无可忧、无可惧，心中坦荡荡，“法”其奈我何？我不违法、犯法，是由于我原本就不想违犯，而不是出于害怕的心理，“从心所欲，不逾矩”，乃是君子顶天立地、自由自在的最高境界。

有些人不以为然，认为意境太高，终究难能落实，不如诉之于法来得有效。孟子说：“恭敬之心，人皆有之。”对人要“敬”，亦即先要“看得起”他，人家才会同样“看得起”我们。如果我们心存看不起别人，对方不是觉察不出来，他可能表面上不流露内心的厌恶之情，却必然在实质行为上同等地看不起我们。许多人口口声声“爱”人，可是并不“敬”人，正应着孟子的话：“爱而不敬，兽畜之也”。上司把部属看成禽兽，又何爱之有？

“仁”和“爱”的区别，在一个“敬”字。爱而又敬，才称得上“仁”；爱而不敬，那只是“爱”。仁治的关键，在看得起每一个人的人格，中山先生所说的真正平等，便是以承认人的尊严为共同的基础。“仁者无敌”，乃是因为具有伟大的精神感召力，不在于拥有权力或威势，各级主管，果能认清：“权”不用永远存在，一旦动用，迟早会用完，即能体会何以越强调权力，越容易产生无力感的道理。

中国人将信将疑，他所信的，未必是有权力、有威势的人，即使表面服从，也是口服心不服。他所信的,必然是他所敬重的人。东方社会,受到这种影响,真正的领袖人物,都是受人敬重的人士,形成的过程相当缓慢,而声望日隆之后,假若名实相符,便能持久不坠。要人家敬重,必定先要懂得敬重人家,"敬人者人恒敬之",敬重更多的人,就会有更多的人来敬重他,久而久之,更多的人都相信他,而且口服心服。

宋朝的程伊川,把"敬"发展为儒家个人修养的重要功夫之一,他说:"涵养须用敬,进学则在致知",这两种功夫是要并进的。近代以来,我们只注重致知,却忽略了"敬",忘记了孔子的教训:"敬字功夫,乃圣门第一义。"更有意思的,我们力倡"敬业",竟然不知"敬人",似乎是今日企业界暴力事件日增、人事冲突越来越剧烈的主要原因。

孔子在"主敬"之上,又提出"克己"的功夫,认为是求仁的要术。他指称"敬是守门户的人,克己则是拒盗","敬"只是防贼功夫,"克己"才是杀贼功夫。我们要人家相信,除了看得起他,更要看得起自己。克己就是看得起自己,孔子说:"克己便能复礼,步步皆合规矩准绳,非是克己之外别有复礼功夫也。"一个人克己复礼,己是私欲,克己即能大公无私;礼是规矩准绳,复礼便能行为端正。这样表里一致的人,大家看在眼里,自能深信不疑。

我们并不真的喜欢那些一看就信、一听就信的人,我们更时常嘲笑那些容易轻信的人,因此将信将疑,应该视为正常的心态。我们要他信,一方面要敬他,一方面更要克己。首先看得起自己(身心肃然,表里如一,不叫别人看不起),然后"推"而看得起别人,这样"推己及人"的结果,就是我们所深深盼望的"信而不疑"。

中国人的观念,难道都是错误或落伍的

车辆多、道路狭小的情况下,有空间就把它挤满。这种"充分利用有限空间,以求获得更大交通流量",并没有错。

乡间道路,车辆比较少,偶尔遇见熟人,暂停下来,彼此寒暄几句,也不是落伍的农业社会行为。

车辆之间的安全距离,事实上也很难维持。稍微离得远些,旁边的车辆就会随时插入;而后面的车辆,也会抱怨前面的司机"到底会不会开车",甚至"开

车慢吞吞,完全不顾虑后面的人急得要死”。

我们不能够口口声声指责“中国人开车不守规矩”,或者“驾驶员与行人,都不遵守交通规则”,因为人们听了可能不会公开反对,反而心里好笑:“不知道你自己怎么样?”

没有人有资格这样说:“交通混乱,是中国人的耻辱。”说这种话的人,应该反省:“凭什么权?依什么势?又有哪些证据?”

如果说:“眼睛看得见的,不就是乱糟糟的?”

那就已经证明:根本看不懂中国人。

中国人的事情,到底要怎样才能改善

首先,我们要能够说得出中国人的道理。把他脑袋里所装的、心中所想的,说得他没有话讲。

对中国人这种永远不肯认输的民族,想“说服”他,恐怕“门都没有”,跟他“讲大道理”他不想听,骂他笑他也没有用。偏偏我们现在常用的大多是“说服”“讲理”“骂他”“笑他”,难怪事倍而功不及半。

让他没有话讲的办法,是点到他的痒处,又顾及他的面子,他就会自动调整,逐渐改变过来。

中国人不喜欢“因为规定很严,所以才不敢如此”,也不愿意承认“害怕被抓到”,这些好像都没有面子。

我们最喜欢:“我不管它什么规定不规定,我也不担心违规被抓到,我之所以这样做,是因为这样对大家都有好处。”未尝有一己之私,才是中国人的最爱。

肯定中国人的交通,自有一套道理。然后声明“都市人多车多”,大家只好“忍耐一些”,遵守标志和行人穿越道,彼此都方便。

对中国有些人而言,只要某人强调自己这一套规矩是最好的,马上有很多人揭竿而起,攻击、抗拒、拼命挖疮疤。

换一种态度,声明这一套规矩不见得理想,只是在找不到更好的办法以前,勉强如此规定,希望大家谅解。那么中国人听罢,就比较容易下决心:“既然如此,全力配合它。”自动自发遵守交通规则,这也是中国人的最爱之一。请看:那些遵守规定,行走陆桥的人喜欢说:“反正要运动,走陆桥更好。”要不然就说:“看那些人窜来窜去,很不舒服。跟他们抢,没意思。”证明他是出乎自愿,居于自动自发的选择。

好像没有人这么说:“走天桥虽然辛苦一些,但是不会被警察取缔,免得心里怕怕的。”也很少有人说:“没办法啦!规定要走天桥,只好上来。”

表面上看完全是面子关系,深一层想的原因是:“人对自己的决定最乐意顺从。”也相当有道理。

再看那些不走陆桥,从下面跑过去的行人,几乎都有理由:“赶时间,走陆桥来不及。”“现在又没有什么车子,跑过去不会怎么样的。”“平常我都走陆桥,今天忘记带伞,怕太阳晒,才赶快跑过来。”真是说都说不尽。

表面上看,根本是找理由搪塞,深一层想:“中国人真的无心违规,很少人存心不按照规定。”

就算现代鼓励政争,极可能产生“存心违犯,向法挑战”的举动,然而,有什么人坦承这样做过?

让中国人没有话讲,愿意自动调整过来,中国人的事情,就会获得改善。

中国人的情趣,值不值得保持

有人说:“走遍全世界,有中国人的地方,就显得很脏乱。”言下之意,脏和乱是中国人的大缺点。

说这种话的人,大概已走遍天下,想来既有一些钱,也有一些在外国生活的能力。不知道为什么转来转去,还要回到这个既脏又乱的地方?

如果说单纯地为了“祖国、乡土”,似乎有些冠冕堂皇,却不很真实。不是有人主张“心在祖国,人在海外,也同样爱国”吗?

若是为了“根在这里,不忘此地的恩情”,我们不便置评,希望他诚而有信。

一般而言,中国人爱热闹,在西方社会很难适应。中国人爱变通,不习惯西方那套刻板而缺乏变化的制度。

爱热闹,脏是附带的后遗症。爱变通,乱是必然的现象。人多才热闹,人多空气混浊,带来更多的灰尘与细菌。爱随时变更,显得杂乱。

当然,人多还是可以不脏,变通还是可以不乱。不过,需要高度的修养,不是“不学就会”的。

中国人最需要“自修、自省”,最应该重视道德规范。可惜,我们现在盲目鼓吹“自我”,经常提醒“不要让你的权利睡着了”,甚至公然唱出“只要我喜欢,有什么不可以”,不但背道而驰,根本就是“自掘坟墓”!

热闹与变通是中国人所喜爱的,为了尽量减少脏乱,就“应该”秉持“多问应该不应该,少问喜欢不喜欢”。每一个人,不单“为自己活”,更应该“为他人活”。克制自我,重视自修和自省,提升自己的层次,做一个合理的现代化中国人。

这样一来,我们知道“中国要现代化,并不能全盘西化”。这种工作,依凭“知道西方的某些事物,却不了解中国人的道理”的人,是靠不住也完成不了的。这种工作的承担人,必须“首先真正了解中国人”。

住在中国境内的外国人,大多表示“越住得久,越了解中国人,就越觉得中国人十分可爱”。

为什么同样是中国人,就非“看不起”他、“骂”他、“损”他不可呢?

什么时候,当我们觉得中国人相当可爱的时候,我们自己才会跟着可爱起来。

外国人最不能理解的,往往是:“这么美好的中华文化,中国人自己却不喜欢,真是搞不懂。”

多年来的教育,居然使某些学者感慨:“讲传统的东西,十分寂寞。”

请问,同样都是中国人,凭什么可以随便嘲笑中国人、轻视中国人?

我们希望新生代有信心,却一天到晚骂中国人,鄙视中华文化,他们的信心从何建立?

电视、广播开口、闭口都是西方先进国家,我们自己呢?真的就那么落后吗?

在台湾,我们口口声声说尊重大众的权益,电视台却争相以英语播出新闻,是不是听不懂的人就没有知道的权利?我们只知道钓鱼岛被日本侵占了,难道不警觉三台新闻时间已经部分沦陷了?

现代有些中国人,各方面都有长足的进步,可惜脑筋不够清楚。

我们当然希望中国人遵守交通规则,为什么不检讨“骂了几十年”居然没有什么改善？

只说会坏事，大家都很明白。为什么不反省“一切都透明化”之后，为什么“审核委员的名单要保密，以免被关说”？

审核委员保密，就称不上一切透明化。一公开就会被关说，可见这些审核委员不可靠。这种作风，已经延续几十年，每次都展现新作风，而每一次都是新瓶装旧酒。

现在，我们应该冷静地想想，总归有些地方不对劲。我们一直想改变中国人的民族性，是不是方向有错误？

民族性不是不能改变，而是首先要思考三大课题：

(1)改变得对不对？会不会原本相当有道理的，被我们胡乱更改掉，原本不理想的，反而变本加厉？

(2)改变的标准怎么定才合理？弄不清楚原来的用意，不能够了解真正的面目，如何定立变更的标准？

(3)改变的方法有没有效？如果有效，应该早就改变过来；若是无效，这样搞下去，把中国人弄成“四不像”，到底是什么人的责任？

富而好礼的社会，从尊重中国人、敬重中国人开始。否则自己率先不好礼，如何劝导别人好礼呢！

中国人的性格不一定，中国人的事情很难讲，中国人的前途，则操在中国人自己手中。

让我们共同努力，重新认识中国人，自己把握自己的命运，也让自己创造真正美好的前途。

中篇

中国人为什么这样想

中国人为什么这样想

中国人的性格，忽然间被重视，是因为中国大陆的经济改革，市场活跃，引起许多外国人的兴趣。为了和中国人做生意，打交道，当然要研究中国人的性格。

近年来，欧美公司有意到中国大陆设厂或者成立分公司，首先物色所需的中国通。在纯粹做学问的时代，某些外国学者以一知半解，甚至于大部分曲解或误解的论文，指称中国人性格如何如何，大家不过把它当作聊备一格，看看，读读，如此而已！现在既然真的要打交道，从中国人身上赚钱，商人的态度十分认真，连一向在美国被视为中国人的 abc 都看不上眼：会讲几句中国话，真正的意思还搞不清楚，怎么信得过？于是稍微了解中国文化的中国人，身价高涨，找工作机会也多些。

中国人好像也不了解中国人性格。由于近四百年来中国科技严重落后，知识界率先丧失民族自信心，轻视中华文化，到了史无前例的地步。不了解自己的文化，又怎么能够明白自己的性格呢？

学界一向重视考据，凡事都必须引经据典，大家才肯相信。过去还好，所引的全是老祖宗的经典，虽然模糊一些，却也相当逼真。如今所引的，大多是洋人的经典，虽然十分清楚，却洋腔洋调，相去甚远。

说起来中国人是《易经》民族，擅长打太极拳。时至今日，原本相当高明的《易经》和太极拳，负面的意义反而大于正面的价值。一提起《易经》，首先想到算命、卜卦；一听到太极拳，就想起不负责的推、拖、拉。我们不能因为这些偏见和成见，就不敢提《易经》，说太极。所以还是勇敢而负责任地说中国人是太极民族。太极生两仪，是一生二。阴阳是二，中国人却有本事把二看成三，在阴和阳中间，多看出阴阳相混的灰色地带，称为中性地带。

这样做好不好？如果好为阳，不好为阴，中国人多了“差不多”，表示阴阳相混，不好不坏，亦好亦坏，无论好坏都不关我事。就算被批斗，披上“差不多先生”的挂布条，认错了吗？答案仍然是“差不多”。

把二看成三，凡事多一些选择，并没有不好。只是这么一来，什么都含含糊糊，令人摸不着头脑，觉得很伤脑筋。

中国人的哲学，第一条应该是“明哲保身”。把二看成三，含含糊糊，对保身有利，显得十分安全，中国人当然不肯轻易放弃。我们痛骂中国人含含糊糊、马马虎虎，骂的全是别人，不包括自己在内。真正利害攸关的时刻，我们自己宁愿挨骂，也要若无其事地含含糊糊、马马虎虎。心里好笑：你如果换成我，此刻也是如此这般，照样装糊涂。

把二看成三，最方便装糊涂。中国人含含糊糊之中，都能够清清楚楚，可见我们的含糊、马虎，大多是装的。

中国社会，真糊涂、真马虎的人，必定出不了头，而不糊涂、不马虎的人也没有足够的性命能够熬出头，因为老早就被气死了。中国社会，唯有装糊涂、装马虎的人，才会出人头地，而且日子过得很愉快！

“请问主任，是不是要一组一组地选？”

“不会，不过也不排除。”很含糊，也很愉快，是不是？你听不惯，生气好了，还不是气死活该？

想想看，主任该怎么回答？说“不会”，万一会议决定“一组一组地选”，要不要辞职？说“是”，若是会议决定“不一组一组地选”，要不要请辞？

“不会，不过也不排除。”双方兼顾，两面都讨好，究竟算不算“乡愿”？

这些问题如果搞不清楚，怎么了解中国人性格？我们把阴、阳看成品管的上下限，在阴和阳中间，走出一大片天地，只要不逾矩，当然可以自由自在。说中国人是悠闲者，凡事慢条斯理，一点也不错。说中国人是紧张大师，什么都要提前准备，以求未雨绸缪，才小学三年级，就想要将来要考医学院，同样没有错。

我们把悠闲和紧张看成品管上下限，可悠闲即悠闲，该紧张才紧张，紧张时装得悠闲，而悠闲中必要时也要装成紧张，千变万化，花样特别多，不是很有趣吗？

外国人怎么看也看不出中国人有什么原则。他们说中国人凡事没有定着，似乎爱怎么样就怎么样！

没有定着，对，中国人的性格，说起来只需要用三个字来描述："不一定"，不一定悠闲，也不一定紧张。至于说没有原则，中国人恐怕没有人会承认，谁愿意做一个没有原则的人？我们是"持经达变"的民族，非常重视"经"，最怕"离经叛道"，而"经"就是"原则"只是我们的原则，不是爱怎么样就怎么样，却是不折不扣的"应该怎么样就怎么样"。

一切不定着，却必须凡事求合理。含含糊糊保安全，清清楚楚才合理，聪明人自然懂得含含糊糊地清清楚楚，中国人如果不够聪明，想在中国社会生存，难上加难。但是聪明不能外露，一旦表现得耳聪目明，四方八面的打击必定纷至沓来，因为人人害怕聪明的人，不安全啦！要把含含糊糊的中国人看得清清楚楚，最好从"二看成三"入手，了解它的特性，明白它的运作，求取它的平衡，便知道最困难的地方，莫过于"拿捏"。

拿捏是一种真功夫，精准与否，决定一个人的命运。拿捏得合理，大家都欢迎，过与不及，无人不厌恶。中庸之道人人会说，实践起来一点也不能含糊。所谓差之毫厘，谬以千里，必须拿捏得十分精准，可见中国人实在马虎不得。我们看起来马虎，装的，才可以；真的，很要命。

未来的日子里，中国人会更加活跃地到处跑。若是带着一大堆坏习惯往西方跑，担保叫西方人害怕大呼"第二次黄祸来了"，最好是行为端正，品德高尚，到处叫人看得起，才显得光彩！中国人必须修身，做君子而不是成小人，若是真的做不成君子，做真小人也可以，至少够坦白，不骗人！实在没有办法，那就先小人后君子吧！

一、中国人的基本立场——既不反对　也不赞成

“你赞成领导今天在会上对小王做出的处理决定吗？”如果有人直接向你问这种问题，从某种情况看，可能就不怀好意，等于“准备着看你出洋相”。

“赞成。”如果这样回答，对自己会相当不利。可能不是被利用，便是被嘲笑。

“我反对。”这样回答的人，同样吃亏。可能不是被嘲笑，便是被利用。

中国人通常会提出反问：“你认为如何？”然后依据对方的论点，再适当地表示自己的意见。

但是，被反问的人往往警觉于对方的态度，也不表示赞成或反对。

使得问者自嘲地收回问话：“没什么，我只是随便问问而已。”如此不了了之，是一种常见的结局。

如果被问的人坚定地回答：“赞成。”我们虽然并不赞成，多半会随声附和：“我也不反对。”心里想：“不反对不一定表示赞成。”

被问的人若是回答：“我反对。”我们就算赞成，也会笑着说：“我也不是很赞成。”因为我们知道：“不是很赞成并不一定反对。”

秉持西方观点的人，便认为中国人是“骑墙派”，见风使舵，专门以虚情假意来讨好人家；而且不够果敢，缺乏胆识，不敢担当。

其实，中国人不过是警觉性特别高，不轻易吃亏上当。难道“明哲保身”、不愿意任意遭受伤害，这样也不可以吗？

中国人的基本立场，本来就是“既不反对也不赞成”，我们心里有数：

我赞成，事情往往发展到我非反对的地步，并非找自己的麻烦。

我反对，事情也可能演变到我不得不赞成的情况，到时再来反悔，不如暂时先持保留态度。

案例实录

新台币又升值了。有人指责中央银行没有尽到责任,居然不能稳定汇率,使出口商蒙受不利。

“你赞成中央银行干预汇市吗?”年轻的朋友往往这样征询我的意见。

答案是:“我拒绝回答这种问题。”

“这种问题并不敏感,为什么不愿意回答呢?”

“你说得很对,一点儿也不敏感。只是我不喜欢人家直接问我‘赞成’或‘反对’这一类的问题,这等于准备好一个圈套,让我掉进去,等我被套牢了,再反过来笑我。”

“难道不能够请教中国人赞成或反对吗?”

“最好不要。因为我们中国人的基本立场,是既不反对也不赞成。”

“那应该怎样问呢?”

“中国式的问法,最好是:‘你对中央银行干预汇市,有什么看法?’或者:‘你对新台币一直升值,有什么感想?’对方比较方便回答。”

“好,我就按照中国式的问法。请问,你对中央银行干预汇市,有什么看法?”

“既然你这么虚心、这么从善如流,我不得不好好回答你的问题。我们中国人对于任何问题,好像都可能产生两种答案。就拿你这个问题来说,可以回答:‘基本上我不认为中央银行应该干预汇市,但是新台币升得太快,会带来若干负面的影响,这时候中央银行不可以袖手不管。’也可以回答:‘再怎么说,中央银行都不可能完全不干预汇市,但是做得太明显了,会引起某些国家的不满,对我们反而不利。’”

听的人禁不住笑了起来,略为急切地问:“如果换成另一种问法:‘你对新台币一直升值,有什么感想?’是不是也有两种不同的答案?”

“当然。我们可以回答:‘新台币升值,并没有什么不好,总比一直贬值要来得好些,但是升得太快了,大家会受不了。’也可以这样回答:‘新台币再升值下去,实在不太好,但是依目前的情况,又好像非升值不可。”

“不管我怎么发问,你总是回答得含糊而模棱两可。这种态度,是不是不负责任,或者怕负责任呢?”

“一般人弄不清楚中国人的是非观,的确很容易产生这样的误解。实际上我们‘赞成’中含有‘反对’的成分,‘反对’中含有‘赞成’的成分。这种‘阴中有阳’‘阳中有阴’的法则,才是我们看起来模棱两可,其实十分清楚的‘反对中有赞成’‘赞成中有反对’的基本立场。”

“是不是没有立场就是最好的立场?”

“我劝你不要学人家讲这种话,因为这种说法才是最不负责任的表现。我们的立场,是既不赞成也不反对,怎么会变成没有立场呢?”

“就算有立场,是不是害怕得罪人,想要两面讨好,所以阴阳兼顾?”

“我认为阴阳兼顾是事实,至于希望两面讨好,怕得罪人,根本不是中国人应有的心态。”

“如果不是为了讨好,为什么要处处兼顾呢?”

“我来问你:中央银行完全不干预汇市,做得到吗?”

“中央银行总裁这样说:既然要国际化、自由化,就不应该冀望中央银行干预汇市。”

“那么,选举期间汇市稳住不动,或者紧要时刻引导新台币适当回贬,中央银行有没有功劳?”

“我记得中央银行总裁这样说过,他有责任维持动态的平衡。”

“当大家指责中央银行放手不管的时候,中央银行必然拿自由化、国际化做挡箭牌。当大家觉得中央银行未能善尽调节汇市的责任时,中央银行就会暗示,如果没有干预,怎么可能产生差强人意的局面。我们认为这些话似乎都是借口,实际上中央银行说的,才是实在话。”

“这样说起来,纯阴纯阳真的不可能存在?”

“不是不可能存在,而是很少有纯阴纯阳的可能。换句话说,绝对的赞成和绝对的反对,危险性很大。”

“你认为赞成中有反对、反对中有赞成是事实上有此必要,而不是为了讨好两方面的意见?”

“我们说得明白一点:中央银行干预汇市,就国际化、自由化的角度来看,固然不应该;但是,就经济发展和政治稳定而言,中央银行不干预汇市,也是不应该。干预得太早,不应该;干预得太迟,也不应该。干预得过火,不应该;干预得不够,也不应该。”

“这样不应该,那样也不应该,中央银行到底要怎样做?”

“所以才叫作动态的平衡。”

“阴中有阳,干预中含有不干预;阳中有阴,不干预中含有干预。这样含混不清,就能够维持动态的平衡?”

“看起来好像含混不清,实际上清清楚楚。”

“怎么会清清楚楚呢?”

“一句话:中央银行应该干预的时候,就应该干预;不应该干预的时候,当然不应该干预。而且应该干预到什么程度,就应该干预到那一种地步,不应该过分或不及。实际上这种时机和程度,都见仁见智,各有不同的标准,因此常常引起争论,而且很难获得定论。”

“难怪大家吵吵闹闹,却又不了了之。”

“当然,真正有本事做到干预得好像没有干预,没有干预又好像有所干预,需要相当的智慧和经验。你觉得如何?”

“我相信有人能够做到这种功夫,但是未必人人皆能。”

“也可以说:难是很难,却不是不可能。对不对?”

“对,事实上不这样不行,做起来困难重重,只好一边挨骂,一边面对群众,自我解嘲了。”

析说

阴阳兼顾,动态平衡

一般中国人,都自认为是非分明,同时也十分厌恶是非不明的人。

既然是非分明,“反对”或“赞成”的态度就应该相当明显,怎么可以“既不反对也不赞成”呢?

基本上,我们赞成应该赞成的,也反对应该反对的。按理说,我们的态度应该明显地表现出清楚的“赞成”或“反对”,不应该含含混混地既不反对也不赞成。

中国人的基本立场,实际上正是“应该怎样就怎样”。应该赞成的时候,就应该勇敢地表示赞成;应该反对的时候,同样也要明白地反对。

有些人在会议表决的时候,生怕得罪人,能不举手便不举手,不得不举手时,也会抱着趋吉避凶的心态,选择有利的一边,即使违背自己的心意,也在所不惜。这种没是没非的举动,不但被人家看不起,自己也觉得对不起自己,并不值得鼓励。

就算私底下询问意见,多半不愿意明说,吞吞吐吐的,以模棱两可的态度来隐藏自己的心意,虽然比较不容易得罪人,却活得相当痛苦,不够爽朗,也不够愉快。

我们不欣赏“讨好别人”的态度,凡是因讨好而获得升迁的,都属小人行径,为人所不齿。

我们不喜欢投机取巧的人,若是搭顺风船而得到好处,除了运气好以外,大多被认定为心术不正,为人所鄙视。用投机取巧来趋吉避凶,不应该是中国人的常规。

理论上我们应该清清楚楚地表明“反对”或“赞成”的态度,实际上由于下述三种原因,我们不得不采取“既不反对也不赞成”的表现。

第一,我们的要求通常比实际情况来得高。对实际情况可以接受,仍然不够满意,以致“大致赞成,至少有一部分反对”,或者“大体反对,有一些措施值得赞成”,形成“反对中有赞成”“赞成中有反对”的心态。

例如大家聚餐,有人认为“日本料理很好,不过这一家的味道实在不高明”;有人指称“对日本菜一直没有好感,但是店东愿意给予较大的折扣,因此赞成选定这一家”;也有人“根本不赞成在这一段期间内聚餐,现在大家都愿意配合,虽然自己不喜欢日本料理,却也不便反对”。

赞成日本料理,反对在这一家日本料理店聚餐,因为同样吃日本菜,这一家口味并不高明。如果换一家口味好的日本餐厅,就可能改口“赞成”,而不会拖一个尾巴。

对日本菜一直没有好感,为了折扣才勉强赞成。若是同等的优待,换成中华料理,便会百分之百的赞成。

根本不赞成聚餐,为了配合大家,愿意参加,假定不选择日本料理,自己会更加心甘情愿地共襄盛举。

每一种处置,都不太可能达到十全十美的地步。大家赞成其中的优点,反对其中的缺点,难道不是更客观吗?

主事者应该有雅量,够宽容,把对方赞成的部分发扬光大,将对方反对的部分修改调整,以期获得更佳效果。

第二,完全的赞成或反对,很容易引起听者的反效果,如果加上一些反对或赞成的词句,对方比较容易接受和警惕。

“我希望毕业后马上出国留学,你觉得如何?”

如果回答:“不行,我反对。”请问对方有几分接受的可能?会不会变本加厉,更加坚持自己的要求?

若是回答:“可以,我赞成。”对方觉得十分轻松就获得支持,一方面不值得珍视,一方面可能也会松懈下来,结果反而不能如期成行。

现在回答:“我并不反对你这样做,但是不赞成你这么仓促下决定,最好再仔细考量一下,看看走哪一条路最有利,然后再来做决定。”

或者说:“出国留学是必要的,不过是不是毕业后马上出去,最好再考虑考虑,多听听别人的意见。”

甚至于:“我不赞成你马上出国,但是你如果准备得十分周全,知道自己所要学的究竟是哪些东西,将来学成之后要做些什么,我当然不会反对。”

看起来“赞成和反对混在一起”,实际上都属于“有条件的赞成或反对”,听的人比较不会反感。

第三,为了加强对方的责任,用既不赞成也不反对来凸显听者的自主性,使其更加重视自律和自动。

“我打算这样处理,你认为怎样?”

若是回答:“很好,我赞成。”听者受到很大的鼓励和支持,会不会因而信心十足,反而“阴沟里翻船”,徒叹“大意失荆州”呢?

如果回答:“不行,我反对。”万一对方要求:“既然我的处理方法不好,能不能请教怎样做才好?”如何应付?会不会招惹更多的困扰?添加更多的烦恼?

现在回答:“我赞成你的方式,不过后果好像不是很好,能不能再找一个人把那一部分加强一下,可能更为理想!”

或者说:“我并不希望这样处置,但是事到如今,似乎也没有什么更好的办法,所以也无法反对。”

甚至干脆这样说:“这种处置方法好吗?不好啦!不过如果你认为很好,

就按照你的方式去处理,不要紧。”

听的人不要认为对方不负责任,应该弄清楚对方的用意正在于“加强我的责任”,希望听者更加用心,再次深思熟虑,然后自己下决心,自己规律自己,而且自动自发,把事情处理妥当。

中国人基于“不满意现况”“冀望听者更加警惕”“促使听者愿意接受”,以及“加强听者的自主和自律”“增强听者的责任和自动”等理由,可以表现“既不赞成也不反对”的态度。

如果基于上述的理由,收到“不得罪人”的“人和”效果,那是善因结善果,值得推崇。

若是纯粹为了讨好别人,为了怕得罪人,吞吞吐吐地既不敢赞成也不敢反对,那就是心术不正,终将恶因造恶果,弄得大家厌恶,自己也不会有什么好前程。

合理的赞成加上合理的反对,才是正当的行为。

迷津点通

“你赞成领导今天在会上对小王的处理吗?”这种问题,原本不应该拿来问中国人。会提问题的人最好这样问:“你对‘领导对小王的处理’有什么看法?”

这时候脑筋清楚的人自然会回答:“我并不反对领导对小王的处理,因为再不处理,会有严重后果。不过,就算处理,也不需要闹到这种地步。”

“并不反对”含有“反对”的成分;“不很赞成”结果也可能“赞成”。中国人这种“阴中有阳,阳中有阴”的法则,构成我们“赞成中有反对,反对中有赞成”的基本立场,那就是“既不(完全)反对,也不(完全)赞成”,以求“立于不败之地”,稳当之至。

在“阴中有阳,阳中有阴”的原则下来判定阴或阳,乃是中国人避免极端二分法的良好方式。

立即“赞成”或者马上“反对”,很容易引起是不是存心如此,或者成见作祟的猜疑?

先赞成后反对,先反对后赞成,对方比较愿意接受,这种“攻心”的措施,是我们独特的手法。

既不赞成也不反对是原点，从这个原点出发，再寻找赞成或反对的合理点，并不是没有立场，而是尽量采取客观的立场，力求公允。

中央银行能不能干预汇市？对中国人来说，几乎完全没有意义。“能不能”是西方式的问题，中国人应该关心的是“应该干预到什么地步才算合理”。我们常说：“能不能干预不是问题，怎样干预才是问题。”

会议中进行表决应该是一种非不得已才为之的方式，否则“作秀的成分大于真实意见的表达”，便在所难免。

大家都知道，台湾的民意问卷调查不够可靠，可信度并不高，原因也在于作答者很难在答案群中作出抉择。同时听答案的人，常常依据自己的成见做分类归纳，以致大家都了解“反正是那么一回事”。

在中国社会，赞成又如何？反对又怎样？这才是我们所关心的。一片赞成声中，马上出现一种“换汤不换药”的东西，说是“接纳众人的意见”，顺应民意的趋向。结果呢？内容和大家所反对的并无什么两样。一片反对声中，也会出现“从善如流”的样子，同样“改头换面”而“实质依旧”，大家又能怎样？

要求人家表态“赞成”或“反对”，在某些情况下，可能是“居心不良”。审慎地“赞成中有反对，而反对中也有赞成”，待事态明朗，一切比较确定时，再来表示反对或赞成，亦不为迟。

二、中国人的高明立场——深藏不露　以策安全

西方教育着重“表现”，主张“有能力就要表现出来”，否则和没有能力没有什么两样。

他们不但到处表现，还要随时告诉别人自己表现了些什么东西，甚至随身携带证明的文件，以资佐证。

中国人当然也明白“表现”的道理，知道“老虎不发威，很容易被当作病猫”。不过我们更了解“虎落平阳被犬欺”的惨痛苦境，在表现之前，先做好“到达车站，先打听一下当地的情况，再做打算”的准备工作。

我们的观点，仍然是“表现不表现不成问题，怎样表现才是问题”。

姑且拿钱财为例，西方人通用信用卡，还要把金卡拿在手上亮相，便是“表现”的教育成果。

只要站在商店门口，看见玛丽持卡购物，便知道她身上有信用卡。财不露白，如此怎么能够不露白呢？歹徒尾随玛丽，喝令她交出信用卡，然后把她打昏过去，便可以持卡购物。就算玛丽有信用卡保险，若是歹徒不过分心狠，只是小额采购，也很难被逮到。

即使歹徒被捕判刑，玛丽也已经受到惊吓，甚至皮肉受伤，抓到歹徒又能如何？

中国人身上口袋特别多，又懂得把钞票分开来放。每次抽出一两张，谁知道用完了还有没有？歹徒站在商店门口，亲眼看见中国人把钞票从口袋里拿出来，有谁能够判定他口袋里还有没有钞票？万一尾随老半天，他口袋里只剩下一些零钱，岂不是倒霉到极点？可见财不露白，中国人想做便能做到，并非空口说白话。

我们习惯在家乡使用钞票，到国外持卡购物，除了入乡随俗、旅行时方便携带和使用之外，恐怕和财不露白有一些关系。

“我身上现金不够，请你先支付一下好吗？”

"你不是有金卡吗？签个名不就行了，怕什么？"吃亏的毕竟是身上有卡的人，不是吗？

"请问一共需要多少钱？我看看现金够不够？"没有信用卡的人，才能够以此来考虑划不划得来？

若是身上有卡而这样说："要多少钱？说出来让我考虑考虑。"对人对己，总不如前面那种说辞来得有面子、有弹性。

书法好的人假装字写不好，才可以躲掉写大字的公差；拳术好的人装成手无缚鸡之力，紧急时才能够出乎意料地打败入侵者。

有人说：中国人表面看起来鬼鬼祟祟，实际上不过是躲躲藏藏，不必要时不显露，人家不能接受时不急着要表现。换句话说，有能力终究是要露的，但是时间、空间、人事如果有一样不合适，那就不要乱露，以免招来不必要的困扰，徒然增加自己的苦恼。具有这种观点的人，才能够了解下述案例中的情节，却不致恼羞成怒地发混账气。

案例实录

母亲带着女儿上电视，一群人在主持人逗笑中，谈论"择偶的条件"。

有人说："没有什么！"

也有人说："还没有想到！"

轮到年纪幼小的女儿，却天真地说："我倒是有条件的。"

主持人十分兴奋，连忙问她："什么条件？"

女儿毫不犹豫，斩钉截铁地大声喊叫："我要嫁给外国人！"

主持人吃惊地问她为什么。她理直气壮地回答："因为我喜欢外国人！"

母亲的表情顿时成为大家关注的焦点。毕竟是资深的艺人，令人莫测高深，看不出她内心真实的反应。

女儿若是长大成人，没有人有资格干预她要不要嫁给外国人，或者是不是喜欢外国人。

如今女儿只有十来岁，她的命运依然不能独立自主，她的思想行为尚未能够自己负责。这时候，大家自然而然把眼光集中在母亲身上，心想："这位母亲怎么搞的,教养出这样的女儿?”

女儿本身是无辜的,她不过是实话实说,而且有话就说,如此而已!

她之所以如是想、如是说,只有一种解析:平日受到父母的影响。

这一代人崇洋媚外,已经够可怜,谁知道不知不觉间,又传染给下一代无知的幼儿。

当然,做父母的可以把责任推给电视、广播。“要不是常常看电视、听广播,小小年纪,怎么会产生这种可怕的念头?”

我们已经说过,拿这种话当作借口,骗骗别人还可以,如果拿来骗自己,良心能安吗?

女儿惹祸,和父母扯上关系,这是中国人的一贯作风。当一个人被认为“有问题”时,我们多半不会从这个人的身上去寻求问题的根源,却将问题直接追溯到这个人所受的教育上面。十来岁的女儿,学校教育的影响比较小,所以我们自然而然会想起她的家庭教育,认为不是“没家教”,便是“家教不良”,以致发生了问题。

王三问李四:“关于老朱的受贿事件,你知道吗?”

李四回答:“不知道,没听说过。”

于是王三详为描述:“老朱原本十分机警,唯恐上了商家的圈套,所以住在哪里、家里的电话号码,完全保密。想不到老朱的太太,不晓得有意还是无意,到处吹嘘老朱的权力有多大。老朱的门尽管关得很紧,老朱太太这一道门好像是大开的,有心人只要稍微打听一下,很容易就找上朱太太。这一次的受贿事件,好像就是朱太太经手的,老朱事先毫不知情,也无从防备,真是冤枉。”

想不到李四这样接下去:“不是你所说的这个样子。整个情况,我比你还要清楚。”

“那就奇怪了,你不是刚刚才说不知道、没听说过吗?怎么忽然间又变成比我还要清楚呢?”

“如果我一开始就承认我知道得很清楚,你还会如此详细地描述吗?”

“我不说有什么关系?反正你已经知道得很清楚了!你这样做,不是摆明在耍我吗?”

“话不能这样说。你不说,我怎么知道到底谁知道得比较清楚?你说完之后,我一比较,才发现我知道得比你更清楚。如果我不讲出来,那才是真的阴险,现在我明白说出来,你却认为我在耍你,做人真是难哟!"

李四先回答"不知道,没听说过",并不是存心欺骗或者阴险使诈,只是深藏不露,引诱王三把他所知道的情况说出来。李四细听王三的一番叙述,才发现原来自己知道的比他还要多,这时候如果不说出来,反而显得自己阴险,不是正人君子。于是把真相说出来,使王三明白做人的道理,必须以谦虚为重。

大家正在打乒乓球,热闹非凡。龚君从外面走进来,大家招呼他:"过来试试。"

龚君多半会说:"好久没有打了,不行啦。"

大家让来让去,龚君终于持拍登场,不费吹灰之力,就把对手打败。这样的技术,可能好久没有打了吗?但是在场的人并没有人觉得奇怪,因为龚君的话不过是"深藏不露"的表现罢了。

会写字的人,不轻易张扬自己擅长书法。会书画的人,不愿意随便让人家晓得自己善于作画。

请问:龚君若是一进门看见大家正在打乒乓球,毫不隐藏地说:"我最喜欢打乒乓球,最近也常常练习,有没有人要跟我比试比试?"结果一上来便被打得落花流水,大家对他观感如何?会有什么样的批评?

"不自量力,这样的技术居然敢夸口!常常练习,打起来生疏得要命,吹牛原来不要钱!"

他当然可以默不出声,静静地在旁边看清楚大家的实力,然后上场把对方打垮。这种作风,会不会更加令人畏惧、令人觉得格外阴险,至少也让大家警惕他城府很深,提防一些比较妥当呢?

蒋君服役期间,利用旧报纸练习书法,设计标语、壁报变成他的专职,甚至营部用水泥砌好一个垃圾箱,也要他拿着油漆笔,趴在地上端端正正地写上"垃圾箱"三个大字。

张君善于作画,同事纷纷向他索取。由于大小不一,优劣不同,招来不少不平之怨。

蒋君可以拒绝书写标语、壁报,更有充分理由不接受油漆垃圾箱的命令。但是,能写而不写,领导对他的评价会如何?同样会写字的同僚,更是嘲笑他:"平日爱显露,到时又不表现,难道要大家求他不成?"

到处送画,大家也会怀疑张君的用意。有人送有人不送,更加容易得罪人。深藏不露,不但可以省却许多麻烦,也减少许多纠纷。

析说

中国人的守身哲学

“深藏不露”实际上是中国人守身哲学的应用,为我们奠定“立于不败之地”的良好基础。

力行“透明化”“台面化”的人,把自己的实力毫不隐蔽地显露出来,再怎么讲,对自己总归是不利的。想想看,一个人站在亮处,若是有人躲在暗处要算计他,是不是相当危险呢?

没有什么本领的人,倒不必讲求什么深藏不露。因为自己没有本领,就算极力用深藏不露来“藏拙”,充其量只能欺瞒一时,很快就会被人识破、原形毕露了。

反倒是越有能力的人,越需要深藏不露。因为有能力的人,比较容易引人注意,一旦被认为“非主流”,可能成为被打击的目标。同样非主流,人家所要打击的,是有能力的人,不是那些没有本领的泛泛之辈。

这样说来,有能力的人就需要讲求深藏不露的技巧,才能够明哲保身,达到“守身”的功能。

但是,中国人有一种相当矛盾的倾向,我们一方面“自己深藏不露”,一方面却十分厌恶“别人深藏不露”。中国人“将心比心”,并且又“反求诸己”,恐怕和这种矛盾心理有十分密切的关系。比如:

某甲问某乙:“你要到哪里去啊?”

某乙回答:“没有。”

某甲嘴巴不说出来,心里却好笑:“没有才怪!明明是要去什么地方,鬼鬼祟祟,神神秘秘,有什么好隐藏的。”

某乙走开以后,某丙来了,看见某甲的时候,显得很高兴,连忙问:“你要到哪里去啊?”

这时某甲居然回答:“没有。”他心里想:“我为什么要告诉你?”

深藏不露可能是鬼鬼祟祟,也可能不是。一个人居心不正,故意装得很神秘,这就是鬼鬼祟祟。一个人居心公正,只是为了保护自己,不轻易露出真相,当然不能说他鬼鬼祟祟。

此外,我们不应该抱怨别人不正面回答自己的提问,相反,应该反过来检讨自己的问话是否给对方造成了心理负担。

凭空冒出一句"你要到哪里去?"相信大家警觉性都很高,谁都不愿意明确地直接说出自己的去向。

如果说:"我想到公园去走走,不知道你现在要到哪里去?"听的人可能会比较放心地说出"我也正要去公园"或者"我正好走相反的方向"。

提出问题的人,首先放弃深藏不露,对方也会放心地有所回应。但是,提出问题的人,除非有相当的把握,否则有几个人敢首先放弃深藏不露呢?

能不能深藏不露,要看自己的情形如何,情形对自己有利,当然能够深藏不露。

比如,部属问主管:"什么时候可以调薪?"

主管回答:"还没有决定。"证明此时情形对主管有利:"不告诉你,谅你也不敢怎么样。"

若是这样回答:"快了,快了,一两天之内就可以决定。"好像情形相当不利,已经非透明化不可了。

当情形对自己不利,不可以固执深藏不露,却应该适当地有所显露。有时候情形有利,也可以随意地露一露。

我们只说"随意",不敢说"随兴"。随意是"应该露而露",随兴则可能"高兴露就露"。前者不至于伤害自己,后者终必害己。

不可不露的时候,务须谨慎地不可乱露。不可不露,不宜乱露,才是深藏不露的真本领。

有人说中国人"不强出头",其实是"不应该自己出头的时候,千万不要出头",一定非出头不可,也应该设法让别人先出头。万一让不过,才抱着"余不得已也"的心情来出头。

现代有人大声疾呼,要大家"敢露","勇敢地说不!""明白地拒绝!"甚至以身作则地"作秀"。

我们不反对作秀,也不反对"敢露"。只是中国社会迄今充满"变动性",使得我们"一切没有定着",是的可能变非,非的也可能变是,很不容易找到固定有效的模式。秀对了可能上去,秀错了马上下台。谁愿意承担这种风险,谁就有资格作秀。

深藏不露,绝对不是不露。我们希望有把握地上台,并且持久不下台。这种道理,不适用于"今日只要能够上台,明天被赶下来也无所谓",或者"今日上台,明日原本就应该下来,免得待久了变老贼”的“舍身”心态。

拿西方的“舍身”取代中国的“守身”,随时可以拼命,拼完了就算了,我们还有什么话说?

舍身哲学主张能露就露,露光了结算成果走路。守身哲学主张“事先打听一下,看看露到什么程度最合理”,然后才合理地有所显露。

深藏不露其实就是合理地露。我们如果说合理地露,有人就认为这样比较积极,似乎这样才安心,因为露的时机即将到来,我们如果还是深藏不露,有人就会指责他比较消极,好像没有指望,不知等到什么时候才可以显现自己。这种观点实际也是受到西方的影响,执意要以“己所欲,施于人”来代替“己所不欲,勿施于人”,我们也不想再说些什么!

深藏不露的主要目的,在让比自己更合适的人来露。大家注重深藏不露,真正的人才自然出头。大家争着要露,真正的人才反而容易被埋没,因为曲高往往和寡。

但有时也会出现这种状况:越不够水准的人,越缺乏自知之明,越是争相露的结果,天天丢脸,个个没面子。久而久之,丢脸无所谓,没面子也不在乎。说好听些,也是一种“台湾经验”。

迷津点通

在某些情况下,“有能力一定要表现”不过是一种比较肤浅的思考方式,往往“不表现则已,一表现便成为众矢之的”,逃也逃不掉,徒呼奈何?

初来乍到陌生的地方,就摆下地摊,准备卖艺兼卖药,不料侵占了当地恶势力的地盘,触怒了当地的老大,不但卖艺不成,反而被打伤。这种惨痛的经验,养成中国人“到达车站,先打听打听”的习惯。就算有实力,也要先行深藏不露,观望一阵子,看看情况再做定夺。

信用卡比钞票卫生、方便,这是事实,但是安全方面,那就不一定。“美国人拿人家的信用卡去购物,居然会签上自己的名字”“美国人就算看见信用卡背后的签名,也学不像”“只要店员一怀疑,美国人就容易露出马脚,被识出信用卡是别人的”。如此种种近乎天真的现象,在中国社会颇难见到。

在台湾,拿人家的卡购物,当然记住事先看清楚背后的字样,多加练习,有把握才出手。店员再怎么怀疑,也要装出一副“本人”的样子,除非卡上有照片,而且没有动过手脚,否则很容易蒙混过去。

有些人身上有信用卡,却不显露出来,就算被人家看到,有时也会诉苦说“太忙了,信用卡过期都没有去办”,或者说“新的寄来了,不知道放到哪里去,这张还是旧的”。反正乱说一通,为的是“深藏不露”,在信用卡上大做“财不露白”的功夫。

中国人身上不但口袋多,而且还有暗袋,就算遇到高明的扒手,把身上的财物扒光,也可以依靠暗袋里仅存的那么一点钱,维持眼前的急用之需,可见“深藏不露”在钱财方面的运用,对我们有很大的帮助。

书法好的人常常被委请去写一些壁报、门联,有时不如主人的意,还要被嫌弃。拳术好的人若是公开表现出来,得罪人时,就会被请来的高手打伤,因为有多少实力,对方已经摸得一清二楚,当然受制于人。

母亲带着女儿上电视,目的无非是在展现自己有如此伶俐的女儿,带女儿拉拉关系,为未来打开一些门路。没想到女儿虽可爱,却脱不了天真的稚气,一下子就把父母平日的教诲公开在电视上说出来。

小孩子当然不懂“深藏不露”的道理,通常有什么讲什么,弄得大人相当难堪。

王三怎么可以问李四知道不知道老朱受贿的事件?叫李四怎么回答?难道像“现代人”那样,毫不犹豫地回答:“我知道。”

现代人智识水准普遍提高,然而,为什么还有那么多“现代人”受骗呢?按理说,有知识的人不容易吃亏上当才对,但是,实际情况显示,有许多人一下子就可以被骗,甚至被骗得好惨,这究竟是什么道理?

答案似乎是,现代人太自信,认为自己真的什么都明白,而且不知道(也许是不屑于)保留余地,马上就说出来。时时把自己暴露在亮处,让人家看得清清楚楚,当然很容易受骗。存心骗人的骗子,一定设法摸清对方的底细,看清楚对方的弱点,才能够下手而顺利完成欺诈的勾当。问题是现代人普遍警觉性偏低,又喜欢表现,所以骗子的机会特别多,成功的概率也特别高。

李四是诚实的,否则听完王三的描述,怎么会说出“我比你还要清楚”的话来?他好意地让王三明白,知道得不够清楚,最好不要到处乱“秀”,这不是在救王三吗?想不到王三居然不明此理,反而认为李四在“耍”他。当今社会,不明白道理的人,常常取笑那些明白道理的人,恐怕也是“劣币驱逐良币”的一种效应。

西方人近日勤练乒乓球，招呼他打乒乓时，他可能为了“提高大家对他的兴趣和信心”，连忙说“很好，很好，我最近常常练习”，意思是不会让大家失望。

中国人大概不致如此。心中怀有“人上有人，天外有天”的谦虚，而且“自留余地”总比逼死自己要好，所以大多会说“很久没有打了”。

龚君不费吹灰之力，就把对手打败。这时候如果有人惊讶地问他：“你不是好久没有打了吗？怎么这样厉害？”他还可以从容不迫地回答：“是好久没有打了，所以还是有些生疏。”言下之意，要不是好久没有练习，就会打得更好，岂非更加光彩！

现代人受到西方的影响，稍微获得一些胜利，便欣喜若狂，一定要做出某些动作来彰显自己的喜悦，看起来实在“没有志气”，这么小小的胜利算得了什么，高兴成这个样子！电视上经常看见一些得奖人，仿效西洋人“高兴得流泪”，真不知中华儿女的豪情壮志到哪里去了。

生理学家都知道，高兴时掉眼泪，是老化的一种现象。就好像努力了一辈子，终于获得此奖，以后再无此机会了，而年纪大，一高兴反而泪流满面，心中会觉得实在不好意思。

当部属的，若不是准备和主管翻脸，想来不致直接问道：“什么时候可以调薪？”就算是承办人员，也会委婉地问：“大概什么时候调薪比较妥当？”这种事情，时机成熟的时候主管自然会说出来，用不着部属操心。

聪明的部属，即使知道什么时候调薪，也会机警地假装不知道。这种大家都想知道的信息，不要剥夺上司发表的权利，对自己比较有利。

有人问起时，部属可以说：“最好问我们的主管，他比较清楚。”相信主管听了，都会对这样的部属另眼相看。若是有问必答，一下子就说出答案，请问置主管于何地？深藏不露，并非完全是上级的修养，基层承办人员有时候也应该随机练习，以增进自己的功力。

现代人盲目舍弃“深藏不露”的道理，有多少露多少，以致处处可见“丢尽颜面仍不自觉”的可怜人。

不开口大家还不知道他有多大学问，一开口便使自己的寡陋浅薄泄露无遗。现代社会，多得是抓住麦克风不放却不知道在讲什么东西的人，多得是猛打广告荣登销售排行榜，却不知道在写些什么东西的书报杂志。不但浪费别人的宝贵时间，而且替自己造孽还不自觉！

三、中国人的权宜立场——防人乘危　自保面子

中国人诚实待人，绝对不能够欺骗，这是为人处世的必备条件。父母教育子女，都是耳提面命："不能欺骗。"但是，在我们的成长过程中，大多会遇到下述的现象：

王叔叔来拜访，父亲明明在家，却交代儿子："赶快去告诉他，说我不在家。"

小明打破花瓶，妈妈十分生气，却告诉儿子"爸爸回来，不要让他知道。"

我们深信，没有父母愿意教坏自己的子女。父母们总是说："我怎么可能这么没有良心？教自己的子女扯谎？"言下之意，绝对不会教导自己的子女说谎。

不幸的是，一般人经过这样的教育，偏差地产生"小孩子不可以说谎，但是长大了就可以"的错误观念，以致受害终生。

如果仅从一些表面现象来判断中国人到底诚实不诚实，会不会骗人？会成为永远扯不清的疑案。

"你会喝酒吗？"

"不会。"心里却在笑：还不知到时候谁把谁灌醉，你才知道我会不会喝酒。亏你是中国人，居然敢问这样的问题，未免太可笑了。

"你会下象棋吗？"

"没学过。"心里却在责怪：这个人怎么了，问这样的问题，叫我如何回答？"没学过"并不表示"不会"，有些人可能"无师自通"，没学过只是没有正式拜师，偷偷学算不算学过？那我就不知道了！

嘴巴说"没学过"，结果却大获全胜，这算欺骗吗？

"你有没有带钱？"

"没有。"可是过了一会儿，却从口袋里摸出大把钞票，抢着买东西。这个

人够可恶,骗人!是不是?

“听说你要到香港去?”

“还没有定。”奇怪,他机票买好,签证办妥,假也请准了,居然还这么说,这样子骗人有什么意思?

“帮我修理一下。”

“其实我也不懂,试试看。”这种答案还算相当可爱,至少可以把它归入“谦虚”一类。

中国社会,诸如此类的情况真是随时可见、到处可闻。怪不得有些人对中国人十分反感,认为“中国人骗来骗去,没意思”。

可以个别地请教每一位中国人:“你骗来骗去吗?”

答案保证是:“没有,我哪里有骗来骗去!”

就算少数承认自己偶尔骗人,也会认为“欺骗是不好的行为”。

这种矛盾的现象,究竟是怎么回事?有些人终其一生,仍然搞不清楚。

希望一探究竟,请看下面的案例。

案例实录

“关于这一件事,不知道究竟有哪些规定需要遵守的?”

“依据规定,只能够交由甲方办理,我们不可以自理。”

“既然不可以自理,为什么第十条会规定一些自理的办法?”

“原来你看过第十条的条文,居然还来考我?”

“绝对没有这种意思,请千万不要误会。”

“没有这种意思?请问有什么用意?”

“我请教你,并不表示我一定不知道,而是想问问看,有没有更好的办法。”

“我常常觉得很有趣,中国人年纪越大,就越不会问一些自己不知道的事情,因为怕没有面子。”

“对于自己知道的事情,反而会提出来问,是不是?”

“正是如此。有时使人觉得明知故问,好像在考别人似的。”

“不要这样想。知道了问别人,才能够分辨别人到底有没有骗我们。不知道的事情问别人,万一别人趁机骗我们,那怎么办?"

"为什么老要认为别人会趁机欺骗我们呢?"

"防人之心不可无呀!"

"不知道的事情不敢问,岂不是越来越不知道,那多可怕。"

"你这句话说得十分正确。知识爆炸,简直一日千里,天天都会遭遇到自己看不懂、听不懂的新鲜事物,如果不问,就会越来越落伍,到头来什么都搞不清楚。"

"这不是矛盾吗?又要防人之心不可无,不敢发问;又说不问会落伍,变成什么都不懂。"

"中国人的看家本领,就是把矛盾化解掉,让原本有矛盾的,变成没有矛盾。"

"你说说看,像这种矛盾,应该怎么化解?"

"简单。我们遇到不明白的事情,不要公开问,却应该偷偷地请教?"

"你的意思是中国人避免公开提出问题,却不能不私底下向人请教?"

"对。你觉得矛盾化解了没有?"

"化解了。但是,为什么不能公开问呢?"

"不是不能,而是相当不利。"

"不利?为什么?"

"第一,公开发问等于承认自己对于这件事物的无知。一个人可以无知,不过只要赶快求弥补,并不需要公开招认。第二,遇到有人存心欺骗,就会把我们引导到错误的方向。第三,万一我们问他,而他笑我们这么简单的事情也不懂,固然是他的修养不好,但我们已经吃了眼前亏,让大家嘲笑,当然不利。"

"无知要赶快求弥补,把问题说出来,不就是求弥补的最好办法吗?"

"小孩子可以这样,遇到不知道的事情放心地发问,因为大家都不会怪他、笑他、骂他。年纪稍微大些,有些问题就不可以公开发问,否则大家就会怪他、笑他,甚至骂他。年纪越大,顾虑的事情越多,越不方便公开发问,和你刚才所说的情形完全吻合。"

"偷偷地问,就没有这些后遗症吗?"

"私底下向人请教,当然要慎择对象,以免问道于盲,反而越问越糊涂,甚至得到错误的解答。"

"我们怎么知道谁盲,谁又不盲呢?"

"所以要多打听呀!"

“多打听？多麻烦。现成的专家,问一问不就好了,还要打听什么呢?”

“现代人很容易相信专家,以致专家常常愚弄我们。专家有真的,也有假的,也需要打听。”

“不相信专家？那要相信谁呢?”

“不是不相信专家,也不是相信专家。有些专家刚开始时值得信赖,过一段时期,就不能相信他,因为我们已经把他宠坏了,让他觉得自己什么都懂,开始乱说,等于欺骗别人。”

“私底下请教,还有哪些好处?”

“一个人在公开场合回答问题,多少有一些顾虑,只好朝向‘一般性’去发展,说一些冠冕堂皇的话。若是私底下研商,比较容易针对‘特殊性’,根据我们的实际疑惑,加以解答。”

“私底下请教,就算他笑我们,也只有一个人嘲笑,总比大家一起嘲笑要好过得多。”

“你总算想通了。”

“不过我还是觉得有点儿骗来骗去的味道,不够坦白。为什么一定要这样骗来骗去呢?”

“我们中国人,好像不赞成骗别人,更反对骗自己。要别人不来骗我们,实在谁也没有把握,因此警惕自己不要上当,这叫作反求诸己。人人反求诸己,形成‘不要骗自己比不要骗别人更为重要’的法则。”

“请举例说明。”

“我们自己知道,却要请教他人,确实有一些骗人的味道。他若是反求诸己,就会警觉地注意我们发问的要点,然后简单扼要地切中要项,而不是把我们当作一无所知地从头说起,这样可以节省彼此的时间。”

“那么,什么情况叫作骗自己呢?”

“公开场合不问,是骗别人,使人弄不清楚我们究竟懂不懂。私底下再不请教,那就是骗自己,势必害死自己。原本用来掩饰自己的不知道,结果连自己都骗,就会长久地不懂,日积月累,导致严重地落伍。”

“看起来,私底下请教真正的高人,实在非常重要。”

“不随时随地请教高人,等于欺骗自己,成为不长进的主要原因。至于公开或私下,看情况而决定,比较妥当。”

析说

看似“骗人”,实为托词或“保面子”

“这次考试,为什么成绩这么差?”

“老师复习重点的那一天,我正好请假。他们都知道重点,只有我一个人不知道,考得很辛苦。”这种话拿来骗别人,勉强抵挡一番,情有可原。心里却明白这些话是骗人的,目的在求保有一时的面子,事后赶紧用功,下次考试时考好一些,才是长久之计。若是用这些话骗别人之后,自己也越说越相信,那就是骗自己,必然会使自己不知反省,不求上进,终必害苦了自己。

如果有人问你:“到哪里去?”

“没有。”你回答。怎么会没有呢?这种话不算是骗别人,当然也不属于骗自己。说这种话,出于一种警觉:“你问我到哪里去,到底要做什么?”或者基于一种对私密性、隐私权的保护:“我为什么要告诉你?”甚至于表示一种相当不满的抗议:“你凭什么问我?”

我们不可以看不起回答“没有”的人,把他看成不诚实,不够坦白,或者有话不直说,以免错怪了他。

应该受责怪的是问话的人。对于警觉性很高的中国人,怎么可以凭空冒出一句“到哪里去”呢?叫他如何回答?

如果有人问你“到哪里去?”你回应:

“上菜市场。”回答得十分诚实,而且也够坦白。

“太好了,顺便替我带两样青菜回来。”你看,麻烦来了吧!虽然说人生以服务为目的,顺便帮人家带两样青菜,不过是举手之劳。但是,买什么菜?要多少斤两?什么样的价钱才合适?带回来送到哪里?送给谁?要不要拿钱?一大堆问题,都是自己惹出来的。

特别是出国之前,让亲戚朋友知道要到哪里去,会不会开列一张清单,要我们做这个,买那个?

如果认为回答“没有”好像不够诚实,有骗人的味道,我们再试试看:

“到哪里去?”

“我为什么要告诉你？”够坦白了吧？相信对方一定非常惊讶，不是追问：“喂，我到底什么地方得罪你，干吗用这种口气对我？”便是生气地说：“我好意问你，关心你才问你到哪里去，你不愿意回答就算了，这么神气做什么？”结论则多半是：“你不喜欢我问，好，从此不管你死活，看看谁先开口。”

如此是不是自讨没趣呢？

可见“没有”的答话，已经够清楚，也够坦白。

但是它仍旧是一句骗人的话，对自己而言，要到哪里去，应该很清楚，不可以连自己都不知道要到哪里去，否则随处游荡，浪费时间，吃亏的必然是自己。

中国人比较容易原谅骗别人的行为，认为只要不是存心害人，用骗人来维护自己的面子，好像妨碍不了别人。

我们实在不能原谅骗自己的人，因为这种行为，必然导致亲者痛仇者快的结果。

存心骗人，绝对不允许。存心害人，法理都不能容。而为了双方的面子欺骗，我们且称作权宜之计，使对方能明白我们的苦衷，中国人好像颇能谅解。初次拜访女友家人，遇上吃点心时间，不是推说“午餐吃得很晚，现在肚子还很饱”，便是指称自己“不习惯吃点心”，一阵客气之后，却接连着吃下满满的两大盘。我们认为这是客气，实际上所说的都是骗人的话。不过大家心知肚明，当然不会有所责怪。

最可怕的是，骗别人却连自己都骗。

“为什么升迁不顺利呢？”

“因为别人会拍马屁。”像这一类毫无根据的话，在中国社会用途颇广。原本为了面子，骗骗关心自己的人，让他们不要太难过。不料骗来骗去，自己居然信以为真，那就从此没有药救，永远不知改善了。

真正聪明的人必须切记，这些看起来骗人的话根本骗不了人，无非是暂时性地留住自己的面子，安慰一下他人。说完之后，必须好好检讨自己的缺点，用心改进，才不致自误。

其实，我们并不主张欺骗。不管骗自己或者骗他人，都是欺骗，为正人君子所不屑。

既然这样，骗人的话为什么在中国社会普遍地流传呢？我们一方面大声疾呼不要欺骗，一方面却好像时时都在扯谎，究竟为什么？

我们不认为这些为了面子而骗别人的话是欺骗，中国人特别重“安”，一声“安啦！”什么事情都没有问题。安有实安、虚安，而这些骗别人以求暂时的安，便是虚安的表现。不伤害人，暂时骗骗别人，即为虚安。

听话的时候，先分辨对方所说的到底是客气话，还是实在如此，到底是为了虚安而抵挡一番，还是真正这样。说话的人，只能够骗一下，维持虚安，千万不可骗自己。

迷津点通

王叔叔来访，父亲在家，就一定要和他见面吗？若是不想见面，一定要明说“我在家，就是不要和你见面”吗？当然不。不可以。

可见叫人家不要扯谎，不可以骗人，我们不是当事人，当然可以唱高调。将心比心，设身处地试试看，我们又和他一模一样了。

问题是父母没有尽责，未能带给子女比较完整的教育，才让子女产生误解，甚至终身抱憾。

按理说，王叔叔走后父亲应该问儿子：“我明明在家，为什么你要告诉王叔叔我不在家？平日我不是一再交代你们，做人要诚实，不可以扯谎吗？”

儿子如果回答：“小孩子不可以扯谎，要挨打。大人可以，不会挨打。”父亲应该担心的反而是“怎么会有这种念头呢？应该好好教导”。

父亲正色地告诫儿子：“小孩子不可以扯谎，大人更加不可以。谁告诉你大人可以说谎的？当然不可以。”

于是，儿子可能会问：“那你在做什么？”

父亲告诉他：“平日王叔叔找我，我都会跟他见面，但是这一次不一样，我如果和他见面，说不定会吵架，甚至打起来。我和他吵闹、打架，你要不要帮我？”

“当然要。”

“可惜你还太小，帮不上忙。说不定他连你都打。等你以后长大了，才有帮我的能力，对不对？”

“对。”

“那现在呢?”

“最好告诉他,你不在家。”

“这样算不算骗人呢?”

“还是有点儿像。”

“那好,我问你,王叔叔听说我不在家,他相信吗?”

“对了,看他的样子,好像并不相信。”

“我并没有意思要骗他,我只是让他自己反省一下:为什么做人做到这个地步,人家明明在家,却要告诉我他不在家。他如果明白我的意思,就应该调整他自己,不应该责怪我骗他。”

孩子慢慢会体会这种“骗人却好像没有骗”的功夫原来另有作用,要让对方知难而退,自己反省。

小明打破花瓶,妈妈要他不要让父亲知道,目的在于赶快收拾现场,记取教训,才可以不挨打。否则,妈妈教导不了,只好请父亲帮忙,一起来严加管教了。

如果不是彼此之间相当熟悉,人们之间当然不适合直截了当地询问人家“会喝酒吗?”“会不会下象棋?”“有没有带钱?”等令人不便直接回答的问题,这是问的人不对,并不是答的人有问题。

可惜许多人不知道反省,去检讨自己的问话出了什么差错,只一味责怪答话的人不诚实,实在可笑。

对方乱问,我当然可以乱答,这是中国人的观点,怎么来,怎么去,才叫作“彼此,彼此”。

“来一杯。”

“我不会喝。”

“不要客气,大家都知道你是海量!”

“哪有这种事?真的不会喝。”

“好,一杯就好。”

这样对话的一来一往,我们才敢说“有一些了解”,继续发展下去,照样可以获得比较满意的答案。

中国人不是“有问题不问”,只是“自己要先摸索一番,下一番功夫”,然后试探着找到合适的人再来发问。一有问题便开口发问,实在相当危险。问对了人没有？在这种场合发问行吗？听到的答案可靠不可靠？人家对自己这样发问有什么感想？这都是问题。

会问问题的人，对方当然不敢轻视，必然要好好回答。不会提问题的人，对方一听就知道没有什么了不得，为什么要好好回答呢？

出问题的人是老师，给答案的人不过是学生。

命题能力高低，可以看出老师的功力。

“听说你象棋下得很好，能不能请教一盘？”

“哪里，哪里，只是会下而已，谈不上技巧。我倒想向你请教请教，不过，你可要手下留情才好！”

说这话的人，好像有点儿骗人的味道，但是对方觉得很受听，就会说出比较实在的话来。

“我想托你买一件小东西，在香港很容易买到。不知道你什么时候要去香港？”

对方摸清楚我们的用意，当然可以衡量状况，说出实在或不实在的答案。

“我后天就要去，什么东西？我替你买回来。”

如果他明明后天要去香港，却这样回答：“我要不要去香港，现在还没有定。”我们也不要怪他骗人，却应该反省一下，为什么会这样？或许他不愿意受我之托。

中国人从来不希望骗来骗去，也不应该骗来骗去。

有一些并不实在的话，看起来好像欺骗，实际上是一种托词，用来提醒别人，不要再执迷不悟了，赶快检讨一下，力求补救才好。

“骗别人”用来达成这种目的，效果并不坏，大家都有面子。

考试成绩欠佳，用一番托词来暂时掩饰一下，似乎也有骗人的成分，若是掩饰之后，马上反省改进，也是一种“骗别人，并没有骗自己”的方式，相当有效。

有些人自以为从来不骗人，不料却掉入“直来直往”的陷阱，不用说人际关系不良，自己也常常痛苦不堪。

四、中国人的圆通立场——二合一大于二选一

现代中国人最大的苦恼之一，是“圆滑和圆通分不清楚”，甚至“将圆通看成圆滑”，以致“看什么都不顺眼”，因为中国人最厌恶圆滑的人。

圆通原本是我们十分喜欢的境地，一个人能够修养成为“圆通大士”，那还了得！

可惜圆通和圆滑长得一模一样，表面上看起来，几乎不分轩轾。现代人脑筋逐渐扁平化，缺乏深度，看事情都不能够“入木三分”，所以“凡是圆通都看成圆滑”，丧失对圆通的体认，而扭曲了整个社会的判断标准。

西方人一直拿“二分法”没有办法，始终摆脱不掉“二分法”的陷阱，不得已把它称为“必要的罪恶”。

现代中国人，西化的程度越深的，越无可奈何地生活在二分法的困境中，动不动就明确地“二选一”，果决地在二中择取其一。比如：

“请问要喝咖啡，还是红茶？”

“咖啡。”

虽然显得明快而清楚，却显然忘记了我们固有的“二合一”，不敢回答：“随便”或“都可以”。

“二合一”早已摆脱“二分法”的困惑，深深地影响了中国人的生活。

中国人的高明立场在“深藏不露”，事实上是“站在‘不露’的立场来寻求合理的‘露’”，同样把“不露”和“露”合而为一，不再二选一了。

真正圆通的立场，就是时时认清“二合一”优于“二选一”的事实，体认“真理存在于二者之中”，尽量在两种相反的矛盾因子中，寻求合理的平衡点，达到“相反相成”的地步，把矛盾化解，成为崭新有效的结合体。

我们承认“圆通是高难度的素养”，一般人看不懂也学不精，何况一不小心，就会流于圆滑而遭人唾弃。然而一辈子学不会圆通，毕竟是人生一大憾

事,所以"难学,还是要学;难精,必须用心",大家共勉之。

满脑子"圆滑"的人,看什么事情都觉得相当圆滑,连带看什么人都觉得丑陋、卑鄙。要学"圆通",第一步必须"以圆通代替圆滑",脑海中只有"圆通"的期待,因为它不是"圆滑"的对立词,却是"圆滑"与"不圆滑"这种"二分法"的"二合一"。圆通会有圆滑的成分,同时也含有不圆滑的成分。先接受"圆通"的概念,再观察"圆通"的事实,分析"圆通"的要素,庶几可以学得"圆通"的精髓。请看下面所叙述的案例。

案例实录

"从前,有一个国家,叫苏联。"

"我知道,还是一个超级强国。哪里知道一夜之间,就这么瓦解了。"

"在什么人的手中瓦解的?"

我们中国人,最明白"事在人为"的道理,任何一件事,都要把它和人联在一起。对于"什么人说的?""什么人做的?"特别感兴趣。

"还不是戈尔巴乔夫!"

"戈尔巴乔夫?怎么会这样?他不是诺贝尔和平奖的得主吗?一个人得了诺贝尔奖奖金,很容易认为自己什么都懂,而别人也会误以为他是神,结果往往害己误人。"

"但是叶利钦的说法,好像并不是这样。"

"谁是叶利钦?"

"苏联被俄罗斯取代,而叶利钦正是俄罗斯总统。"

"他怎么说?"

"他说:戈尔巴乔夫在1987年开始走错路。"

"错在哪里呢?"

"叶利钦认为:戈尔巴乔夫想把不能结合的事结合在一起。例如结合公有财产制与私有财产制。"

"这为什么属于'不能结合'的?"

"大家都这么说呀!"

“大家都这么说,未必就对。”

“我非常钦佩你有这种看法,这才叫作中国人的观点。可叶利钦认为:事实上这些事,都是彼此排斥、互不相容的。从这种言论,可以看出他不懂得《易经》的道理,不明白相辅相成的作用。我看他的前途,仍然相当艰难、辛苦。”

“为什么?”

“中国人主张‘有容乃大’,中华文化以‘包容性’特强闻名于世,便是深受易理的影响,知道相反的事物,经过适当的化解,依然能够相辅相成、互相结合。日本人最害怕我们‘化’的力量,可惜我们自己越来越缺乏信心,几乎忘记自己拥有这么可贵的本事。”

“宇宙间确实存有相克的事实,难道你能够否认?”

“不错,有矛盾,也有相克,但是不一定要让它们冲突、对立、排斥,想办法化解,就会产生相成的效果。”

“化解,谈何容易?”

“当然十分困难。不过,不容易不等于不可能。”

“这样说起来,公有财产制与私有财产制,好像也有结合的可能?”

“岂止可能?在许多国家和地区,国营事业和民营企业共存。土地国有,民众依然可以买卖。有些公营银行,看起来像民营,也有些民营企业,却具有公营事业性质。”

“果然是合大于分,和合性大于分别性。钱穆先生当年分析中国民族性,大概就是根据《易经》的道理来解析。”

“从这个角度讲,戈尔巴乔夫可能不懂易理,所以结合不起来。”

“叶利钦不懂易理,因此批评戈尔巴乔夫想把不能结合在一起的事情结合起来。”

“可惜现在中国人很多不明白易理,盲目地接受这种西方式‘二选一’的观念,把世界上的事情加以二分化,认为非此即彼,非彼即此,而且是非分明,绝不含混。实际上事情复杂而且富于变化,哪里会这么简单?”

“你说中国人不可以‘二选一’?”

“中国人当然应该二选一,明辨是非。但是,二选一之前,先采取包容的态度,看看能不能二合一。如果二合一很管用,就不必二选一。实在没有办法,非选不可,这才衡量大小、轻重、缓急,择其利多害少,不得已而二选一。”

"你的意思是说，站在不要二选一的立场来二选一，而不是凡事一开始就要二选一，好像二选一是唯一正确的解决方法。"

"对了，十分正确。中国人'从不的角度来要'，才不致乱要。"

"戈尔巴乔夫的理念并不错，他只是不明白正确的方法，所以两者合不起来。"

"叶利钦还批评他，想引进新改革，同时又保留一些老事物。"

"这不正是我们常说的'持经达权'吗？没有什么不对呀！难道这一套道理，在西方行不通？"

"并不是中国人的道理在西方行不通，而是苏联的大多数人不明白戈尔巴乔夫的用意，所以配合不起来。"

"可见懂得怎样把不能结合在一起的事物结合起来，实在很重要。"

"二合一大于二选一，需要相当的忍耐。先放开度量，能合即合，实在无法合一，那么多方考虑，尽力兼顾各方面的利益，再以不得已的态度来择一，终归比较妥当。"

析说

圆通与圆滑

对中国人而言，修身、齐家、治国、平天下的道理是一以贯之的。

缩小范围，看看齐家的圆通，不难了解中国人对齐家的观点和西方人有很大的差异。

曾经有人举荐《红楼梦》这一部文学巨著参加诺贝尔文学奖的评选。这些评选委员，基于西方观点，看了老半天，连人物都搞不清楚，更弄不懂什么情节的发展，便做成结论："把这个贾府大家庭拆散，分成几个小家庭，这些问题都消失了，还有什么红楼梦！"

中国人不是不知道大家庭会带来很多问题、制造很多烦恼，并不是不明白小家庭简单明了、可以减少许多困扰。然而中国人在"合"与"分"之间，仍然采取"合大于分"的原则，视五代同堂为人间一大盛事。

明知大家庭不容易经营，仍然要多代同堂，主要目的在方便"拉长补短"，彼此互相帮助，当然应该包容所衍生的某些后遗症。

圆通人士，平日携带妻儿拜访朋友、亲戚，为的是联络感情，建立“二合一”的关系。上司部属为求长期合作，往往也追求“通家之好”。

对于夫妻，中国人总是“劝合不劝分”。既然结成夫妻，便是有缘，彼此要多包容，不能轻言离异。

圆通人士心中有数，劝导夫妻不可离婚，结果还是可能离异。至少不出自我的口，将来夫妻反悔，不致两个人一起咒我：“当初根本没有想到离婚，就为了听你那么一句话：既然合不来，长痛不如短痛，干脆分开算了。一时糊涂，听信了你的话，才产生这么悲惨的局面。”

劝导夫妻不可离婚，在夫妻吵架之后握手言欢时，心中落下一块大石，会庆幸没有劝导离异，否则夫妻必然合起来咒骂：想不到这么好的朋友，居然劝我们离开，真是人心隔肚皮，不知道安的是什么心！岂不冤枉？

再来看看修身，二合一的行为几乎随地可见。

“这件事，你看怎么样？”

“到目前为止，一切都还好，不过后面的演变，实在很难说。”

“王君的操守，到底怎么样？”

“我不太清楚，问了好几个人，都说很难说。”

中国人最常用的字句，好像除了“不一定”之外，便是“很难说”。样样不一定，事事很难讲。

“不一定”和“很难说”，实际上都是“二合一”的表现。一般人以为“不一定”就是不一定，那是“二分法”的受害者，把“不一定”和“一定”相对峙，并不是中国人应有的想法。我们的“不一定”，含有相当程度的“一定”成分，所以仍然是“二合一”。至于“很难讲”，同样不应该看作“很好讲”或“很容易说”的相反词。我们的“很难说”包含相当成分的“其实也很好说”。

只要听的人有心听下去，轻轻问一句：“怎么很难说？”保证说“很难说”的人，就会接续把难说的部分轻易地说出来。站在“很难说”的立场来“很容易说”，有如“不一定”之后忽然产生“一定”的观点，既灵活方便，又有安全保障，对不对？

圆滑的人，只推说“很难说”，便不说明事实，甚至乱说一些足以混淆事实的话，对于事实的澄清具有负面的影响，大家的心里都很不以为然。比如：

“请问这一次旅行，要给导游多少小费？”

“很难说，因为给小费是每一个人自己可以决定的事情，旅行社并没有规定，也没有理由做这种决定。”

每一句话都对，听起来很有道理。但是听的人觉得：“你把我当小孩，连这种常识都没有。”

“你这样说，未免太见外了吧”，甚至“我还不知道你最小气，还要说得这样好听”，因而对答话的人相当反感。

圆通的人，当然不会直接说出“应该给多少”“最好给多少”或者“我打算给多少”这一类的话来。但是，在“我们研究看看”“我们不妨分头打听，看看别人打算怎么给付”等“推、拖、拉”用语之后，可能会说：“一般来说，每人每天给导游两美金，不知道你觉得怎样？我们是不是再过几天，看看情况再来商量？”

究竟是圆通或圆滑，原本由感受来认定。可惜现代人盲目反对“推、拖、拉”，一竿子打翻整船人，把圆通和圆滑都看成可恶的行为，真不知道怎样才能圆满解决问题？一看见“推、拖、拉”，就觉得心烦，何以表现圆通？

更可笑的是，中国人自己“推、拖、拉”的时候，往往不认为自己正在做这种令人厌恶的动作，却自满于“事缓则圆”的解说而欣喜不已。但是，看到别人“推、拖、拉”，却又立即觉察出来，认为“又来了，又是这一套”，而心生反感。这种“心理差距”，随时可以找到例证。

把“圆通”和“圆滑”合起来看，将“推、拖、拉”和“不推、不拖、不拉”看成一体两面，这样用“二合一”取代“二选一”的结果，才有真正到达圆通境界的可能。

迷津点通

“赞成”“反对”是一种“二分法”，表示赞成或反对，即为“二选一”。中国人以“既不反对也不赞成”作为处事的基本立场，便是“二合一”的思考方式。

任何事情，总是不断地演变。往往原本可以赞成的事情，演变到最后，可能令人不得不反对；而原来应该反对的，也可能越变越应该加以赞成。

当把一切弄清楚，而且保证不再改变，这时候中国人当然会当机立断，果敢地选择赞成或反对的态度。但是，就算如此，警觉性特别高的中国人，也尽量避免公开表态，以免引起抱持不同意见的人的指责，甚至仇视。

圆通人士，不可能单刀直入地问人家赞成或反对，因为对方认为有此必要，自然会主动表示，不必苦苦相逼，而得不到真实的答案。被人家问起赞成或反对时，也不可能直截了当地表示其中之一，却大多兼顾赞成及反对双方面的看法，尽量加以包容。

中国人相信，透明化的、表面化的、公开化的赞成或反对，事实上都不一定可靠。不如采取观察、试探、测试、迂回打听等方式来加以判断，比较值得信赖。

“欺骗”“诚实”也是一种“二分法”，无论坚持哪一种，都是“二选一”。中国人以“骗别人不要骗自己”来包容“欺骗”和“诚实”，同样是“二合一”的实际运用。当然我们这里说的“欺骗”绝非蓄意欺诈意义上的“欺骗”，而是一种表达个人意见的“权宜之计”。这种看似矛盾的立场，对中国人来说，应该属于正确的运作，但是有人却误认为“中国人骗来骗去”而深感痛心，显然是无知之过，不必受其影响才好。

圆通人士，不致完全责怪别人欺骗，反而审思此人为什么要骗我？检讨自己是否有失误或不当的地方，赶快寻求补救的措施，以防自己上当。因为别人是否诚实，自己是管不了的。

某甲原本十分诚实，发现某乙对任何事务缺乏警觉性之后，可能会萌生欺骗的念头。某丁本来有意欺骗，察觉某丙警觉性甚高，赶紧以诚实的结论来掩饰原先的企图。这种变来变去的情况，证明欺骗可以变诚实，而诚实也可能变欺骗。

同样一句“我爱你”，到底是真是假，谁也不知道。

但是，原本是假的，如果一直假下去，假得十分长久，便变成真的。即使原来是真的，一片真诚，也可能一朝变心，真的变成假的，怎么也挽回不了。

圆通的“二合一”，是突破“二选一”困境的妙方。中国人主张“深藏不露”，即是“不马上显露出真实的一面，而争取时间，多方观察、分析、研判，有把握时才恰当地露”，当然能够“立于不败之地”，十分安全。

有人对“明哲保身”不以为然，认为“如此怕死，能做什么事？”也有人则认为“怕死不怕死，是各人的价值观，不是别人所能够干预的”。这两种说法各有道理。中国自古以来，便有“别人的儿子死不完”的“警语”，意思是有些人专门出馊主意，叫别人去牺牲，自己则躲在安全处逍遥。

有人说读中国历史时会经常发现，君子对所谓适当时机的“明哲保身”之道了解得不够透彻，以致常常有“被小人害死”的教训。以此推之，如果我们反而劝阻大家不可以“明哲保身”，是不是暗中帮助小人，更容易加害君子呢？若是小人对“明哲保身”的研究胜过君子，则君子不敌小人，社会何以安定、进步？

人不动则已，一动就会露出重心不稳的弱点，给人家提供有利的攻击点。如何避免呢？圆通人士，一方面用“推、拖、拉”的方法来争取短暂“观察、分析、研判”的时间，另一方面也以“推、拖、拉”的方法来寻求“最佳表现的时机”。不出手则已，一出手务必击中要害，这才是中国人的高明之处。

现代人盲目排斥“推、拖、拉”，视“推、拖、拉”为落伍、陈旧、腐败的手法，殊不知因此失去“圆通”的本事，真是得不偿失。

圆通和圆滑，不要把它看成对立的名词，否则又将陷入“二分法”的困境。“二合一”的观点，是先把圆通和圆滑看成合一的东西。本来就长得一模一样，何必急于把它分开，非要“二选一”不可呢？

真正明白的人，知道圆通和圆滑基本上都是“推、拖、拉”，“不推、不拖、不拉”，如何能做到“圆的地步”？只不过“推、拖、拉”的结果若是没有解决问题，我们就骂它“圆滑”。若是“推、拖、拉”的结果顺利解决问题，我们便满心欢喜地称赞它“圆通”，如此而已。

把“大家庭”和“小家庭”相对列举，脱不掉“二分法”的限制。事实上中国人把大家庭和小家庭合在一起，看起来像大家庭，实际上“合中有分”，老大、老二、老三各成一家，照样分得相当清楚。凡事站在大家庭的立场来思考，才是大家庭的风范，并非完全无视小家庭的存在事实。

圆通和圆滑最主要的差异在于，第一，圆通是利用“推、拖、拉”来解决问题；圆滑则是利用“推、拖、拉”来推卸责任。第二，圆通的人善于利用“推、拖、拉”的短暂时间来充分思考，寻求此时、此地的合理行动方案；圆滑的人只想利用“推、拖、拉”把时间拖延过去，以便逃避当前的问题。第三，圆通的人用“推、拖、拉”来降低竞争的压力，使大家觉得经过“推、拖、拉”之后的答案，应该可以接受。圆滑的人，则冀望于不经由竞争，便能够获得胜算，或者不愿意应付挑战，却悄悄地逃之夭夭。

非“推、拖、拉”不行吗？请仔细观察周遭的情况，用心想想，便明白个中的真相。

五、中国人的可怜心态——哀莫大于心死

在台湾，现代中国人所看到的文字，大多是“可悲的中国人”“丑恶的中国人”“奸诈的中国人”“愚蠢的中国人”这一类负面的描述；所听到的报道，大多是“中国人骗来骗去”“中国人不守法”“中国人喜欢玩弄权术”“中国擅长自己人打自己人”这一类不正确的判断。

制造、传播、助长罪恶的人，依然故我，还在做中国人，过中国人“喝酒、泡茶、聊天”的日子，可惜那些无缘无故承受这些罪恶的年轻人，不过由于不小心看了这些文字，听取这些报道，便有如慢性中毒似的，终身受害。

古语有云：“哀莫大于心死。”

现代中国人，有很多已经对“中国人”心死，一提起中国人，便认为毫无优点可言，似乎自己这一辈子生为中国人乃是最大的不幸，下辈子如果可以选择的话，宁可生为非洲土著，也不情愿再生为中国人。在一片指责、轻视中，对身为中国人的自己，也丧失了信心。前途茫茫，好像毫无生机，这时候飙车、吸毒、聚众群殴、莫名其妙地杀人，便成为对于“悲情”“丑恶”“奸诈”的一种“破罐破摔”的回应。

这种“心死”的中国人，满脑子都是中国人的缺点。用这种成见来思考，以这种眼光来观察，当然越看越火大。

对中国人心死，是现代中国人的可怜心态，如不及早加以挽救，恐怕年纪越大，就越难有复活的希望。

案例实录

请看两个人就中国人特质的对话：

“中国人喜欢圆通,最讨厌圆滑。”

“管它什么圆通、圆滑,反正中国人鬼鬼祟祟,喜欢‘推、拖、拉’,打太极拳,根本就是缺乏担当,不敢负责任。圆通也好,圆滑也好,说起来都很丢脸。”

“中国人最讲道理。”

“讲道理?中国人最擅长说歪理,理由一大堆,这样说也对,那样说也有道理,其实说来说去,无非都是强词夺理。”

“中国人很守规矩。”

“我看不见得。到处有人闯红灯,行人车辆互不相让,只要没有警察在场,就会有人从行人陆桥底下横越马路。我看中国人最不守规矩。”

“中国人有随机应变的能力。”

“这是一种好听话,中国人哪里是随机应变,完全是投机取巧。专门钻法律漏洞,处心积虑,都是为了图谋个人的私利。”

“中国人最聪明。”

“小聪明还差不多,大聪明就谈不上。你看,人家西方的科学昌明,技术进步,社会有制度,样样有条理,那才是真正的聪明。”

从这两个人的对话中,笔者感受到其中一人把中国人看“扁”了。一个人对自己一点儿信心都没有,这个人活着有什么希望?又有什么价值?一个民族对自己失望透顶,简直到了深恶痛绝的地步,这个民族还有什么前途?身为这个民族的一分子,还有什么荣耀可言?

在笔者的演讲生涯当中,经常遇到某些高级知识分子,怀有这种完全否定中国人的心态,只要听到笔者赞美中国人,马上怒气冲天。修养比较好的,冷笑几声;比较差的,就会当场反驳。

有人说:“中国人的行为,果然像你的形容,灵巧而充满了机智,但是这不过反映出中国人为求生存,不得不采取的一些变态行为,不值得鼓励。”

有人说:“为什么中国人不到美国留学,就不会有太大的出息?因为我们的社会不够进步,教育不够现代化,所以土博士不如洋博士,不喝一点儿洋水,就显得土气十足,证明我们的一切一切,都不及美国。”

也有人说:“翻开我国历史,谁敢说不是治少乱多?证明我们中国人只知道争权夺利,特别喜欢内斗,把自己人整垮,便宜了外国人。”

有一次在新加坡,主题标明是“华语讲座”,一位年轻的先生站起来却用英语发问。新加坡有百分之七十六是华人，但是说英语才是高级华人的象征。虽然这种情况近几年来已经逐渐在改变，不过当时的社会风气，他这样做实在十分正常。

不料在台湾，某一次企业内训，有一位先生递上来一张问题单，上面写的竟然也是英文。这是一家完全本土经营的公司，日常使用的语言是中国话，这位先生也是地道的中国人。如此我们还有什么话说？

讲英语、喝咖啡、吃牛排、跳交际舞，以彰显自己属于高级华人。这种风气，在五年、十年之前，大家见怪不怪。

但是，现在总应该有所调整，睁眼看清楚时势的改变、潮流的归趋，不为亲者所痛才好。

将近七成的人，分不清“圆通”和“圆滑”的差异，干脆把它们混为一谈，并且恨之入骨。

为什么不仔细想想，中国人擅长打太极拳，难道真的一点儿好处都没有？

怎么不能够平心静气地听听人家的解说：圆通和圆滑的过程完全相同，都是“推、拖、拉”，结果却完全不同。“推、拖、拉”到最后解决了问题，叫作圆通；没有解决问题的，就是圆滑。

中国人讲道理，听起来应该很高兴才对，毕竟这是好事呀！千万不要因为自己说不过别人，便认定别人说的全是歪理。一般人最奇特的反应，好像正是“自己说的，都很有道理；别人说的，简直强词夺理”。

这种对待自己和对待别人采取双重标准的态度，对有些中国人来说，其实也司空见惯、相当正常，只是有人硬是不肯承认而已。我国先哲一再提示我们对自己严一些、待别人宽一些，便是针对这种民族性的一种补救之道。

中国人本来就守规矩，不能够将所有的随机应变都看成不守法、不规矩，也不能由于中国人守规矩的心态和标准与外国人不相同，便一厢情愿地要求中国人必须改变，以符合外国的标准。

至于中国人聪明与否，大家心知肚明。只因为自己一肚子气，便否定中国人的聪明，恐怕大家也不太服气。

少数人虽生为中国人，却一百个不愿意做中国人，因为他的心，至少对做中国人这一部分而言，已经死掉了。

有人说：“我是受日本教育的，以前是日本人。现在接受中国社会的洗礼，快要变成中国人了!”

受什么国家的教育,就会变成那个国家的人民吗?好像没有这种道理。

我们说:“饮水思源。”希望大家不要“忘本”。这个“本”,究竟是什么“本”?到日本受教育,本就变成日本;到美国受教育,本就成为美国。那还得了!不管你在哪里受教育,你的根是在中国,你根本就是中国人,这是改变不了的。

析说

“相”随“心”转

我们都很清楚,中国人是《易经》民族,我们所思所行、所依据的,乃是《易经》的道理,因此显得和许多民族有很大的不同。

《易经》的道理,有一点很值得大家留意的,就是力量的源泉主要来自我们自己的“心”。中国人常常互相提醒,要“留心”“当心”“用心”,彼此勉励“天下无难事,只怕有心人”,其真正用意,都在申述心的力量强大无比。

甚至于人的命运也可以用心来加以改变。中国人“知命而不认命”,不应该是宿命论者。我们认为“人的命运是可以改变的。如果我们不用心,不替自己打算,那就随着先天命运自然地流转。若是我们用心,替自己计划,那么先天的命运,便可以由我们自己的计划来加以改变”。意思是说:“要不要听天由命,其实由自己决定。”一旦下定决心,要改变自己的命运,只要自己努力,仍然是十分可能的。

命可以改,但是,没有人能够替我们改。唯一的途径,是自己改。自己用“心”,发挥心的力量,确实能够改造命运,这正是中国人“相随心转”的主旨。

心活着,就具有改变命运的力量。万一心死了,那就毫无力量,眼看着只有认命一途了。

认命、唯命是从的人实在悲哀。心死了,非认命不可,丝毫改变命运的可能性都没有了,所以哀莫大于心死。任何人都一样,只要心死了,总是最大的悲哀。

古代中国人,既然说得出哀莫大于心死的道理,当然不会无缘无故地心死,而且知道尽力而为,以规避心死的恶果。历史上“死心”的人很多,“心死”

的人很少。

现代人中,有些人也把“心死”挂在嘴边,动不动用于形容自己的同胞。

从祖国大陆回来的朋友这样说:“好漂亮的饭馆,菜也不错。没想到主人几声咳嗽之后,竟然猛吐一口痰在地上,好恶心啊!中国人真的是没救了!”事实上,四十年前的台湾,这种人也不少。随地吐痰是习惯,和民族性扯不上关系。习惯可以改,而且各种周边的设施,会使它改变得很快。台湾既然能够这样走过来,内地又何尝不能呢?

游罢欧洲,归来之后写小品,这样写:“最近,有机会到欧洲一游,冷眼旁观,发现台湾人对教堂缺乏兴趣,参观博物馆也看不出什么名目。每到一处,总是东张西望,寻找可以买的东西,要带回去夸耀一番。”写的人果真冷眼旁观吗?那倒未必,说不定他买的比谁都多,也说不定他真是团员中最花不起钱的,无论如何,找机会数落一下中国人,似乎才能暂时稳住自己的症状。

读历史也尽量从丑陋的一面去解说,非让大家对中国古人咬牙切齿不可,对于历史上的中国人,同样也不可以轻易放过。心死症发作的时候,只觉得:凡中国人都该死,没有一个好人,也没有做过一件值得称道的事。

从心理卫生的角度来看,个人和社会息息相关。健全的人,应该培养“喜欢自己,也喜欢他人”的态度,学习在人我互动中完善自己。

若是在父母的口中,老师的口中,乃至社会人士的口中,一天到晚都在批评中国人,看不起中国人,在儿童的心理方面,对中国人会喜欢吗?

儿童是国家未来的主人翁,若是从小就不喜欢自己周遭的人,自幼就被灌输丑恶中国人的观念,请问,他们长大以后会喜欢自己的民族吗?今天有一些人,所想所为都是十足的中国人,却非常怀疑甚至否认自己是中国人。我们不要苛责这些人,因为他们是在如此这般不卫生的环境中长大的。

教科书明明白白写出许多中国人伟大的地方,学生考试时也都以生为中国人而光荣。然而,从老师的行为,从父母的表现,学生们终于了解,原来中国人被说得很好听,其实完全不是那么一回事。

不错,现实社会中令人厌恶的中国人几乎到处可见。装电话分机的人员,一定弄得白色墙壁上现出几只黑手印。搬家公司的工人搬桌椅进门,开纱门的时候,大拇指会把纱网刺穿,留下一个破洞。剃头师傅刮脸的时候,大拇指什么地方不好压,偏用力压在一只眼睛上,弄得眼球将要破裂。这些人都不能够指责,否则他比你更凶,讲的话更不好听,只能自认倒霉。

这些不良习惯,固然是说明我们这个社会还缺乏良好的职业道德教育和文明行为的培育,但关键是要从自我做起。

给新生代一些光明的希望,他们才会努力上进。让他们觉得做中国人毫无希望,一点也不尊重,我们还能够期待他们怎样表现呢?

迷津点通

钱穆先生在世时,提及中华文化,都特别加以美化。学者向他请教,为什么不秉持公正、客观的治学精神,却要稍有偏爱呢?

钱先生说得十分明白:若是现代中国人对自己有信心,当然可以公正、客观地评析中华文化。可惜现代中国人对自己产生偏见,对中华文化已有成见,因此不得不稍微偏袒一些,把它说得更加美好,使现代中国人对中华文化比较容易获得正确的认识。

已经偏过去一些,现在拉过来一些,结果才能够恰到好处,这是钱先生的一片苦心。

钱先生如果自私,只顾他自己的学术声望,大可以公正、客观,用不着稍有偏爱。但是知识分子若不能忧国忧民,就算学术有成,获得最高荣誉,又有何用?

说中国人这样不好,那样不行,用来骗骗别人,只要听的人够机警,善反省,实在也有另一种贡献,那就是让大家反思,为什么中国人荒谬至此?

依笔者十数年共同研究的结果,发现:中华文化并无不当,可惜中国人行之日久,产生很多偏差行为。

从现代中国人的种种偏差行为来看,说中国人丑陋,一点儿也不为过。

然而,若是因为种种偏差行为导致的中国人"丑陋"而否定中华文化的优良,甚至想要改造中华文化,恐怕是五四运动以来,现代中国人的最大错误。因为中华文化本身没有错,不幸是我们领悟错了,做错了,是人的不对,不是文化的失误。

特别是有些中国知识分子,满脑子都是西方观点,用全盘西化的观点来观察、分析、批判中国人的行为,当然一无是处,更加增强"中国人非彻底改变不可,否则无药可救”的观念。

长久以来,中国人依易理而行。但是同样依易理而行,可以造成君子,也可以造成小人。

往昔中国人至少对中国人讲道理、守规矩、善于随机应变、十分聪明这些特性,深信不疑。具有这样的信心,才可能使自己走上讲道理、守规矩、适时应变、聪明不可为聪明所误的正道。如今很多中国人对自己已经“心死”,根本否定中国人讲道理、守规矩、善应变、慎聪明的优点,哪里还有走上正途的指望?

依据“期待原理”,一个人对自己毫无期待,又怎么能够获得什么成果。按照“心想事成”的道理,心已死,事又何从成呢?

人的命运,是自己的“心”在控制,这才是真正的中国人的观点。然而许多人却一口咬定“中国人迷信”“中国人宿命”,这不知道从哪里说起。

不错,有很多中国人迷信,有很多中国人宿命,但这是人的错误,与中华文化有什么关联?

同样的“拜拜”行为,不了解中华文化的人,确属“迷信”,真正了解中华文化的人,知道“拜拜”是一回事,而“迷信”又是另外一回事。我们不要把“拜拜”和“不拜”看成“二分法”中的对立行为。“二合一”使我们把“拜”和“不拜”看成一体两面,只要不迷信,拜拜和不拜都不成问题。

同样,就“相命”和“不相命”、“看风水”和“不看风水”、“改命”和“不改命”而言,从中国人“二合一”的观点来看,也并不是完全对立的两种行为。真正了解中华文化的人,相不相命,看不看风水,改不改运,都不是问题。我们的问题应该摆在“怎样相命”?如果能对此有正确而清楚的认识,做到“说好的就相信,说不好的便加以拒绝”,不但不会得到“心理暗示”的坏处,而且可以收到“心理增强”的效果,正好可以“趋吉避凶”。“如何看风水?”若是按照“采光、通风、噪声、内外环境及其可能的变迁,以及磁场感应”来测定,其实相当科学。“怎样改运?”假若由自己的心来改,从正心、诚意、格物、致知做起,命运当然可以改变。

哀莫大于心死,对中华文化心死,对中国人心死,才是现代中国人最大的悲哀。这种不正常的心态,是误解中华文化、看不懂中国人所造成的错误心理。要正心,必须正本清源,重新正确地认识中华文化,平心静气地以中国人的观点来观察、分析、判断中国人的行为。把心救活,悲哀气氛尽失,便可以改变当代中国人的命运。

六、中国人的自卑心态——盲目崇洋媚外

现代中国人哀莫大于心死的表现很多,其中相当重要的一种因素,在"盲目崇洋媚外",以致产生自卑的心态。

崇洋其实并不严重,基于好奇心的驱使,全世界各地方几乎都有崇洋的倾向,对于自己所不熟悉的外国文物或景观,觉得好奇而有所崇尚,实在也是人之常情,不足为奇。比较可怕的,是媚外。

知道自己有媚外的倾向,还不是十分可怕。有时基于礼貌,或者由于有所企图,在知觉的情况下媚外,纯属个人行为,我们实在无权置评。

问题是有些人,特别是知识分子,甚至自称为高级知识分子,已经不知不觉地媚外,还视为理所当然,以为说的是良心话,一点谄媚的成分都没有。我们对这些人,除了同情之外,没有什么话好说。

这些人在演讲的时候,有意无意"想起我在美国读书的时候"如何如何。写作的时候,舍弃中国的典故不用,一定要引用西方的见证。听到"上帝",一定改口称"God"。回答问题,无时不"Yeah"个老半天。

这些还算是坦白的,因为他在美国的整个经历,就是"读书"的那一段经验。对中国典故根本毫无所悉,叫他从何引起?并不知道我国民间信仰有好几十位上帝,当然一下子就想起唯一的"God"。在美国期间,由于语言并不十分流利,说"Yeah"的次数非常之多,所以几乎难以改口。

比较糟糕的是,科技专用名词几十年下来始终没有办法翻译成为中国文字,也无法像日本人那样,干脆用中国文字来音译,创造出新的词汇。因为日本字纯属拼音,拼得出来就算数。中国文字音、形、义并重,有时拼音之后,觉得形、义都不相配,不敢贸然应用。

遭遇许多翻译上的困难,干脆放弃而沿用英语。年轻学子不了解这些缘由,不知不觉形成媚外的心理。

把“摩登”视为“Modern”的中译词，固然是绝妙配对，但是我国南宋末年，便已经出现“摩登”字样，那时候英文尚未东传，四川人就能顺口说出“逛马路，看摩登”，意思是“看娇娘”，可见“摩登”并非译自“Modern”。我们现在以“摩登”译“Modern”，用“幽默”译“Humour”，而拿“时髦”译“Smart”，都是用我们原有的字词来翻译英文，为什么科技名词就无能为力？

最糟糕的是，彻底媚外人士，眼见英语成为世界通用语言，便大力倡导“提前”“普及”学习英语。居然没有注意到西方语言学家经过长期研讨，认定“汉语是智慧的语言”，推翻了往昔西方人把汉语看成“人类的婴儿语言”的成见，发觉汉语原来是世界上最为成熟的语言。面对当前电脑时代，汉语这种单音声调，比拼音语言中的声段，更具有高度的保真能力，同时汉文字的方形矩阵，特别方便电脑的信息输入与检索。我们是不是应该及时反省：盲目崇洋媚外的心态，可以休矣！

案例实录

例1：请看甲乙两人的对话。

甲：“管理学上的许多问题，都可以在文学、哲学作品和历史事件中找到例证，这是美国斯坦福大学管理学教授的发现。”

乙：“嗯。”

甲“这位马区（音译）教授深信，学生从文学、艺术作品中，可以进一步了解人类行为和动机，并因此更能洞察上司或领导的问题。”

乙：“嗯。”

甲：“你到底有没有在听？”

乙：“听这些做什么？”

甲：“难道你觉得这个发现并不重要？”

乙：“不是不重要，而是：不用他说我也知道。”

甲：“我告诉你，这位马区教授上课的时候，不要求学生研读领导的理论，反而要求学生阅读文学名著。”

乙：“嗯。”

甲："怎么，同样引不起你的兴趣。"

乙："不是。如果你的管理学教授，要求你这样做，你有什么感想。"

甲："要我自己从文学、艺术作品中去了解领导，那要他做什么？"

乙："既然你也有这样的感觉，为什么还要告诉我这些事情呢？"

甲："外国的月亮比较圆嘛！"

在有些人看来，就个人而言，天大地大我最大。但是，就整个中国来看，好像永远不如外国先进。

很多理论，我们老祖宗早已说得清清楚楚，不肖子孙偏要把外国人的话捧出来吓唬人。

甲："我一生最受用的教训，就是我在美国读书的时候，教授告诉我的一句话：计划你的工作，然后执行你的计划（Plan your work，work your plan）。我记住了，并且确实去做，才有今日的成就！"

乙："难道你没有听过'谋定而后动'这一句话？"

甲："当然听过！"

乙："那你的教授告诉你那些道理的时候，你就不会联想起这一句老话？"

甲："没有。因为教授讲的是英语，听起来比较清楚。"

孔子希望大家举一反三，你是中国人，现在听到英语，居然和国语联不起来，我们还有什么话讲。

例2：

"我有话要讲！"

"对不起，我正在忙，没有时间让你讲。"

老实说，中国人对"有话要讲"的人，常常用"就不让你讲"来"看你怎么办"。有人说这是"专制"，但如果看成"过滤"，"用不让人家说来过滤一些没有用的废话，以节省听废话的时间，做一些更有用的事情"，请问有什么不对？又有什么不好？

"你正在忙？"

"还好！"

"跟你说两句话，行不行？"

"请，不要客气！"

中国人"两句话"可以说上三个钟头，因为越说越投机，彼此都觉得有必要。这种“不明说有话要说,却获得一直说个不断,直到说清楚为止的机会”,是不是比“我有话要说”更高明?为什么外国人如此主张,我们就非盲目媚外,闭着眼睛学他们?

“我个人的意见”,这句话根本就是“外来语”,从外国直接翻译过来的。

中国人最不喜欢“个人的意见”,一开口不是“孔子说的”,便是“我们认为”。明明是自己编造的,也要把孔子抬出来,或者把别人也拉进来。

“个人的看法”容易引起“你算老几?”“不自量力!”或者“我什么时候倒霉到要听你说”这一类的反感。“个人的意见”正好成为他人“放心反对”的对象,不但不受重视,而且容易引人攻击,何苦来哉!

“做人要勇敢说不”这一类的口语,其实也是盲目媚外的产品。中国人很少说“不”,不是不敢说,而是不需要说。我们自有一套“让对方自己知难而退”的方法,用不着由自己口中说出“不”字。

勇敢说“不”,换成中国人的语气,恐怕是“委婉表达自己的不,同时还要顾全对方的面子”,说“不”说到有人没有面子,最好怪自己功夫不够深,不必怪中国人爱面子。中国人当然可以翻脸无情地大声说“不”,但是,那是“仁至义尽”之后的合理动作,并非轻易就如此。

“反败为胜”是十分不得已的事,最好不必要沦落到这么悲惨的境地。近年来大家相当推崇反败为胜,几乎忘记了中国人应该追求的“立于不败之地”。看见外国人有什么事例,就感动得泪流满面,便佩服得五体投地,不是盲目媚外是什么?

“赶快起床,听CNN新闻。”

“你听得懂?好像没有中文字幕。”

“听不懂也要听,我不相信别人都听得懂!”

“既然大多数人都听不懂,为什么没有人抗议呢?”

“这种事情怎么可以抗议?傻瓜,一提出抗议,不就等于公开告诉大家:我听不懂。多没有面子!”

报道美国总统选情,好像自己选“总统”那样关注。恭聆英国铁娘子的一番话,似乎比自己父母的耳提面命还要宝贵。到处推荐外国人写的书,努力将自己的文章写得像翻译的语气,做论文务必遵守洋人的一套规格,批评事理一定按照西洋的标准,甚至日常举止,也要极力模仿外国人。提起中国人,满脸不屑的表情。说起中国言辞,不夹杂几句洋文就说不下去。我们这一代的中国人,到底有什么毛病?

析说

崇洋媚外

人类是善忘的动物。历史上的种种荣耀,在文字上读过,转眼已经忘掉。现实的种种不如人处,就在眼前,既然比人家落伍,当然应该承认。

近四百年来,我国科技的严重落后,使得炎黄子孙信心丧失。汉、唐时科技领先的光彩,提都不敢提。

人类也是现实的动物。电影上看到的西洋景色,比自己每天所面对的环境,不知道美多少倍。外国进口的洋货,虽然没有亲自使用过,听价钱也知道比本国货品要好得多,因为敢卖得那么贵,一定有道理!

现实的种种,无论从人种、肤色、高矮、健弱哪一方面比较起来,中国人都比人家差一大截。

有一位老太太,初到美国探望子女,禁不住赞叹"美国小孩子比中国孩子聪明",她说:"你看人家美国小孩子,根本不用上补习班,英语就说得那么流利。不像我们的小孩,天天补习英语,还是吞吞吐吐,说得断断续续。"后来别人告诉她,美国孩子本来就说英语,她还是不服气:"中国孩子本来说国语,就说得没有那么好。你看,你这么大了,还不是只会说台湾'国语'!"

中国人尤其喜欢"在自己人面前展现威风"。《孟子·离娄》记载:齐国有一位仁兄,娶有一妻一妾,同住在家中。这位仁兄每次出去,必定吃饱了酒肉才回家,问他和什么人一起吃饭喝酒,他都说是些达官贵人。妻子将信将疑,偷偷跟随他,发现他在墓地向上坟的人讨剩下来的酒肉吃,很痛心地跑回来告诉妾,两人抱头痛哭。这位仁兄吃喝得差不多了,回家依然得意扬扬地向他的妻妾夸耀。

到美国旅游,就算吃亏上当,回台湾以后谁愿意据实相告,引人嘲笑?还不是说样样都好,才显得有面子?

到印度去旅游,就算是在印度忍受脏乱,回台湾后也不得不说:"值得去,去了就知道印度文化实在了不起。"

明明是难以忍受榴莲的味道,也要硬着头皮赞美地说:"鲜美得很,那种特别的味道，只有吃了才知道。”

这种“长他人志气，灭自己威风”的行为，其破坏力并不严重，大家嘴巴说说，反正没有什么人相信。

真正使我们盲目媚外的原因，是一些号称知识分子的人的错觉所造成的，带动一般人，形成似是而非的风气。

1945年以来，世界上的种种组织和游戏规则，都掌握在“说英语的人”手中，由他们建立、推动和控制。举凡合乎说英语的人所制定的标准，就叫作现代化，否则便是落伍的，必须尽力求改变，或使用各种手段逼你就犯。

他们说：“哥伦布发现美洲。”大家没有怀疑，把它编入教科书，让所有的人都接受这个事实，不容许有人质疑“印第安人为什么不算发现美洲”。

为了符合“说英语的人”所划分的历史阶段，我国历史必然要有封建时期，也非走向民主不可。为了附会“说英语的人”所实施的经济制度，中国经济，必须发展自由市场，而且非依归资本主义不可。

知识分子斩钉截铁地说：“历史的潮流，已经证明只有民主政治、自由经济才能够生存得好。”这种话一点也没有错，只是所说的民主、自由如果完全是西方式的，请问：“中国人的前途在哪里？”

有了现代，却失去了中国，这才是中国知识分子应有的警觉。改变甚至丧失了中国原有的一切，变成西方的现代，对中国而言，要这种“现代化”做什么？

知道盲目媚外，心理上多少有些警惕，还不致全盘皆输。不知不觉地盲目媚外，自己变成了“外国人”还不自觉，请问：怎么死的都不知道，值得吗？

现代知识分子，缺乏“文化的使命感”。不明白求生存固然重要，生存得体面一些更要紧；迎头赶上西方固然重要，从根上救起自己的中国品牌更加要紧。必须先有中国，再求现代化，以免现代化却灭了中国。

有人说，国际化的趋势，实在不必计较什么人种、什么民族，整个地球村，大家一家人，不是大同世界吗？

我认为个别知识分子这种论调，迟早把中国灭亡掉。国际化绝对不是全世界都西化，把所有的人都变成“说英语的人”。国际化的潮流下，更需要保留自己的文化，才不会“糊里糊涂，被人家同化掉，自己还不知道”。

强势文化可以说得很轻松，大家都说英语，比较容易沟通。你看，说英语有多方便，会说英语，才配称现代人！居于弱势的民族，如果接受这样的说法，那就是自甘放弃自己的文化,就叫作“自作孽”。

从某种角度看,是十分自然的。人类有好奇心,所以每一个人多多少少都会崇洋,对不熟悉的事物特别有新鲜感、神秘感和奇异感。

但是,媚外大可不必,尤其不能够盲目媚外,因为长久下去,必然埋葬自己。

他山之石,可以攻玉。学习他人的长处,原本是中华文化“包容性”的特质之一。不过,先决条件,在不忘记自己的根本,叫作“执经”,唯有“执经”才能够放心地“达变”而不致乱变。

先了解中华文化,再学习外国长处。先说好中国话,再学说其他语言。先固本再求新求变。否则,比美国人更美国化,比英国人更英国化,却依然“不自知”,那就严重地罹患了盲目媚外症,而无可救药了。

我们一再指出“中国人必须随时随地警觉性高到足以防备自己掉入圈套”,而不是“冀望人家不要用圈套来套自己”,或者“被套牢了再来责怪预设圈套的人”。须知,凡事“求人不如求己”,自己当心才是上策。

先求不自卑,才能看出我国固有文化的特性。唯有不自卑,才能够有勇气认清“中国人的道理是对的”,不能够因为“有很多中国人看不懂中国人的道理而做错了”,便轻视中国人的道理,忽略了中国人应有的观点。

西洋人从亚里士多德开始,就秉持“吾爱吾师,吾更爱真理”的“求真”精神。为了真理,可以对师尊有所不敬;为了真理,可以不顾虑父母的面子。

中国人则不然,我们当然也爱真理,但是我们的思维法则,早已摆脱“二分法”的陷阱,爱吾师和爱真理可以并行而不悖。事实上“爱吾师”也是“爱真理”的一部分,两者不必分离。中国人尊重师承,为了爱让自己的老师,不断地把自己的新发现加到老师身上。唯有老师越受尊敬,自己才会觉得越荣耀。

“粉饰祖先,礼赞师尊”的目的,实际上在增强后生和后学的自信心,防止他们产生自卑感。

人应该自信,却不可以自大,基本上这也是中国人的观点。但是“自卑的人往往表现出自大的一面”,现代中国人“因自卑而自大”,随地可见,相当普遍。

崇洋和媚外,其实不过是程度上的差异。适当的崇洋,也是自信的表现;但是过分崇洋,到了媚外的地步,就已经是自卑了。

媚外的绝症,是“数典忘祖”。自卑到不认自己的祖先,恐怕是现在有些中国人“前无古人”的创举。

一般人难得出国,出一次国回来后把外国吹嘘一番,原来是“满足自己的某种虚荣心”,何况这些人挑“最好的观光季节”,看“最美的景点”,住“观光大饭店”,乘坐“豪华飞机或轮船”,吹嘘一下,实在并不为过。

常出国的人,特别是拿公家的费用出国,应该回馈社会,听到种种吹嘘,理应平心而论:“世界各国,都有其优点和缺点。而且种种优点,常伴随种种缺点而存在。不能光想要优点而不承受其缺点,那是办不到的。”这些才是真实的说法、客观的说法。

七、中国人的不良心态——把责任推出去

现代中国人有一种不好的心态,便是“把责任推出去”。“推、拖、拉”的道理原本没有错,却被人解读错误,以为“推、拖、拉”是一种单纯的运作,目的在“推给别人”。大家推来拉去,都想把责任推给他人,那么什么人来承担呢?结果还不是有形、无形地推回给自己。

一直到现代,一些大官检讨缺点时,一定把责任推给下面的人,说什么“因循苟且,得过且过”。为什么从来不想,自己这几年来始终居于高位,又不是刚刚才从外国回来,还可以推说“过去几年,我不在国内,所以不负任何责任”。平日天天在监督、指挥、抓方向,如今竟然完全没有责任,要不要命?

中国人的观点:责任是推不掉的,越想推的人越推不掉。大家听到大官的指责,嘴上不说,心中哪有不嘀咕的?民意、民意,并不是说出来的才算民意。

只要上级勇敢地把责任扛起来,部属就会比较敢承认自己的错误。这种“感应”,必须“从上面先做起”,才比较有效。若是冀望于下级先行,恐怕是行不通的。

把责任推出去,应该是一种“变态”,而不是常态。我们一直骂历史上的皇帝,好像“凡皇帝都是坏的”。其实“皇帝下诏罪己”,把责任往自己身上扛,难道我们没有听过?只要皇帝认为自己有过失,所有大臣都跪下来,承认自己做得不好。而找出负责任的人,并不是我们的目的,使过失彰显出来,然后赶快分头设法补救,更为重要。

有过失就要下台,现代中国人似乎相当认同。殊不知高级官员所负责任范围颇广,发生过失的机会甚多,有过失就要不分缘由,一律下台,从消极角度看,是加速高级人才的折旧,而且经验也累积不起来,难道真的是好办法?

在“权责不分明”的环境中,把责任推出去,无疑是一种比较“安全”的方式。然而,在我们每一个人的职掌表末端加上一条“其他”,又怎么能够期望

“权责分明”呢？在这种情况下，把责任推出去，推不掉就抗争，几乎成为现代中国人难以抗御的心态。放眼看去，尽是如此这般，我们又将何以自处？

在台湾，多少年来，我们一直无心解决问题。大家嘴巴喊喊，却始终找不出有效的对策，好像越喊越觉得非如此不足以自保，主要原因，在冀望以西方式的运作方式，来改变中国人的行为。我们高呼“授权”几十年，有什么效果？我们每逢重大灾难，便誓言“从此彻底改变”。然而有哪一次成功？我们找不出谁该负责时，高级官员立即喊出“大家要凭良心”，却不知道平日为什么不相信，良心在中国社会仍旧拥有相当的力量。

归根究底，还得先看看下面的案例。

案例实录

松山机场宽敞的候机室，装有好几具饮水机，却没有纸杯供应。

杨君想要吃药，苦于找不到水杯。直接从饮水机取水，不是太冷，便是太烫。用手掌承接，也不是办法。

他心生一计，向小卖部寻去，只有冷的，找不到热的。于是想起餐饮部，平日时常在那里吃东西，向他们要一杯温开水，应该没有问题。

来到餐饮部，男女服务人员不约而同喊着“请坐”或“欢迎光临”。

“请给我一杯开水吃药好吗？”杨君当然知道求人不是一件容易的事，满脸笑容地、小心翼翼地说。

女服务人员低下头来：“那边有饮水机。”

有些人最擅长把别人看成白痴，因为既然天大地大我最大，自然我才是最聪明的：笨蛋，有那么多饮水机都看不见；傻瓜，有饮水机也不会用；愚蠢，难道不知道我最不喜欢做赚不到钱的事情。

“我就是找不到杯子，才来向你们要的！”果真不求人人格自高，如今“卑贱”到这个地步，杨君实在也有一些后悔：为什么不像那些暴发户一般，大摇大摆地坐下来，大声说：“给我一杯白开水。”如果服务人员呆住了：“白开水？”还可以神气地接腔：“白开水，我什么都不要，就是要白开水，随便你卖多少钱都可以。”那才够“酷”。

男服务人员到底比较知道"社会责任",服务顾客的念头使他耐心地说:"我们只有生水,要烧开才能喝。现在没有烧开的,生水你又不敢喝!"

意思是,不是我不帮忙,而是你运气不好。谁叫你早不来晚不来,偏偏在我们没有烧开水的时候来。

杨君也真是怪脾气,既然人家不肯帮忙,知难而退就算了,竟然不死心地说:"你不是有纸杯吗? 可不可以给我一个?"

这下子男服务人员没面子了,恼羞成怒地说:"向人家要杯子,这么不客气?"

女服务人员抬起头来:"要杯子就说要杯子,搞了半天,这么没有礼貌。"

中国人发现自己一下子吊在半空中找不到阶梯下来的时候,转移目标,把责任推给对方,应该是十分拿手的对策。

杨君笑笑,伸手拿好杯子,才慢条斯理地说:"拿个杯子,本来不是什么大不了的事。"不说谢谢,就逃之夭夭。

9:30分的飞机,一直到9:25分都没有任何信息。有人走进柜台询问什么时候登机,柜台小姐说请听广播。刚刚说完,广播小姐喊话:"搭乘龙航到高雄的旅客,请尽速由九号门登机。"

不动就不动,一动就要尽速,为什么? 小姐会回答:因为不说尽速,就会有旅客慢吞吞的,害得大家等他。你看,又是旅客的责任。"要不是有这样的旅客,我们怎么会这样广播呢?"

飞机动了,好像马上要起飞。机内开始广播:"欢迎搭乘龙航,由于旅客延误,本班机稍有误点,请各位原谅。"呵! 飞机延迟起飞,是旅客迟到的责任!

出门回家,看见妻子站在门口和路人吵架,不分青红皂白,马上加入"战"线,站在妻子这一边,把责任推给对方。

中国人无论大事、小事,都可以把责任推给别人。

坐进豆浆店,"来碗甜豆浆,一套烧饼油条。"

小姐不应答,因为客人那么多,每个人都出声应答,岂不麻烦。不弄错就好了。

端上来的是一碗咸豆浆。

"小姐,我要甜的。"

"明明听见你说要咸的,怎么又变成甜的?"

"是你搞错了!"

"先生,我没有错,是你说错了!"

析说

“对不起”

某些外国人喜欢抱怨中国人不敢承认自己的错误,不肯开口说:“对不起,我错了!”

于是,中国人也开始附和:“爱面子,所以不认错。”有人说我们“找理由”,有人说我们“文饰得比较好看一些”,也有人说我们“讲门面,自己找阶梯下台”。

真的吗? 好像不尽然。

有些人时常把“对不起”挂在嘴边,特别是时髦的年轻人,背后背着大背包,却任意地晃过来转过去。走过去的时候,碰到某甲的头,赶快说:“对不起,对不起。”走回来,又打中某甲的头,赶快再说:“对不起,对不起。”请问:某甲有什么感想?

太容易说“对不起”的人,似乎根本不把“对不起”当一回事。当他说“对不起”的时候,有如小和尚念经一样,有口无心。这种人的“对不起”并没有什么实质意义,即使言明“我错了”,也不过嘴巴说说而已。就算开口说道:“对不起,我错了!”又有何用?

中国人应该重视自律,自己修治自己,自己管好自己,不要做出对不起别人的事,因此不必要常常说“对不起”。因为没有对不起人家,以致不说“对不起”,才是上等中国人。

然而,人非圣贤,不可能不犯错。孔子只教我们“不二过”,不要一错再错,并不敢要求我们永不犯过。犯错的时候,是不是应该说“对不起”呢?

老王坐在飞机上,心想飞机尚未起飞,大家各自忙乱,不如闭目养神,趁机休息一下。哪里知道坐在隔邻的先生,忽然站起来打开头顶上的行李架,一瓶XO不偏不倚地打中老王的头颅。

尽管空中小姐每一航班都不厌其详地重复警告,请各位旅客小心打开行李架,以免行李滑落。然而言者谆谆,往往听者藐藐。

老王抱住头颅,表情相当痛苦。隔邻的先生站在一旁,不停地说:“对不起,对不起!”

旁边一位老者指点他说:“对不起有什么用?还不赶快帮他揉一揉!”

隔邻的先生如梦初醒,赶快一手兜住老王的头,一手在撞击处不断地揉着。

老王说:“幸亏没有打破头颅,否则揉也没有用。”

如果小心而不掉落行李,就不必说对不起。不小心掉落行李打中别人,赶快想办法以实际行动来补过,比空口说白话一直对不起要实际得多。

当然,不小心掉下来一张纸片,只造成轻微的不安,可以用“对不起”来解决。

可见“对不起”的效用,实在小得很。一旦把它扩大,好像什么事情都可以用“对不起”来补偿,那就是众人非常不欢迎的举动。

做事和做人一样,都需要“慎始”。一开始便考虑会不会造成他人的不便,会不会造成别人的不安。如果会,就要设法避免,而不是做了,才到处说“对不起”。

小妹妹在客厅丢皮球,不小心打到哥哥身上。做父母的,到底应该教导小妹妹向哥哥说“对不起”呢?还是叫她跑过去“肤肤”哥哥,把皮球让给哥哥玩?

如果教导妹妹向哥哥说“对不起”,会不会养成她不小心的习惯?反正丢到人说声“对不起”就可以,有什么要顾虑的?若是教导她“肤肤”哥哥,赶快把皮球让给哥哥玩,以表达歉意,会不会提高她的警觉,最好不要乱丢球,否则对自己相当不利?

中国父母不习惯教导子女向人家赔不是、说对不起,这和礼貌的关系比较小,和面子的牵扯也不大,我们最大的用意,应该是教导子女养成凡事小心,不要造成差错。

我们是“重实际、不重形式”的民族,一旦有所差错,就应该以实际的行动来“善补过”。

一般来说,“对不起”只能用来向陌生人或交情不够的人表示相当程度的歉意。

交情够时,应该更进一步,想出具体的方法来补偿,效果比较良好。

“对不起”,常用于下对上,较少用于上对下。长辈向晚辈说“对不起”,晚辈就相当不好受。这并不是权威或者层级在作祟,而是中国人最明白“让长辈或上司向我们说对不起,吃亏的总是我们”的道理。

上司向部属说对不起的时候,心里免不了有些不愉快。部属又坦然地接受上司的对不起,更加促使上司用心抓部属的缺点,结果当然是部属吃亏。

然而,中国人把责任推给别人的习惯,却不是完全和面子没有关系。为了保全自己的面子,责怪客人不够客气,假若只是一种骗别人的手法,暂时骗一下,顾全门面,那倒也无所谓。只要不是骗自己,下一次更加热心服务,能够不二过,也就算是君子了。

客人伸手把纸杯接妥,才慢条斯理地说:“拿个杯子,本来不是什么大不了的事。”其实也是中国人“无功不受禄”的一种应用。得了人家的好处,有机会也应该回报一下,告诉他这种大不了的事原本就不应该要求客人多么客气,让他明白自己的不是,早日改变为宜。

迷津点通

训练服务人员,如果仅止于表层上的“欢迎光临”“谢谢惠顾”,基本上是搞不清楚中国人的观点:“嘴巴喊喊,并不是没有用;要是缺乏实质的服务心,那就没有用。”表面加上实质,表里一致,中国人才觉得受用。

有心赚钱,无心服务,这才是服务人员的致命伤。然而,我们的服务训练,不是盲目学美国,便是就近学日本,学得一些表面的花样,却苦于激发不起实质的服务心。

饮水机不供应纸杯,岂不是摆着好看的?但是追究起责任来,不想而知,却是把责任推给旅客。

现代中国人,很喜欢说“对不起”,似乎十分有礼貌。但以中国人的观点,却是“对不起有什么用?”从小养成说“对不起”的习惯,会不会因此放松自己,常常做出一些真的“对不起”他人的事情呢?

“对不起”有两种含义:一种完全是形式的,嘴巴说“对不起”,心中则没有丝毫“对不起”的感觉。有些人严重到用“对不起”来开玩笑,反正只要随便说一声“对不起”,便什么事情都没有,还有什么不能开玩笑的?另一种则是实质的,心里非常难过,觉得十分抱歉,以致连“对不起”也说不出来。

中国人的“慎始”观点,希望我们时时谨慎,事事小心,不要做“对不起”自己或别人的事情，这样就可以不必说“对不起”。万一防不胜防，出了意外，做出对不起他人的事，也要发自内心地道歉，不可以随随便便说“对不起”。

许多人盲目崇洋媚外，为赶潮流而学习西洋人的言行，却保留了中国人的不好心态：把责任推出去。由于现代资讯交流快速，我们已经扩大范围，将责任推到遥远的美国了。

中国人“谦虚”的美德，已经被视为“虚伪”而加以推翻。年轻人动不动跷起大拇指，认为自己了不起，问他为什么如此？相信答案是“人家美国人都这样嘛！”

把责任推给别人，原本是一种权宜之计，先暂时抵挡一番，当作障眼法或挡箭牌，以骗骗别人，自己则深入检讨，赶快设法补救。如果连自己都相信是别人的责任，那就完了，变成一种无可挽救的、没有责任感的心态。

这种心态，如今相当普遍。大家把一切责任都毫不羞愧地推给“潮流”、推给他人。一句“趋势如此”“潮流所趋”，便不必肩负任何责任，实在轻松之至。例如你问对方：“为什么打扮得这样男不男、女不女呢？”

对方答：“你还问，这是新的潮流呀！”

“怎么家里没有丧事，也穿这种麻衣呢？”

“什么麻衣？连麻鞋都有，这是最新的设计啦！”

“中国人向来重视子女的教养，现在好像越来越不敢管教自己的子女，这是什么缘故？”

“那还用说？美国人说要和子女做朋友，流风所及，一家人都变成好朋友，嘻嘻哈哈都来不及，哪里谈得上什么管教？太落伍了。”

把责任推给“潮流”，既不得罪人，又不要向什么人表示“对不起”，岂不妙哉！

中国人想成为中流砥柱的志气不知道跑到哪里去了？被风气吹跑了。潮流使然，夫复何言。

八、中国人的自保心态——好功夫留一手

古人“好功夫留一手”一直是众人诟病的一种作风。其实,这原本是中国人的一种自保心态,并非完全没有道理。可惜西风东渐,一切讲求公开,“留一手”顿时成为无可解释的罪恶。想不到不留一手的后果,更是所在多有,弄得大家不知如何是好。

有人开玩笑地说,世界上最不会留一手的大概是美国人。向美国人请教,大多是不但知无不言,言无不尽,而且随时有新发现,还会主动传达,以朋友立场来看,实在不赖。

也因为如此,美国人吃的苦头最多。把别人扶植得和自己差不多强大,将何以制服他?把别国援助得和自己同样好,又何以保持竞争力?

幸好美国人热心之余,还懂得“死赖皮”的做法,动不动要找人家谈判:“你凭什么赚我这么多钱?”紧接着威胁别人:“赶快想办法让我也赚到你的钱,”不然的话,美国人使出最后一招:“全力报复。”

不留一手的严重后遗症,促使美国人特别重视“智慧财产权”:我热心教你,你必须照章付费。商业化的结果,好意也没有人领情。美国人到处“帮”人家的忙,却也到处讨人家的嫌。

有人主张“不留一手”,才能进步得快。姑不论它有否道理,我们且先请问一句:“进步得快,真的对人类有利无害吗?”现代一切进步神速,人们却不见得比过去幸福。成长必须付出代价,进步也要相对有所付出。何况进步的定义,随着各人的价值观而有所不同,实在很难界定。

我国是世界上种茶、饮茶最早的国家,唐代陆羽的《茶经》成为世界上第一部茶书。中国人的茶道传入日本,并没有向他们征收智慧财产税。

世界上最早发明并且使用牙刷的,也是中国。辽代应历九年,相当于公元九五九年,植毛牙刷已经问世。如今世界各国普遍使用牙刷,我们好像也没有

怎么样。

我国古代的蹴鞠(蹴即踢),也就是用脚踢球,是世界上最早出现的足球运动,女子足球早在唐宋时期就相当普遍。围棋也是我国传统棋艺的一种,至少已有两千五百年的历史,传入日本和欧美各国,成为国际性的棋艺。

可见凡是能够发扬光大的,中国人并不主张“留一手”,反而毫不计较地让全世界的人来分享。若干文物传入日本后,居然为日本所窃占,认为是日本的专有,我们泱泱大国从来没有像美国那样,派遣专人登门谈判。

这样说来,中国人之所以“好功夫留一手”,似乎有一些特别的道理。我们最好先从正面来加以了解,看看历代相传的“留一手”,到底所为何来?

案例实录

龚君是气功高手,认为“气功原本十分简易,丝毫没有什么特别神奇的地方。但是为了维持尊严与门派的神秘性,历代气功名家都强调各有秘传”。

“什么叫作秘传?”王君问。

“秘传就是秘密传授,不公开传授,也不广为流传。”龚君说。

“怎么秘密传授?”

“一般说来,秘传的功夫,可以归纳成六大限制:一是单传,只传给特定的一个人,其他人不传。二为传子不传女,儿女当中,只能够传给儿子,禁止传授女儿。三是传徒留一手,师父开班收徒,或者个别传授,要把最好的一手秘而不传。四为不叩首拜师的不传,除非三跪九叩首,否则不予传授最好的功夫。五是不呈厚礼的不传,礼金少,简单传授几招,礼金重,才教授真功夫。六为不发重誓的不传,发重誓的时候,还要观察其是否诚心诚意,否则也不传。”龚君果然内行,分析得头头是道。

“这么多限制,那还传什么?”

“就是因为这样,我们中华文化才空有悠久博大的虚名,难以泽被子孙。”龚君显得相当气愤,十分激动。

“对呀!单传、不传的结果,根本就是失传。一代又一代地秘传,一代又一代地失传,难怪现代人的功夫这么差,比不上以前的人!”王君若有所悟,感慨地说。

“这一点我并不赞成，现代人的气功，实在不比古人差！”毕竟是气功大师，龚君绝不承认自己不如别人。

“你不是刚刚说过，由于秘传、失传，弄得中华文化空有博大悠久的虚名吗？”在一旁静听的朱君，发出这样的疑问。

“对呀！秘传、不传、失传，都是实在的事。”

“秘传、不传的结果，必定造成许多失传。而且这些失传的功夫，很可能是最好的，为什么不能证明现代气功不如往日呢？”朱君还是充满了疑惑。

“这不是矛盾吗？口口声声历代气功师秘传、不传、失传，弄到中华文化空有其名，却又不承认现代气功师不如古人。这种说法，令人心服吗？”王君好像又是若有所悟，摇头晃脑地说。

“至少我的功夫不输给古人，我有自信。”龚君终于说出重点，他那“现代人的气功，实在不比古人差”，原来指的是他自己，至于别人嘛，身受历代气功师秘传、不传、失传的影响，当然不及古人。

这套“损人利己”的招数，才是历代中国人常用的功夫。

当年，孔子有教无类，广收学生，就有人怀疑孔子是不是把特别要紧的道理，单独教授自己的儿子？如果不是曾子、孟子等人的杰出表现，若是孔子的儿子果真学问高人一等，那么，孔子恐怕也免不掉背上“留一手”的黑锅。

甲骨文看似简易，却十分难懂。那些符号经过多少人、花费多少岁月来研究，仍然搞不清楚，是不是古人故意留一手，让我们摸索得如此辛苦？

现代讲气功的人，大都强调“简单易学”。如果不表示经过历代秘传、不传、失传之后，那些难学的高深气功已经不为人所知，只剩下这些易学的简单气功，又怎么说“会呼吸就会气功”呢？可能是自我膨胀的一种症状，标榜自己的领悟力超过古人，能够把艰深难懂的气功，以简单易学的方式传授给有心要学的人。

气功果真如此简易，历代气功师为什么还要秘而不传呢？简易到会呼吸就会气功，这种气功能够秘传、不传吗？历来只有听说把腹式呼吸讲解错误，害人伤及五脏六腑，还没有听说把呼吸的方法秘而不传，而导致别人不会呼吸。

读武侠小说，总觉得书中人的功夫远远胜过现实社会的武功师。于是开始怀疑，为什么古代有这么高深的功夫，现代却见不到呢？

于是，秘传、不传、失传就成为大众攻讦的对象，似乎要把一切责任都归咎于师父的自私，不肯把自己的真实本领倾囊传授给徒弟，以致一代不如一代。

奇妙的是，这一切令人伤悲、痛恨的事实，到了自己，竟然出现可贵的休止符。原本一代不如一代，忽然到了自己这一个人，马上振弊起衰，恢复原先兴盛的面貌，甚至比往昔更加“科学化”“简便化”。这是什么原因呢？到底有什么神奇的力量，使自己在历代秘传、失传、不传之下，能够悟得真髓而超越古人？

唐代韩愈文笔雄健而又气势磅礴，为后代古文家所推崇，赞誉为“文起八代之衰”。这也是别人说的，韩愈自己何尝自夸、自炫？

平心而论，历代确有秘传、不传、失传的事实，然而推究原因，也不见得全然没有道理。

但是，我们也可以推知，中国人自古以来便好为人师，稍有见识，便唯恐不为人所知。在这种情形下，秘传、不传所占的比例可能不大。真正秘传、不传的原因，恐怕在于“不研究教学方法”，以致不能够把真正的功夫传授给自己想要传授的人。

固然是“师父领进门，修行在个人”，但是教学方法的良窳，也是师父的一种修养。光是有心教人，却未能把人教会，才是师父的最大憾事。

一直到现代，师父的教学方法仍然有待改善。有些人最奇怪的事情乃是：“他最了解的是太极拳。除了太极拳以外，不比人家内行”，然而“当他教授太极拳时，居然很少说及太极拳，却花费一大堆时间在说那些不很内行的话”。请问这样下去，好功夫能不失传是不是相当困难？

如果是由于教学方法的改良，才使得现代气功简单易学，会呼吸就会气功，我们不但钦佩，而且乐于接受。但这可能吗？

析说

“秘传”的真意

中国人讲求秘传，是特指不寻常的功夫。一般功夫，有什么好秘传的？

现代气功师说得好：“只要会呼吸就会气功。”这么简易的功夫，当然用不着秘传,因为没有什么不寻常,要秘也秘不起来。

不寻常的功夫,自然不能随便流传,当然要秘。所谓秘而不传,主要有三大原因:

第一,不寻常的功夫可能产生不寻常的功效,用之于正道,可以救人、助人;用之于邪道,也可以杀人、害人。这种功夫,在流传方面,必须慎重,才不致造成无心之过,招来"我不杀伯仁,伯仁因我而死"的悔恨。

单传,在求责任分明。我只传此一人,将来凡是用这种功夫造福或造孽,大家马上心知肚明,舍此人之外别无他人。若是多传,大家可以推来推去,把责任推给别人,因而增加为非作歹的机会,对社会有害无利。

如何将这一秘传发扬光大,也成为接受单传的人无可逃避的责任。师父千挑万选,只单传给我一人,我若是不精心研究,加以发扬,何以报答师父的重托?

传子不传女,是因为以往儿子大多住在父母身边,看管比较容易,而女儿则结婚以后必须离开娘家,不但不方便看管,而且只身住在女婿家中,难免受不了夫家的威胁利诱或爱情迷惑,以致胡乱传授,造成失控的后果,岂不令人抱憾。如果是现代,很多人觉得儿子反而不如女儿可靠而亲近,女婿似乎比媳妇来得亲切而靠得住,恐怕会改成传女不传子吧!

第二,不寻常的功夫可以制服一般功夫。对于年纪较大才收徒弟的人,留一套不寻常的功夫,常常可以救自己一命。

年轻就收徒,大家都年轻力壮,真的遭遇师徒火拼的场面,年轻的师父凭着三分威势和比较丰富的经验,应该能够制服徒弟。

年纪较大的师父,不幸遇到徒弟翻脸不认人,就算功夫一般高,也会因为年老气衰而不敌。中国人特别提醒"年老慎择徒",就是这个道理。

这时候预先留一手,万一徒弟造反,还可以救自己一命,难道也错了?

传徒留一手,错在徒弟。遇到忠良可靠的徒弟,师父倾囊相授,才是人生一乐,哪里会留一手?

不叩首拜师不传,原因是徒弟不愿意叩首拜师,足证对师父不服。既然不心甘情愿拜师,传授真功夫给他,岂非自找麻烦。传是传了,留一手,防他叛变,当然是上策。

礼金不重的不传,是指那些自以为"有钱能使鬼推磨"的财主,处处以有钱人自居，常常不忘炫耀自己除了钱多以外别无他物。对这种人，敲他一笔才符合“劫富济贫”的侠义精神。何况这种人往往认为学费高才能学到好东西，当然要礼金重的才传授给他。

近年来，若干大陆旅美气功师每年来台几次，每次收取重金而去，难道不能证明此理？

第三，不寻常的功夫往往有心人特别注意寻求，而这些有心人一旦学得不寻常功夫之后，却“忘记了自己是谁”而自以为是神，因而不可一世，逐渐为所欲为，背离了为所应为，以致胡作乱为。

不发重誓的人不传，是针对有些人由正入邪却无人可以制止的惨局，才设想出来的奇招。

如果说发誓没有用，那不发誓岂不更可以任意背叛初衷？这种人不传给他，才是对的。非传不可的时候，请留一手，以防万一。

人在功夫不高的时候，总是有所恐惧，比较容易自我约束，重视自律。一旦学到不寻常的功夫，受到众人的拥戴和攀附，很容易自我陶醉而失去把持，经不起引诱就走入歧途。历史上恶人大多功夫高，功夫不高，怎么敢当恶人，又怎么恶得起来？

一般人不想作恶，大多以寻常功夫为足。有心作恶的人，特别喜欢不寻常的功夫。无心作恶的人有了不寻常功夫之后，变坏的机会比那些没有不寻常功夫的人要大得多，可见不寻常功夫不能够随便传授，单传、传子不传女、传徒留一手，还觉得未尽妥当的时候，要求他发重誓，不发的不传，是不是比较保险呢？

许多中国人的毛病，在只知责怪别人，却忽略了自己的不是。单传、秘传、不传原本是出于善意，唯恐传错人造成祸害，现代人不察，竟然只看到它的缺点而看不出它的真正用意。

儒家一再希望中国人“反求诸己”，便是针对中国人这种毛病而提出的“解药”。

为师的慎择徒，才是高度责任感的表现。徒弟发现师父秘而不传，实在不应该埋怨师父，却应该反求诸己，为什么自己在师父眼中这么不可靠？弄得师父必须痛心地留一手，却不敢愉快地倾囊相授。

而为师者，应尽可能将其发扬光大，并想办法找到合适的传人，教他、导正他，让他刚正不阿，这才是秘传的真义。

迷津点通

中国人不应该把“留一手”和“不留一手”看成“二分法”的产物而予以对立,这是我们三番两次讨论过的重点。正常的看法,应该是“留一手中有不留一手”,而“不留一手中也保留着留一手”。采用“二合一”的思维方式,比较容易解除这一类的困惑。

自古以来,我们便讲求“发扬光大”,哪里有留一手的必要?日本得地利之便,自隋唐以来就不断派人来华留学,无论哲学、宗教、兵学、政治、艺术、体育,乃至麻将,样样搬回去,我们都毫不吝啬。

中国人的观点:一切都是“自作自受”。任何人学人家的东西,学得像不像,学得好不好,以及学后可能产生哪些后遗症,都要学的人自己来承担。

譬如姓氏,我国一些主要的姓氏大概已经超过四千年历史,上古时代的原始氏族,人们就有“姓”了。当时属于母系社会,所以最早出现的姓氏大多为女字旁,如姬、姚、姜等。后来加上以族号为姓、以国名为姓、以官职为姓、以动植物为姓、以数字为姓等,虽然五花八门,却是各有缘由。日本人原本并没有姓氏,后来一下子要大家自找姓氏,以致出现许多颇为不雅的称呼,显然是“自作自受”的证明。

中国的茶道主要精神在内心的体悟,精于此道者,三个指头捏着一枚大拇指大小的袖珍田螺模样小茶盅,或嗅或啜随心所欲,双目微闭如痴如醉,对外界事物全然不觉,内心的体悟则冷暖自知。

日本的茶道,演化出一套表演的仪式,几乎完全和中国人所讲求的背道而驰。

可见“留一手”跟“不留一手”,基本上没有什么差异。想学的人,留一手照样学得很像,不想学的人,不留一手照样学不好。看来“留一手”不过是学得不像、学得不好的人常用的一种借口。依据中国人的观点,用“师父留一手”来骗别人,给自己留下面子,尚属可行。若是连自己都骗,真的把责任都推给师父,那就实在太不长进了。“留一手”是说给别人听的,不是说给自己听的。

往昔中国人深知“人之大患,在好为人师”,而且也知道“慎择徒弟以免为徒弟所害”的道理,因此不肯随便招生授徒。学不到的人,难免心有不平,对于“秘传、不传、失传”的说法,更加不满而广为传播。

自己学得不精，不敢乱教人；学生挑得不对，不敢轻言教授。生怕误导别人子弟，或者教错了人，对不起自己的良心。这种道理当然不错。

拜师学艺，师父勉强答应收留之后，并不立即择期开课，却先着令学徒扫地、挑水。不懂的人，一定批评师父此举在压榨学徒的劳力和时间。其实师父的用意，应该在"利用徒弟扫地、挑水的表现，仔细观察其言行，了解其心志，以决定教导到何种程度"，以达到"因材施教"的理想，而不致"误人子弟"。

不应该教的而教，也是一种"误人子弟"。特别是兵法、谋略、武术，若是传给心术不正的人，能不害人？学成之日危害乡国，老师难道没有责任？

"秘传"和"发扬光大"，其实一点也不对立，可以看成"相反相成"的互补因素。用"秘传"来"发扬光大"，真正有效地"发扬光大""秘传"的功夫，才值得大家努力，因为值得"秘传"的，必然是不寻常的功夫。

由此可见，凡事都要留一手，不但无此必要，而且众人也未必跟从。有条件秘传、不传、留一手则有其必要，以免乱传、误传、害己害人。

中国人的自保心态，好功夫留一手，依中国人的观点看来，不能说是好是坏，只能够说："合理就好。"倘若留得不合理，那就非常不好。"留一手"本身并没有好坏，完全视"留得合理不合理"而定其好坏，才是正确的评估。

由此，我们也可以从"合理就好"的角度对中国人的前面三种心态予以评述。先看可怜心态：哀莫大于心死。若能明辨是非，对中国人的某些变态言行心死到不想去听、去做的地步，未必不是一种好现象。

真正具有免疫力的人，看到"丑恶""奸诈""可悲""愚蠢"这一类的形容词，大多能够体会说这样话的心情，而不致受其影响。

中国人重视"有所不为"，只要看到"丑恶""奸诈""可悲""愚蠢"等行为，便把它当作一面镜子，反省自己有没有类似的言行，有则改之，无则自勉，也就符合"有所不为"的精神，收到正面的积极效果。

再看自卑心态：盲目崇洋媚外。知识分子要充分自觉，自己在社会上已经占尽便宜，时常拿人家的血汗钱出国观光，不要抓住机会就猛吹国外的风光，使国人产生"再怎样努力也追赶不上"的自卑心理。知识分子率先不盲目崇洋媚外，这种心态便容易拉回到合理的地步。因为年轻人受一般人的影响较少，受知识分子的影响必然较大，不可以不特为警惕。

至于"把责任推出去"这种不良心态，实际上推出去有两个不同的方向，一是推给别人，一是推给自己。只要我们不执着于其中之一，凡事都要推给别人，或者一切都要归于自己，那就比较容易推得恰到好处，亦即推得合理了。

推给别人才合理，放心地推给别人；推给自己才合理，便应该“当仁不让”“义不容辞”“责无旁贷”，或者“勇敢承担”，毫不犹豫地自己揽下。当然，有时候用推给自己来推给别人，有时候则不妨以推给别人来推给自己，这种运用之妙、存乎一心的艺术，中国人永远是最内行、最专精的。所有心态，从某种角度看，都可能不坏，只是合理就好。

九、中国人的明朗态度——含含糊糊

曾经有一位长辈,叮咛过这么一句话:“在中国社会,什么时候把含含糊糊和清清楚楚弄明白了,也就差不多了。”当时年纪轻,实在摸不着底细,不知道其所交代的意思究竟是什么。

四十岁以后,逐渐领悟到“清清楚楚的含含糊糊”和“含含糊糊的清清楚楚”各有其说不出来的奥妙,这才恍然大悟:原来含含糊糊是中国人清清楚楚的一种明朗态度。我们觉得他含含糊糊,事实上他已经表达得清清楚楚。

最基本的思考点,应该是摆脱“二分法”,不要把“含含糊糊”和“清清楚楚”当作两个对立的名词看待。再采取“二合一”的观点,体认“含含糊糊中含有清清楚楚的部分,而清清楚楚之中,同样包容含含糊糊的概念”。这样一来,含含糊糊和清清楚楚相辅相成,自然融合在一起,而不彼此排斥和抗拒。

请看下面一些例子:

“近来如何?”

“马马虎虎。”

就第三者而言,这两个人一问一答,无不含含糊糊,简直就是浪费时间。

然而,站在他们这两人的立场,有问有答,各人已获得了清清楚楚的信息。

第三者看不懂、想不通,那是他们的事。

“吃饱了没?”

“还早得很,像你那么好命!”

听的人更是含含糊糊,而说的人却清清楚楚。

“这一件事,我并不放在心里。不过我十分怀疑,怎么有人会这么清楚,显然是我们自己人捣的鬼。可是我们这些人自始至终都聚集在一起,根本没有捣鬼的机会,可见并没有内贼。但是,越想越不对劲,到底是什么人搞的鬼?”说来说去,显得含含糊糊,其实相当清楚。

“人死之后,究竟如何?”

“还没有解决生的问题,何必急于了解死后的问题?”这种答案,算是清清楚楚,还是含含糊糊?

总经理把李经理请到办公室,先把门关上,再拿出好几张影印的东西,说:“我对你是绝对信任的,不然我也不会跟你明说。我知道你的信用没有问题,但是想不到还是有人告你,而且不止一次。我是不会相信的,所以拿给你,你自己看一看,到底写的是什么事情。看完之后,不必交还给我,把它烧掉算了!”

如果你是李经理,会认为总经理说得清清楚楚呢,还是含含糊糊?究竟他是相信,还是不相信?

中国人的对话,经常出现“说了老半天,不知道在说些什么”,以便配合必要时“我说是说得不少,但是我真的没有说什么”的推托之词。对中国人而言,学习说得含含糊糊,好像是一门必修的课程。为求进一步了解其中的奥秘,我们先举出一个社会新闻来加以讨论。

案例实录

一位刚刚当选了“中国小姐”的女孩,却同有妇之夫到宾馆辟室密谈。台北市那么多宾馆,居然一下子就被抓到。据说报警的人正是这位丈夫的妻子,而报案的时间竟然在两人进入房间密谈之前。

有些人谈论这一事件,关心的是:“宾馆不是最保密的吗?为什么连房间号码都会被查得一清二楚?”言下之意似乎是:“这样还能再去吗?”

回答的人,好像不觉得稀奇,淡淡地说:“天下事总会有例外。平常很保密,特殊的情况难免会发生。”

有些人同情“中国小姐”:“她去过中泰宾馆,以为宾馆都是那个样子,为什么不能去?”

阴谋论者,马上警觉到这里头显然有阴谋:“有人存心害她,这么年轻的女孩子没有经验,当然逃不掉。”

有人替告发的妻子担心:“以后夫妻相处,会不会有问题?”

做父母的,彼此为女儿的行为而感叹:“不让她选,管不住;一旦选上了,还要替她操心。”

但是很少人谈论男主角,因为:“有什么好说的?”

没有几天,事件告一段落,好像什么都解决了。

“‘中国小姐’辟室密谈的事,究竟怎样了?”

“不清楚,大家都不想再谈论下去。”

“大家都说‘中国小姐’签下百万元的支票给男方的太太,后来男方的太太否认有支票这回事,是真的吗?”

“不知道。”

“男主角到底是什么人,怎么一下子跑到女方家里,一下子又否认自己的作为?”

“管那么多做什么?”

“女主角为什么从头到尾一直不说话?”

“我怎么知道?”

“不是说‘大家有知的权利’吗?为什么新闻记者不深入追究,发掘真相呢?”

“含含糊糊,不了了之,不是更好吗?”

中国人的平衡思想使我们明白:“天下事有的追根究底才能彻底弄清楚,有些事却应该含含糊糊,不了了之,大家更愉快。”

一般人挨骂,其实不是“由于含含糊糊的态度”,而是“在不应该含含糊糊的地方,居然含含糊糊”。可见我们并不认为“凡含含糊糊都是错的”,只是强调“应该含含糊糊的地方,当然可以含含糊糊;不应该含含糊糊的时候,当然不可以含含糊糊”。

这种答案,究竟是清楚的,还是含糊的呢?

有“功力”的人,肯定地说:“十分清楚。”

“功力”不够的人,一头雾水,当然会说:“这种答案,说了跟没有说一样,本身就是含含糊糊,叫人怎么能够分辨得清楚?”

实际上,应该不应该含含糊糊,其标准相当清楚。中国社会基本上追求“最大的和谐”,大家必须努力“把伤害减到最低限度”。

像“中国小姐”和有妇之夫密谈这一类事件,再深究下去,就算真相大白,满足大家知的权利,而当事人及其亲友,可能就受伤累累,不堪其扰。

差不多同一时段,美国总统任命新任大法官,由于“性骚扰”的传言,召开多次听证会,弄得其尚未上任就十分难堪。美国社会一切透明化,样样明白化,到底好不好?如果有人存心捣乱,对新任官员蓄意丑化,难道有办法避免吗?等到事情真的水落石出,相关人物已经够难看了。美国人可能认真地等待答案,也相信结论。而我们中国人缺乏耐心,喜欢径下判断;或者不相信结论,认为“天下事无风不起浪”,恐怕“被攻击的人,跳进黄河也洗不清”吧!

为了追求最大的和谐,为什么有些事有时候非含含糊糊不可呢?

中国人知道,任何事情都和时间、空间脱不了关系。此时此地的是,很可能是彼时彼地的非;而此时此地的非,也可能成为彼时彼地的是。时机未到,说出来有害无利;不说出来容易引起误解,以为我们存心欺骗。这时候最好的态度便是说得含含糊糊,既不隐瞒事实,又预留回旋的空间。同时听的人也谅解这种态度,十分清楚含含糊糊的用意。彼此互谅,就能获致最大的和谐。

问题是:一谈起“和谐”,有些人马上联想到“和稀泥”。一提起“含含糊糊”,立即有人会嘲笑为“糊里糊涂”。

殊不知,我们什么时候弄清楚“和谐”与“和稀泥”的区别,什么时候明辨“含含糊糊”和“糊里糊涂”的差异,我们古圣先哲的智慧就会重放光芒,再度为世人所喜爱。

含含糊糊是“实在相当清楚,只是不想伤害别人,在最大和谐的目标下,表现得含含糊糊”,简单地说,正是中国人常说的“我心里有数”。心里有数,口中未便明言;心里相当清楚,却不愿意说得露骨,以免伤人!

糊里糊涂则是“根本搞不清楚”,包括“没有能力弄明白”“没有兴趣专心投入”“以成见、偏见来论断”或“道听途说便信以为真”。

中国人十分厌恶“糊里糊涂”,因为它会误事,甚至会害人。多少人死于自己的糊里糊涂,多少人因他人的糊里糊涂而受害,岂能不慎?

我们不应该反对“含含糊糊”,因为合理的含含糊糊能带来最大的和谐,也能减少很多伤害。

不可以糊里糊涂地含含糊糊,不能够矫枉过正地极端厌恶含含糊糊。应该合理地欢迎别人的含含糊糊,也培养自己适度地含含糊糊。

遇到含含糊糊的时候,首先问自己:“我有什么不妥,才使他如此含含糊糊?”若是并无不妥,再问自己:“他如此含含糊糊,究竟有什么用意?”

明白对方含含糊糊的用意,以互信互谅的心情来合理因应,社会更和谐,大家更愉快。请试试看。

析说

“含糊”与“糊涂”

身为中国人,必须明辨“含含糊糊”绝对不是“糊糊涂涂”。

“差不多先生”其实有两种:一种是含含糊糊型的,凡事差不多,究竟差多少却心里有数。另一种则是糊糊涂涂型的,凡事差不多,根本不知道到底差多少。前者大家颇为喜爱,后者却众人皆厌恶。

一句“差不多先生”,就要概括所有中国人,这种人应该明白,自己就是属于糊糊涂涂的差不多先生,哪里够资格嘲笑其他的中国人?

听见“差不多”,马上警觉是真的差不多,还是客气的、给人面子的差不多。这种人大概不至于随便嘲笑差不多先生,是属于喜欢含含糊糊的君子。

为什么含含糊糊却可以称为君子呢?

首先,应该确立含含糊糊的基本原则,那就是“不应该含含糊糊的时候,绝对不能含含糊糊”。任何时刻都要“站在不含含糊糊的立场来含含糊糊”,而不是随时随地都随意含含糊糊。

“这件工作需要多少时间才能够完成?”

“差不多二十天。”这时候我们不知道“差不多”的意思是含含糊糊还是糊糊涂涂?必须等到二十天之后,从结果上面来分辨。二十天果真完成,证明属于含含糊糊型;二十天还没有完成,当然是糊糊涂涂型。

结果呈现出来的时候,才能够断定真假。时间一去永不回头,可能造成无可弥补的悔憾。

回答“差不多二十天”的人,如果一向信用良好,我们信得过他,可以相信他只是答得含含糊糊,内心却清楚得很,二十天必定能够完成。若是过去的信用欠佳,我们就会怀疑,他可能是位糊糊涂涂的差不多先生。对于初次接触的人，我们实在不容易判断差不多到什么程度。

不管什么情况，我们对于“差不多二十天”的说法，总是相当费解或猜疑，特别是现代工商社会，大家更不愿意承受这种多余的压力。

然而，这并不表示一定不能说“差不多二十天”这样的话。其实，这句话的真正用意，应该是“二十天左右，还可以商量”。

“这件工作需要多少时间才能够完成？”

“差不多二十天。”

“十二天可不可以？”

“没有办法，最少要十五天。”

“那么，就十五天如何？”

“好，没有问题。”结果不是十分清楚吗？

差不多二十天，目的在替自己留下一些余地，不要每一件事都计算得那么精准，把自己逼得透不过气来。

听得懂的人，自然知道进一步讨价还价，把所需要的时间确定下来，既不必埋怨对方含含糊糊，也不必因为厌恶对方的语气而懊恼。

再说，应该明白含含糊糊的运用技巧，那就是“先含含糊糊地抵挡一番，赶快去追究真相，务求弄清楚，才能罢手”。抵挡一番，暂时保留自己的面子；不赶快去弄清真相，终究会没有面子。

“那件事进行得怎么样？”

“我并不清楚。”说得肯定而明白，也够诚实。但是听的人感受如何？会认为你“不负责任”。

“那件事进行得怎么样？”

“我并不清楚，我去问问看。”同样明白而诚实，加上一些补救的动作，如果在场没有外人，问话人当然勉强可以接受，若是当着外人的面，请问如何交代？

“那件事进行得怎么样？”

“已经快要完成了。”含含糊糊地抵挡一番，保住大家的面子，事后赶快查明，并且具体地提出数据，才会长久地有面子。事后自己认为反正已经抵挡成功，一直含含糊糊下去，就会变成糊糊涂涂，不再是含含糊糊了。

俗话说，中国人最要面子。人要面子乃是常情，有了面子，应该设法保持，以免失去面子。

这里应该谨记含含糊糊的真实诚意，那就是“为了更大的和谐，把伤害减轻到最低限度”。

“听说小李的父亲拿商人的回扣，有没有这回事？”

“我不太清楚。”明明知道得十分清楚，只是不愿意一传再传，对当事人及其家人造成多次伤害，这是慎言积德，并不是糊糊涂涂。

“老王那一天大发脾气，要把他的儿子送到派出所去关起来。”说话的人其实不清楚事件的真相，只想借此套出内情。

“事情差不多就是这样。”含含糊糊的答语，就不会活活被套进去，成为是非的传播者。

“不是这样。是他的儿子偷窃邻居的钱，邻居把前次被偷的珠宝也算在他身上。老王一气之下，才把他儿子送到派出所，控告邻居诬赖。”若是清清楚楚地陈述事实而对老王造成伤害，就必须考虑有否必要。

在某些场合，把事实说清楚，具有机会教育的功能。但在某些场合，事实可能助长某些人的扭曲力量，清楚的陈述容易为有心人所利用，不如含含糊糊来得妥当。

中国人喜欢含含糊糊，如果在不同情况下正当而合理地运用这一处事技巧，可能会产生意想不到的良好效果。

在我们的经验当中，有很多事情根本讲不清楚，也有很多事情越讲得清楚，问题越多。

我们的倾向好像是：大家含含糊糊，自已吃一点小亏也就算了。如果要说清楚，那就要说得清清楚楚，丝毫都不肯让步。

一切透明化，一切台面化，并不是不好，而是这种绝对化的结果，势必带来很多不必要的困扰，甚至造成无谓的伤害。“一切”都如此，不一定好；“一切”都如彼，也未必好。合理地含含糊糊，实在比绝对不含含糊糊要好得多。不含含糊糊，很好。绝对不含含糊糊，后果堪虞。

迷津点通

中国人见面时，问人家“吃了没有？”“要到哪里去？”“近来如何？”实际上大多和字面上的意义没有绝对的关系。换句话说,吃饱了没有和吃饭无关,到哪里去和地点无关,而近来如何,也和近况没有什么关系。

那么,中国人这样的寒暄语完全没有作用吗?我们以中国人重实际、讲求实用的习性来推论,当然不可能如此。大概这些问候语除了有"问候"的用意之外,还有另一个目的,那就是:企图了解对方此时的心情究竟好不好,是不是适合沟通的好时机,以便进一步研判,应该怎样和他打交道才适合。

好汉不吃眼前亏,中国人不喜欢开门见山、有话直说,唯恐对方心情刚巧不好,时机不对,徒然招惹无谓的困扰,害苦了自己不要紧,还要让人家背地里取笑,更加难过。于是投石探路,产生这些不疼不痒的问候语。

问的人用"近来好吗"代替"你此刻心情好不好"。

答的人以"马马虎虎"来说明自己现在的心情,这样一问一答,看似含含糊糊,问的人却可以清楚地判断"在目前这种情况,应该采取什么策略才能够顺利地沟通下去",目的既然达成,管他第三者什么看法!

"吃饱了没有"相当于"你心情好吗"。

"还早得很,像你那么命好"表示"心情并不好"。

说"这一件事不放在心里"的人,大多把这件事放在心上。用"显然是自己人捣鬼"与"没有内贼"来对比,看大家的反应,证明他心中已有所怀疑。

"还没有解决生的问题,何必急于了解死后的问题?"意思是"先把生的问题弄清楚,死的问题自然连带着会明白"。"生"和"死"是连贯的,并非对立。

总经理如果真的不相信李经理,就不会采取这种态度。他若是真的相信李经理,也不应该把影印的东西给他看。总经理的意思已经相当明显,要李经理把被告发的事件好好向他报告,他才会放心。

说了老半天,不知道在说什么,多半是为了顾虑对方的面子。现代人的苦恼是:"人家顾虑我们的面子,我们居然由于不知晓而不领情,反而责怪对方说不清楚。"

必要时用"我真的没有说什么"来推托,并不是欺骗,而是"当对方反咬我一口时,我必须保护自己"的一种方式。我好心好意告诉他,他却反过来咬我,我当然否认当时所说的一切,以"不义"回应"不仁",为何不可?

对中国人来说,"含含糊糊"和"清清楚楚"其实并无不同,可以说几乎完全一样。含含糊糊的事大家都清清楚楚,而清清楚楚的事大家也常常含含糊糊。

既然这样,我们为什么还要讲求“应该含含糊糊的,必须含含糊糊。应该清清楚楚的,就要清清楚楚”呢?

中国人不但喜欢打听,而且精于此道。自古以来,有正史便有野史。正史可以放心地褒贬,而野史也能够巧妙地说出另一番道理。各人听各人的,各人相信各人的,不正符合多元化的需求吗?

含含糊糊和清清楚楚,在公开场合必须慎重选用。公开场合含含糊糊,让有兴趣或有关系的人各自去弄得清清楚楚,比较容易满足各种人的需要,同时也避免一些不必要的困扰或伤害。

公开在电视上说得清清楚楚,小孩子看了向大人发问,大人必须面对此一问题,和孩子共同研讨。若是说得含含糊糊,小孩子发问时,大人可以回答:“我也没有听懂他说些什么,含含糊糊,根本交代得不清楚。”口头上这么说,心里却相当满意:“幸亏你如此含糊,我才能避重就轻。”总比样样学美国,采取“年龄限制”制度,实际上完全“无法”限制要有效得多。

台湾地区的中国人,老一辈受日本人“说明白”的教训,新一代受美国人“说清楚”的影响,逐渐对含含糊糊产生误解和排斥,从某些方面看,这是一种损失,并不是一种进步。

含含糊糊绝对不是糊里糊涂,含含糊糊的“差不多”先生必须有“不能差太多”的把握,若是“差得太多”,那就成为糊里糊涂了。聪明难,糊涂更难,指的是含含糊糊而不是糊里糊涂。

比较有意思的是,某些痛骂含含糊糊,怒斥含含糊糊的人,紧要关头,仍然含含糊糊,保有中国人的本色。

十、中国人的争取态度——半推半就

在台湾,有些人为了争取选票,不得不摆出一副“舍我其谁”的姿态。这种“英雄”角色,在中国社会往往得不到好结果。

中国人深明“凡求来的都不值得”的道理,一向主张“不忮不求”。“当仁不让”这一句话,是用来鼓励别人的,请他不要再行退让,不像现代有些人,根本未经一番礼让,便自吹自擂“当仁不让”,即不知羞愧!

自己说自己当仁不让,固然给人“自我膨胀”的不良印象,而且万一落选,很不容易面对大众,所以只好以“赢得清白”来抹黑选举,用“不公平”来掩饰自己的失败。最倒霉的,便是当选以后若有什么事情处理得不妥当,人家就笑他:“有多少才能也不自己称一称,这样的能力,当初还敢自夸当仁不让?”

美式选举带来无可避免的恶果,因为选举的方式,严重地违背中国人“半推半就”的原则,不忮不求的良善风气因而被败坏不堪,个个自我膨胀,人人遭受羞辱。

中国人的观点是:有些话只能由别人来说,自己说很不像话。自己最好不要“自告奋勇”,“半推半就”比较安全。不要因一时急需,换来长期的痛苦。

“想不到我的肌肤,这样晶莹剔透!”这种话适合让中国人自己说吗?但是在台湾的电视广告上,分明出自我们中国人之口。

“I’m your teacher Batty”这种话,美国人顺口而出,十分自然。中国人如果这样说,有很多人就非常不以为然:“就说我是谁,不就得了?要不要让你当老师,用不着你自己标榜,也用不着你来提醒。”

中国人避免自己说是什么人的老师,以预防哪一个人说出这样的话来:“我好像选过他的课,不过记不起来了。”老师是他人所认定的。

“我到易先生家去拜访,他对我很客气。”这种话也不是自己说的,最好有旁人描述:“易先生对他十分客气。”别人比较容易接受,也比较容易相信。

自己捧自己,永远不如旁人捧自己。

被捧的时候,当仁不让,毫不推辞,满口"谢谢,谢谢",已经有失风度,若是乘机自吹自擂,就更为不智。

如果采取"半推半就"的姿态,说不承认又像承认,说承认又像不承认,岂不艺术?

喜欢吃鸡尾椎的人都知道,不可以在端上来后的五分钟之内动筷子去夹取,必须礼让一下,看看有没有比自己更喜欢吃,或者和自己一样爱好的人。"你请,你请。""不不,还是你先请。"大家让来让去,自己在半推半就的情况下,往自己的盘子里放,这才是圆满的美妙情景。否则率先下手,遇到有人明知故问:"鸡尾椎怎么一下子不见了?"不知要如何是好?

中国人半推半就的争取态度,请参考下面的案例。

案例实录

请看以下两人的谈话:

甲:"这次选举,你为什么不出来竞选?"

乙:"一个人有能力,有理想,有学识,也有热诚,他想出来为大众服务,我们实在是求之不得。但是,我始终想不通,为什么他还要到处拜托,请求大家给他服务的机会?"

甲:"这才叫作民主呀!"

乙:"为了民主,要当众下跪,向大家叩首惠赐一票,值得吗?"

甲:"那样做当然有些过分。不过,这好像是竞选不可避免的方式。"

乙:"一个人出来竞选,迟早犯上'选举前自吹自擂,选举后死不认账'的罪状,有什么好处?"

甲:"难道有其他的方法?"

乙:"请问任何刚刚升官的人,愿不愿意指称自己是多方拜托才好不容易得到升迁的机会?这样说有什么面子?我们所听到的好像都是,'没有什么啦,很久以前就要我接这个位子了,我一直不愿意。这一次怎么推都推不掉,不得已才接的',你看,多么有面子。"

甲:“你的意思是争来的、拜托来的,都没有面子。要让来让去让不掉,不得不出来服务,才够面子?”

乙:“中国人本来就应该这样想。”

甲:“为什么?”

乙:“你看,一个人争了半天,才得到服务的机会,万一做不好,人家会不会笑他‘自不量力’?这种人也好意思出来竞选?如果是让来让去,实在推不掉才出来服务,即使做得不理想,大家也会体谅他,‘是我们把他硬推出来的,怎么能够把所有责任都加在他的身上’呢?”

甲:“确实是这样。我们对推出来的人,不但会体谅他,而且也会支持他、协助他,因为自己有一部分责任要帮助他做得更好,彼此都有面子。反之,他自己争着要出来,我们就会冷眼看他到底有多大能耐。而且他做得不好,与我无干,用不着我来担心,所以不必帮助他。”

乙:“原来你也赞成‘以让代争’。”

甲:“当然,因为我也是中国人。”

乙:“所以中国现代化,离不开民主,也免不了选举,却不一定要仿效西方。大可创制一套符合中国民族性的选举,才是名正言顺的‘中国现代化’,而不是‘名为现代化,实在却是西化’,让人不能服气。”

甲:“你看有什么好办法?”

乙:“我认为一个人应自己衡量,若没有为大家做好服务、当个好官的把握,就一定要拒绝大家的好意,甚至在敏感时期到外地去旅游都可以。一旦接受大家的推举,就应该全心投入、全力以赴,无论如何也要达成大家的托付。任何人出来竞选,总是自愿的,绝不可能完全是被动的。不过,用‘被推举’等被动的措施来包装,是比较符合中国人的作风。”

甲:“这样的做法,岂不是半推半就?”

乙:“终于被你一语道破,果然有中国人的智慧。”

甲:“半推半就,怎么算是智慧呢?”

乙:“如果不半推半就,真正好人就不会出头。坚决推辞,怎么出得来呢?如果不半推半就,要想出头就必须牺牲尊严,到处拜托,向人叩首,请问还有什么尊严?”

甲:“我仍然觉得有些虚伪,要当就干脆一些,表明竞选的态度,岂不更好?”

乙:“好。我们且来听听:‘我是一个有热诚、有抱负的青年,拥有大家刮目相看的学历和经验,这一次……’”

甲:“得了,不要再说下去。多恶心!”

乙:“不会呀,这样才是民主时代,才够现代化。”

甲:“算了吧,自吹自擂终究不是中国人应有的态度。”

乙:“那么,半推半就是虚伪的吗?”

甲:“我明白了。中国人的事情有阴就有阳,真诚地互相推让,让来让去,让给最合适的人,才不会令众人失望。这种态度一点儿也不虚伪,相反的,明明死不肯让,却装成谦让的样子,结果让给别人,心里一点儿也不情愿,就是虚伪。”

乙:“对。真诚而合理地半推半就,最为理想。”

析说

“让”与“当仁不让”

电视广告语:“请不要妒忌我亮丽而健康的头发。”

请问听了之后,你有什么感想?

观众的反应多半是:“她的头发丑死了!”

并不是中国人见不得人家好,而是中国人重视谦德,有些话只能由别人来说,自己不好说。

大学校园里,大型海报写着斗大的字:“狂贺资讯系荣获冠军”。下面署名:“资讯系贺”。

自己狂贺自己,本系恭贺本系,至少证明一件事:“本系在校内连一个朋友都没有,只好自己贺自己。”

有人写信推荐自己:“相信贵公司录用我,一定不会后悔。”究竟有多少人真的会相信?

现在有些人鼓吹“大胆地推销自己”。如果把自己当作货物,就不能不推销。若是不良的货品,更加需要用心地推销。

推销的特性,在“求人”。中国人深知“求人不如求己”的道理,知道“人生的奋斗,在把求人变成求己”。一天到晚求人,日子过得十分痛苦。什么时候重视求己,让自己做到不求人,就有人反过来和自己好好商量,日子当然愉快得多。

年轻的时候,不得不求人。一辈子都在求人,这个人必然没有什么了不起。

不求人才可能谦虚,证明谦虚也需要一些本钱。完全没有本事的人,怎么能够安然地做到谦虚的地步?

有人否定谦虚的必要性,认为过分谦虚就等于虚伪。我们承认谦虚有两种:一种是真诚的,发自内心,丝毫不虚伪。一种则是虚假的,希望拿谦虚做手段,来达成某种目的,当然是虚伪的。但不论怎么说,依据中国人的谦德,自己捧自己,总是令人刺耳而听不进去。

中国人是“同时说两句话的民族”,一方面说“让一步海阔天空”,一方面则鼓励大家“当仁不让”。

到底要“让”还是“不让”?答案十分清楚:“应该让的时候要让,不应该让的时候,必须不让。”可惜很多人始终听不明白,搞不清楚这种让与不让的道理。

首先,我们只说“不让”,很不愿意说“争”,希望大家不要争。因为不争则已,一争总是不择手段,非争到你死我活,决不罢手。

能够不争,大家都不要争,多么愉快。不能够不争,不得不争,这时候仍旧不要争,用“不让”来争,代表“不争之争”,才是中国人推崇的君子之争。

“争”,很容易形成“小人之争”,因为有些人“报复心最强,报复期最长”,而且“报复起来,最不遵守规则,也最不择手段”。

“不争”,才可能成为君子之争;不争之争,并不是“表面上不争,实际上无所不争”,也不是“台面上伪装不争,台面下死命力争”。不争之争,应该是“诚心诚意不争,用礼让来化解争夺”。

“争”和“不争”的分别,前者依凭“自己捧自己”,后者得力于“他人捧自己”。

自己捧自己,一切好话由自己亲口说尽,多么委屈,也可能沦为无耻。他人捧自己,有那么多人肯捧,表示公道自在人心,岂非光彩而有面子?

自己不争,他人却乐意为我而争。我们不需要争,只要做到不让,大家就会认定当仁不让,多么体面!

其次,一般人只够资格礼让,唯有极少数人够资格不让。我们常说礼让,很少说当仁不让,意思是“当仁”者实在并不多,不要时时、处处以为自己“当仁”,因而时刻都坚持不让。

从事情的性质、轻重、缓急、大小来判断“当仁”的尺度,我们很容易觉察大部分事情实在不可争,也不必争。

“半推半就”并不是“万金油”,随时可擦;也不是狗皮膏药,到处可贴。“半推半就”就是指确实“当仁”,而且推辞不掉,实在没有办法,才勉强为之。

我们也应该负责任,不做则已,一做必定要做好。任何事情不接受则已,一答应下来就必须负责到底。

由此可见,为了负责任,应该推给最合适的人,找到真正当仁的人,使其不让。为了爱面子,被推举的人无论如何也会表现得令人满意。现在被推举出来,却生怕另有高明,这才谦逊地“半推半就”,希望高明的人给予援手,使自己获得助力,把事情处理好,大家都有面子。

“半推半就”必须诚心诚意,一方面表示“我虽然勉强接受,仍然随时准备交给比我更合适的人”;一方面“让没有被推举出来的人也有面子,比较容易尽心尽力帮助我”。虚情假意的“半推半就”,纯属自欺欺人,不但很容易被识破,而且为众人所厌恶。

迷津点通

钱穆先生说过:中国人重“集团性”不重“英雄性”。一个志同道合的集团彼此呼应,才能够出现“半推半就”的情况。英雄人物往往以自我为中心,像项羽那样,只好靠自己的积极争取。红花缺乏绿叶的陪衬,终究不够耀眼。尤其没有人保护或掩饰,更为危险。

“不求”若是单纯的不求,可能什么都得不到。中国人“不求之中有求”,求却好像不求一样,自然获得预期的成果。“站在不求的立场来求”,以期“求得恰到好处”。在“礼让为先”和“当仁不让”的上下限之间,寻求“半推半就”的平衡点。“推”得合理,而又“就”得自然,才真正是最高明的争取态度。

把“自己”和“大家”紧紧地结合在一起，发挥“集团”的力量，才是中国人的团结之道。

“你的肌肤怎么这样晶莹剔透，实在令人羡慕。”

听的人还要客气一番，“哪里，哪里。你的肌肤才光亮滋润，看起来可爱得很。”因为“赞美人家的人，大多希望获得同样的称赞”，才合乎“彼此彼此”的要领。

自己说自己的肌肤晶莹剔透，听的人不会看她的肌肤，只会想“这个人只要有钱赚，好像什么事情都可以做”。

“我和王先生是多年的朋友。”

“不敢当，朱教授是我的老师。”听的人顿时对朱教授的印象更加美好，果然谦谦君子，学问一定很好，不然王先生怎么如此尊敬他？

“有人支持”比自己“挣扎向上”要省力得多，所获得的效果也大得多。

中国人推来推去，用意在“推给合理的人”，这位“合理先生”还要“半推半就”，大家便越发觉得他“众望所归”，力促其“当仁不让”，顺利地转“让”为“当”。在“不敢当”的情况下“敢当”，岂不美哉！

心中有欺骗，才觉得人人都在欺骗。心中无欺骗，就不觉得骗来骗去。大家必先去此念，才一切圆满。

“请给我一个服务的机会”有两种解说，一种是心中有欺骗，使得服务变质，要钱是实。另一种则是心中无欺骗，服务即成为无怨无悔也无私的奉献。

有心欺骗的人，当然要极力争取服务的机会，而且不惜任何代价，忍受所有屈辱，非获得不可；无心欺骗的人，保持自然的心态，当然可以半推半就，因为不想有所获得，就不需要非获得不可。

西方的民主，不一定要全盘移植。我们可以依据中国人的观点，配合我们的风土人情，研拟出一套合乎中国人心理需求的选举制度和方式，大家都有面子，总比彼此互相糟蹋，弄得所谓民主社会，众人却都丧失尊严要好得多。

没有尊严的人到处要寻找尊严，在台湾的所谓“民主殿堂”，什么话都骂得出来。选举时节，祖宗三代一齐受辱。尊严早已被扫光，要到哪里去寻找？

本系狂贺本系，自家人猛捧自家人，在今日大学校园已经司空见惯，见怪不怪。有人发誓要改造台湾文化，其实也用不着，只要大家都不管，彼此将就，自然就改了，还用得着如此操心，发如此重誓？

“自我推销”“向上管理”也是时髦的名词。中国人忘记了“人必自侮，而后人侮之”的古训，将自己视同被推销的货品，何苦如此自虐，始终引不起适当的自省。很多人也记不得我们是“亲疏有别”的“大小眼”社会，向上只有“让三分”，奢谈什么向上管理？然而，西方有的，中国人怎么可以没有？反正说说就算，听听便罢，只要彼此心照不宣，有何不可？

中国人的观点是：不争之争，才是君子之争。把“不争”和“争”这两个看似对立的名词，先从“二分法”的陷阱里摆脱出来。用“二合一”将“不争”和“争”这两个“矛盾”的因子结合起来，成为“不争”之“争”，亦即“站在不争的立场来争”，以求“争得合理”而作“合理之争”，不亦君子乎！

人类社会，彼此难免竞争。中国人最懂得个中的奥妙，从历史和现实中看，有些中国人最擅长“斗争”，因此才需要培养“半推半就”的争取态度，把这些人从“苦斗、恶斗”中解救出来。

十一、中国人的抬轿态度——长相左右

有人说，中国社会重“集团性”，需要某些“心腹知己”来“抬轿”，自己才方便“半推半就”。

“集团性”不一定是“集团主义”，“心腹知己”不一定要营私舞弊，而“抬轿”也不一定是盲目哄抬。以中国人的观点，这种长相左右的抬轿态度，由于需求源源不断，所以历久不衰，而且于今为甚。

“中国人有没有派系？”

“中国人能不能团结一致？”

相信答案莫衷一是，可见其在中国社会有相当的复杂性，并非三言两语便能够达成共识。

“不论是黑猫、白猫，能抓老鼠的猫，就是好猫。”这句话的用意是什么？

大家利用公休时间，聚在一起摆龙门阵，为的是什么？真的只是“消遣”、打发时间吗？

长者在家里准备精美茶具，欢迎大家有事没事过来泡一壶茶，又为的是什么？真的是纯吃茶吗？

某甲是虔诚的基督教徒，到了选举期间却经常出入在大小庙宇之中，“阿弥陀佛”也不绝于口，是不是为了选票，充分发挥中国人在宗教信仰方面的包容性？

某乙为著名学者，一直奉劝大家要专业、要专心，自己却不务正业，经常参与一些不是他本行的工作。是不是为了维持知名度，充分展现中国人“一通万通”的通天本事？

中国人为什么倡导“天下无不是的父母”？

为什么中国父母通常采取比较严厉的态度，使子女望而生畏，而不是像美国人的主张那样，父母多以赞美、奖赏的方式来激励子女？

《红楼梦》中的贾宝玉，从来没有被他的父亲赞美过，每次见面，不是呵责，便是斥骂，难道一点道理也没有？

人总有独力难支的时候，必须依赖他人的支持，才有安渡难关的可能，这时候最希望的便是有人协力帮忙。

怎样获得他人的协助？依中国人“互相、互助”“彼此、彼此”的信念，最好平日多“抬”别人的“轿”，多和别人长相左右，紧急时才能够有人前来“抬轿”，和自己长相左右。

西方人以“个人主义”为基础，发展出一套依“法”行事的生活方式，凡事有政府照顾，并不需要有人长相左右。中国人的“交互主义”，一切依“理”行事。政府要管的事情太多，面对这么庞大的人口，也难以照顾得周全，因此“自己当心”“自己承担”“自行料理”，便成为“抬轿”的温床。

现代中国人喜欢乘坐轿车，明知费钱、费时又费神，拼了老命也要弄它一部，为的是什么？和下意识里的“坐轿”“抬轿”似乎有十分密切的关系。

下面的案例，可以看出现代化的抬轿态度。

案例实录

中国台湾地区“海军”派出一支小型舰队访问新加坡，二小一大，也算是浩浩荡荡。

各界侨领接受邀请参加酒会，纷纷携家带眷，登舰观摩海军健儿的精彩表演。

酒会开始，一番行礼如仪之后，主持人眼看大家餐点也吃得差不多了，便宣布：请最高代表开舞。

最高代表果然长得很高，尽管气候炎热，仍然西装笔挺，展现着外交官的笑容。年纪比较轻的夫人，身着中国式旗袍，亦步亦趋地，陪伴着最高夫君，翩然起舞。

舞着舞着，整个舞池中只有这一对夫妇。舞是开了，却没有人跟进。跳着跳着，自己也觉得没有什么意思。最高代表夫妇笑着离开舞池，有人以为舞会结束，便携眷离去。

如果认为中国人不喜欢在这种场合跳舞，不喜欢利用难得见面的机会聊聊天、套套交情、建立一些关系，主办单位就不应该如此安排，使最高代表没有面子。

为什么不责怪大家不遵照“国际惯例”，不尊重宴会礼仪，却认定最高代表没有面子呢？

依中国人的观点，即使自己再不习惯在这种场合跳舞，认为气氛不如舞厅，灯光似乎太亮，也会利用时间看看有什么值得攀交情的贵人。一旦最高代表夫妇走进舞池，必然有几对赤胆忠心的干部或挚友，会义不容辞地热情起舞，以示长相左右，气氛融融。

如今，跳来舞去就是这一对最高代表，大家不免猜疑：是不是领导有问题？大家连面子都不给他？

“西方式的领导，大家一视同仁，结果弄得谁都觉得没有责任下舞池作陪。”不知道是猜测，还是报道，反正出现了这种声音，令人将信将疑。

开舞而没有人跟进，又不是表演，当然不持久，这时候最需要有人陪伴，大家热闹，才显得和谐而且乐融融。有时候长相左右，实质上帮不了什么忙，至少也在精神上有所支持，有所赞助。

一生一死，交情乃见。这种情况当然没有生死关头那么严重，但是交情的展现，毕竟也“此其时矣”！

王先生拜访朱先生，恳求他出面替他助选，朱先生客气地说：“我对政治一向不感兴趣，而且也缺乏能力，恐怕不助还好，一助反而闹出纰漏，增加麻烦！”

李先生也来拜托朱先生出马，朱先生满口答应：“难得李兄看得上，给我面子，我再没有能力，也应该尽力而为，全力以赴。”

中国人是不是愿意长相左右，完全“看情况，凭关系，论交情”，三者综合判断，答案前后很不一致。

如果王先生胆敢前来兴师问罪，责问朱先生：“我先请你，你推说对政治不感兴趣，为什么老李一来，你又马上答应，岂非给我难堪？”

朱先生的回答恐怕不太好听：“没有办法，我欠他太多了，不敢说不，只好拼老命，勉为其难。”意思是：“你也不自己照照镜子，凭什么和李先生比？想当年他照顾我这么多，你呢？还好意思责问我！”

对中国人而言,差别待遇正是有是有非的公平论断,才是真正的公平,表面的公平反而是实质上的不公平。这种观点是基于儒家"差等的爱",不是墨家的"兼爱"。通俗的说法,叫作"大小眼"。

同样在新加坡,同样是最高代表,同样个子长得很高,以前那位经常有人长相左右,跳舞必然有人在场凑热闹、捧人场。现在这位开舞却变成夫妇独舞,由于不是表演节目,只好痴笑着、落寞地收场。

红花需要绿叶陪衬,主管需要部属抬轿,特别是中国社会,"个人"的声望往往十分单薄,必须受到他人的人情支撑,才能够显示出来。

部属独来独往,大家会认定他有独特的个性,说不定是位奇才。主管独来独往,大家就把他想象成"独夫",缺乏"班底",是一位不善于领导的人。

西洋人来到中国,我们基于"有朋自远方来"的喜悦,盛情款待,付出一番心意。然而,一旦谈论事情,西方人依然"对就是对、错就是错"的心态,丝毫没有因为盛情款待而特别给面子。我们常常觉得洋人缺乏人情味,因而感叹"非我族类,其心必异"。

很多人有此心态:"拿人家的好处,就应该讲人家的好话",至少也要顾虑人家的面子,以免伤了感情,欠了人情。

我们如果因此而认为西洋人是对的,中国人是错的,那么,中华文化的终结者,非我们莫属了。

有人主张:"人家送东西给你,照收,谁叫他要送?人家请你吃饭,照吃,谁叫他要请?送完东西,酒足饭饱之后,无论请托你办什么事,一概拒绝,谁叫他乱请托?"这种人固然聪明,但可能迟早会被人恨得杀掉。

如果现代中国人像西方人那样,好话说尽,不听;迷汤灌满,没用。对就是对,错就是错。请问,还有人傻到请人家吃饭吗?难怪西方人都是"各付各的"。

中国人的人情味不完全基于利害关系,但是利害关系常常成为中国人的人情包袱,很不容易摆脱。

主管喜欢吃吃喝喝,大家就会找机会、寻借口热闹一番,形成吃喝风气。父亲喜欢打麻将,家人也会凑合凑合,陪父亲摸几圈,最好让他赢一些钱,少发一些脾气。

有人喜欢聘用"个性耿直"的人,只要他的分量够、地位高,马上会出现许多个性耿直的人士到处显露耿直的作风,来吸引他关爱的眼神。

长相左右的配合精神,实在是中国社会最具人情味的表现。“怎样与上司配合”成为我们的必修课程。配合得体,不怕没有前途。中国社会多得是会“抬轿”的人,我们所缺少的实在是“有办法让人家乐于为他抬轿”的人。

不要把自己当成“唯一讲正义的人”,致使没有人敢自告奋勇地长相左右。不要标榜绝对的“谁做得不好,就叫他下台”,搞得大家不愿意长相左右。走正道,讲和谐,照样有办法不和稀泥,却有很多人心甘情愿地长相左右。

析说

心的“感通”

中国人的“太极”观念,将一个人看作一个太极,身为静态的“阴”,心为动态的“阳”。

两个人在一起,你心中没有我的存在,我心中没有你的分量,只剩下两个静态的身体。这两个陌生人,不产生互动,也就无所谓“感应”。

现在两个静态的身,通过两颗动态的心,彼此感应,你心中有我,我心中有你,这就产生了“感通”。两颗心相通,彼此有交互作用,才能互相照顾,彼此关怀。陌生人“将心比心”,引发“二人”的关系,产生了“人情”,一切比较容易沟通。

中国人非常重视“同心”或“异心”,相信“大家一条心,无事不可成”,“彼此有异心,祸患在旦夕”。

在中国社会,除了皇帝自称“寡人”之外,芸芸众生都不愿意“孤寡”,而衷心盼望与人合群,在团体中成长个人。

儒家特别重视“慎独”,因为单独一个人的时候,缺乏“将心比心”的对象。没有“心”的导引,单独“一人”的“身”往往做出自私自利的不良举动。

中国人不主张完全走上个人主义,认为一旦以个人为主,就会重身体而轻心灵。人与人之间缺乏心灵的沟通,势必寄托于上帝或其他教主。西方人一方面倡导科学,一方面信奉上帝,原因即在于此。

从宗教意义上讲,“心”属于灵界,中国人说心,大多指“良心”而言。儒家重视“仁心”,便是“二人感通的心”,当然是大公无私的。中国人强调“同心”,不是“集体主义”式的“一心”。一心一意,很容易走上偏颇的道路。合理的一心,不合理的也一心,实在可怕。我们希望“同心”,就是合理的要统一步调,不合理的要“站在赞同的立场来适当规劝”,把自己不赞同的论点表达到大家能够接受的地步。很多人搞不清楚中国人究竟是个人主义或者集体主义,我们说两者都不是,我们所秉持的,是“交互主义”。

“交互主义”的重点,在“交心”。上下两代之间,个别相处的时候可以委婉地向上规谏;公开场合,无论如何要顺着上一代的意见,否则就是不孝。

西方社会,上下两代可以具有不同的观点,彼此仍然拥有亲情。父子互相争论,最后拥抱在一起,都说:“我爱你。”中国社会,上下两代观点不同,上一代就会气得要命,认为自己没有尽到“传承”的责任,以致惭愧地跪在祖宗神位前面,痛责自己无能,教出不肖的子孙。

研究历史的学者,有很多人对“世界古文明,多半到了一段时期就持续不下去。唯独中华文明,自古迄今绵延不绝”的原因,十分有兴趣。其实“父传子、子传孙”的“责任感”,乃是相当重要的因素。

西方人认为“父亲是父亲,儿子是儿子,彼此互相尊重,彼此各自发展”,以致“父子未必要同心”。中国人希望“父亲是父亲,儿子是儿子,彼此互相尊重之外,彼此更应该同心协力,维护良好的家风”。父子有缘,同心就是“善缘”,父亲的心愿因儿子而更加发扬;异心即为“孽缘”,父亲的心愿让儿子完全毁灭掉。

中国的有情文化,在某种情形下,将一切价值判断都“情”化了。成中英先生一再指称“西方讲理性,日本重感性”,中国两者都不是,因为我们秉持“情性”。

情字从心,中国的“心学”并不是西方的“唯心论”。我们所说的“心”应该是“心物合一论”,同时包含“心灵”(mind)与“心脏”(heart)的“良心”。

人与人的关系,在中华文化中以“仁”为共同准则。“仁”者“二人”,必须“你心中有我,我心中有你”,互相交心,才算是关系良好。

从某一角度来看,中国人会拍马、逢迎,用“投其所好”来长相上司的左右,弄得首脑人物舒舒服服,因而迷迷糊糊为其所左右。

但是,果真无人长相左右,这孤零零的“个人”,又能够成什么事呢？为了有人长相左右,首脑人物不知花费多少心血,力求“安人”。希望大家“安心”地长相左右,就必须“关心”大众,把大众的心关起来,自己才会安心。可见“安人就是安己”,并不是片面地付出。

既然长相左右很容易变调成为“同流合污”式的“结党营私”,而中国人又不能不极力维持长相左右的局面,所以中华文化十分重视“诚正”,以诚正交心,才是良好而正常的长相左右。

伦理的功能,表现在“上正,在下者都跟着正”,这样的长相左右,合乎正道,不致产生营私舞弊的恶果。

长相左右是对上的肯定。养兵千日,用在一朝。平日关爱、照顾,紧急时获得大众的长相左右。上下都正,自然心安。

迷津点通

有人问:“中国人有没有派系？”有人说,在台湾,口头上,越是居于高位,越否认有派系的存在;越是居下位的人,越承认有派系。而心里头,则几乎是一致的:有人就有派系,没有派系才怪。其实,我们并非心口不一,而是说出来的话有时候要顾及自己的身份。比较妥当,也更加安全。

中国人的派系是不固定的,随时会流动、变化的。

派系变得快慢,和首领的作风密切相关。平日与部属同甘共苦,变动比较慢。平时作威作福,可能一夜之间,变得只剩下孤家寡人。往昔皇帝称“孤”道“寡”,其实是时时提醒自己,千万不要一意孤行、凡事只替自己想、不为大众筹谋,以免造成“孤家”“寡人”惨局。

可见中国人能不能团结,完全看领导人的风格。刘邦的部属,团结一致;项羽的干部,一个个跑掉。

高阶人士对于自己到底还拥有多少群众,真的没有把握,所以口头上用否认有派系来“增强”个人的安全性。站在没有派系的立场来看自己的派系,就算跑到只剩下两三个人,也可以拿“你看,我说没有派系,对吧！两三个人算什么派系”来暂时骗骗大家,临时抵挡一番,然后再加检讨、反省,以谋补救而另有打算。

地位低的人,知道"人生有如押宝",不加入派系,显得孤单无力;固定在哪一个派系,又难以适应"轮流转的风水"。于是"站在有派系的立场来进行没有派系的游戏",能待多久算多久,见风使舵,不对劲拔脚便跑。

下属愿意为能够赏识自己的上司工作,有能力的上司,也需要下属配合相帮。

中国人情的文化,表现在"你侬、我侬"的"你心中有我,我心中有你"上面,人们都需要适当的感应,产生合理的交互作用,所以彼此"抬轿"成为中国人的一种生活方式,充满了人情味。

婚丧喜庆、标会、合会,都是基于互相抬轿的精神。会主坐得越安稳,会众就抬得越起劲。会主不安稳,抬轿的人跑得很快,招也招不成会。

首长喜欢爬山,大家乐于跟进,只要出乎自愿,有什么不好?主要是首长的嗜好必须正当,使跟进的人获得身心健康的好处。然后一切要随缘,千万不要勉强,不忮不求之下,自然地结合起来,才显得正派。

中国人的抬轿态度,只要坐的人、抬的人一本乎"正",大家长相左右,彼此照应,团结才有力量,不正是我们所乐于追求的理想吗?不必带有色眼光,不要怀不正心思,大家正正派派,长相左右,不就是"乐群"的表现?

十二、中国人的层级态度——亲疏有别

“一视同仁”和“亲疏有别”，哪一种方式比较好？

“伦理真的就是大小眼吗？”

看到中国人的长相左右，不免连带着想起这些问题。

现代有些人，为了盲目追求“公平”，不知道枉费了多少心思，牺牲了多少性命，也耗费了多少气力。殊不知中国人的观点是，“公平”和“不公平”并不是对立的名词，唯有“站在‘不公平’的立场来看待公平”，才能够寻找合理的平衡点，那就是“合理的不公平”。

请平心静气地想想：合理的不公平和不合理的公平，你喜欢哪一种？合理的公平和不合理的不公平早已排除在外，因为前者找不到，而后者没有人会喜欢。

中国人之所以重视伦理，便是十分了解“人人平等”会造成“没大没小”的结果，对于群体的和谐有害无利。在我国典籍上，“伦理”最早出现在《礼记》中的《乐记》。讲求伦理，大家才会快乐。能够看清楚并且接受“合理的不公平”，内心才会愉快、快乐。

有大有小，大家遵守层级。进退有序，彼此都快乐。

案例实录

“台湾”报载政府官员举办大型郊游活动。大家身着休闲服，带着妻小快快乐乐地登上准备的大型游览车。前面有警车开道，车队后面则有安全人员压阵。从忠孝东路出发，经高速公路抵达龙门营地，费时只有一小时！

所报道的是否属实，不得而知。引起若干议论，却是难免的事。

"怎么那样顺畅,一小时就能够到达?"此君经常饱受塞车之苦,当然产生这样的疑问。

"我也想不通。不过报上是这样记载的:当天正好是中秋节前夕,不少民众下午就开始赶着回家过节或忙着送礼,忠孝东路上车水马龙。郊游车队在警车开道之下,所有附近街道都换了红灯,只见忠孝东路一直绿灯到底。车队一路呼啸而过,留下大排长龙、饱受车辆废气侵袭的小市民们个个瞠目结舌,不知道发生了什么事!"

"早知道我那天就紧跟在车队后面,也享受一下一路绿灯到底的快感!"这位仁兄非常乐观,虽没有实质获得,幻想一下,也会得到某种程度的满足。

"怪不得政府官员一直劝告老百姓不要送礼。这些小市民不听话,中秋也要送礼,挤成那个样子,叫车队怎么过得去?所以才要警车开道。想想还不是老百姓该死,谁叫他们不接受长官的劝导呢!"中国人一多,必然出现这种分不出是正是邪的人物。

"报上还说:建国北路高架桥上,交通大队拦住正在行驶的大小车辆,让车队先行通过,一路无阻,直上高速公路。"念报的人好像唯恐天下不乱,继续念下去:

"车队上了高速公路,由于车辆实在太多,车队只好在路肩上飞驰,经过收费站时,为了行车安全起见,没有缴费用就扬长而去。"

听的人反应不一,有的大骂"特权";有的关心"不缴费怎么通得过收费站";有的则是摇头叹息:"只会要求别人,自己永远做不到!"

最令人惊愕的,还是这么一句老话:"只许州官放火,不准百姓点灯。"

说这种话的人,可以列举许多证明,例如:

"大官郊游,前面有警车开道,后面有安全人员压阵。我们一般老百姓,就算提出要求,可能做到吗?"

"忠孝东路上所有老百姓的人车,一律被阻拦下来,让大官的郊游车队呼啸而过,一路无阻,这样做,公平吗?不是要特权是什么?"

"建国北路高架桥也要配合着交通管制,管你民众有什么急事,也要停下来让他们先去玩乐,哼!"

"一再公开宣导不可以行驶路肩,居然大摇大摆,整个车队都走路肩,还有什么公信力可言?"

“连续假日暂停收费的规定,随随便便就被大官取消了。原来他们可以随时不缴费,怪不得要取消。”

其实,这些话乍听起来很有道理,仔细分析起来,不过是“片面的说理”。我们且平心静气,听听另一面的说理,比较一下:

“你说郊游?我看不是郊游。他们在举办‘自强’活动,而且看起来是由台湾交通主管部门举办的。想想看,观光局招待海外来宾旅游,都办得有声有色。我们每次看见海外来宾由警车开道,安全人员压阵,不都是静待一旁,好好欣赏?现在海外来宾换成政府要员,依样画葫芦,照样礼遇一番,难道你就看不惯了?”

“这么重要的单位举办‘自强’活动,不但安全十分重要,整个行程的安排和掌握也应该带有示范作用。如果按照等级行事,这么高等级的单位给予如此的礼遇,根本不能算特权。”

“原本需要两个小时才能到达的行程,现在由于交通管制得宜,只要一小时便安全抵达。让这些辛劳的高级首长保持清醒的头脑,把握难得的机会,好好谈点事情或者养养身体,都是好事。”

“自古以来,就有这类情况发生。革新以后,也不是头一回这样做。依我的观点,谁都没有错,只错在记者不守本分,把它报道出来。”

“对呀,记者如果没有亲自参与,怎么知道得这么清楚?若是亲自参与,那就是应邀坐在车队当中,受尽礼遇,居然不领情,把它写出来!”

“记者忠实报道,其实也是职责所在。你们这些人看了就算了,还拿出来念给大家听,才是心怀不轨,意图引起大家的反感,到底对你们有什么好处?”

“偶尔来这么一下,告诉大家我们不是没有这种能力,不过常常如此实在太累人了,希望大家不要过分要求,比较合乎常态。”

在某些情况下,为什么“先说先死”,就是因为在中国社会,道理往往是相对的,很少是绝对的。赞成的人,列出一百条道理;反对的人,照样可以说出一百条理由。而且双方面的说法都能够“自圆其说”,弄得公说公有理,婆说婆有理,不听还好,简直越听越糊涂。

正由于如此,中国人才会保持“看你怎么说”的态度,来判断“你究竟是好意,还是恶意”。

如果你一开口就反对,除非事先有默契,否则多半会被认定是恶意的叛逆者。开始时表示赞成,然后提出若干疑问,表示反对往往被看成好意的谏阻者。

还没有弄明白真相就表示赞成，多半是拍马屁的低手，使大家都知道他在拍马屁，“功夫”非常不到家。

明白表示“不予置评”，根本就是西化的行为。中国人最好说“我不知道是怎么一回事”，或者“我没有听说，所以还不是很清楚”。

现在，我们来请教您：“政府官员举办大型郊游活动，前有警车开道，后有安全人员护卫。一路上受到特别的照顾，所以交通顺畅，很快到达目的地。请问，您有什么看法？”

您还认为“只许州官放火，不准百姓点灯”吗？

析说

情、理、法

“只许州官放火，不准百姓点灯”这一句话原本是用来发牢骚的，后来才变成讽刺特权的俚语。

自古以来，相信并没有哪一位皇帝、君王或大官敢公开宣称“只许州官放火，不准百姓点灯”。他们千篇一律、异口同声而且信誓旦旦：“一切以百姓为重”，今天的话说成：“一切以民意为依归”。让具有民意基础的人，领取巨额的薪金，难道不足以证明？

可见有些人把“只许州官放火，不准百姓点灯”看成纯粹是老百姓不明事理、片面产生的怨言；由此看来，老百姓再怎样看，一切以民意为依归，不过是美丽的诺言。

这些人真的都在扯谎吗？答案仍旧是中国人最擅长的“不一定”。这些人当中，有些真的不是说谎，有些却实实在在存心骗人。

我们可以这样说：凡是明白“只许州官放火，不准百姓点灯”的道理，而且应用得十分妥当，拿捏得恰到好处的，并不算扯谎。至于那些不明白为什么要这样安排的道理，或者表现得不尽合理的，则分明就是说谎。

中国人非常重视“层次性”，一生努力不懈，目的即在“不断提升自己的层次”。“层次性”并不是“阶级性”，不可完全以“阶级”或“阶层”来加以区分。不幸的是，事实上“层次”常常和“阶级”牵扯不清，似乎高阶层代表阶级高而层次也高，因而不断引起误会，造成不满。

按理说，高阶层应该具备高层次的素养，因此高阶层人士可以享有高层次的较大弹性应变空间。可惜历来高阶层而缺乏高层次素养的人屡见不鲜，这才令人痛心。

中华文化分成三个层次，由下而上，分别为“务实”“不固执”与“中庸”。务实的表现，在“守法”；不固执的要旨，在“讲理”；而中庸的切入口，则在于“论情”。由上而下，正好构成“情、理、法”的顺序。

在教育并不普及的时代，老百姓属于“学识既不丰富、情理也不练达”的低层次大众，以“务实”为依归，遵照“做人应该规规矩矩，做事必须实实在在”的道理，而最具体的行为表现，莫过于“守法”。

官吏的学识至少应该比一般老百姓丰富，对于情理也应该多一些了解。让他们拥有一些弹性空间，能够自主地衡情度理，然后找到合理点，当然比遵守僵化的法条要灵巧得多。

但是官吏一讲理，就会形成“公说公有理，婆说婆有理”的混乱场面，这时候高层人士的“情”，就很自然地影响“理”的抉择与判定。

在台湾，“法”常常具有“不需要的全都齐全，需要的那一条刚好欠缺”的特性。

选举发生弊端怎么办？把选举罢免法翻来覆去，什么都有，就是没有这一条。

怎么办？先宣布谢先生当选。根据哪一条呢？“哪一条？这样才合理啊！”可见“理”的层次比“法”高，找不到法的依据，或者认为法不合理时，我们就会依“理”解决。

法院审理，找来找去也找不到法的依据。于是往上推，让高层人士开会决定黄先生当选。根据什么法？依据什么理？“何必呢？情面难却啦！”证明“情”的层次又比“理”高。高层的“情”，可以决定中层的“理”。

“情”如果凭良心，衡情度理的结果必然相当合理，大家就能够接受。“情”若是滥用、私用，以致违背了良心，那么得到的结果必然是“歪理”，偏离了正道，大家不服。

问题是，很多事件往往是依“情、理、法”来处理的，为什么还要讲“一切依法”不可，是什么道理？

因为“情”“理”“法”的结构，有其不可分的关联性。“法”居于基础地位，表示“论情”和“讲理”，都不能脱离“守法”的范围。

“法”原本有其弹性，在合法的范围内，衡情度理，不但合情合理，而且合法。

一个人要成大事，仅凭“务实”是不够的，必在“不逾越规矩”“不违背实在”的范围中，以“不执着”的态度，多找几个答案。保持“学则不固”的心态，听到人家的意见，并不马上接受或拒绝，都把它当作“使自己不固执”的一种参考意见，然后等时机成熟，考虑周到，这才“择善固执”，找到真正的合理点，再加以适当的坚持。

任何事情要妥善解决，并不是完全“依法”就行得通的。一切依法，所依的法如果不合理，究竟妥善不妥善？解决的方式可能是合法未必依法，可以解释为依法找到合理的答案。

“理”的最大难题，在“不易明”。大家都讲道理，却实在没有把握真正的道理在哪里。科学家追求真理，却一个紧接着一个，在努力推翻前人所指称的真理。

人的最可怕毛病之一，在“只承认自己的道理，不相信别人所说的道理”。中国人更是普遍“十分讲道理，却常常不讲道理”。

“公说公有理，婆说婆有理”既然是不可避免的事实，我们只好交给高层人士，以“情”来裁决。良心是判断道理的最好标准，如果这一点都不相信，那我们还能够相信什么呢？

高层人士是否凭良心，则交由中层和基层广大的人群来决定。大家的眼睛都是雪亮的，心知肚明。哪些高层人士凭良心，哪些高层人士口是心非，终究骗不了大家，只是，我们中国人习惯于不一定会原原本本地说出来，于是有心人报喜不报忧，极力巴结逢迎，造成高层人士常被“小人”包围的可怕现象。

自古以来，高层人士大多抱着“将信将疑”的心态，仔细考验周围干部的言行，恩威并济，使其不敢有所隐瞒，而且稍有不轨，也处分得特别严苛，以致下属有“伴君如伴虎”的苦叹。

高层自爱，又能警惕于干部的真忠与伪忠，实贤与虚贤，密切注意干部有没有能耐把自己的情控制到依法合理的地步。果能如此，当然可以只许州官放火，却无损于大众。

迷津点通

不要把“一视同仁”和“亲疏有别”用“二分法”的眼光来加以区隔,使其对立而不能互通,这有违“二合一”的中国精神。我们都十分清楚:一开始就明显的亲疏有别,表示自己已存有成见,只能带亲,不能带疏,结果因少数人而失去多数人,对自己不利。相处一段时期之后,仍然固守一视同仁,表示“好人坏人都分不清楚”,简直糊里糊涂。紧要关头时,大家便会一起跑掉。因多数人而失去少数能够长相左右的人,同样对自己不利。

不要讨论“哪一种方式比较好”的问题,因为“一视同仁和亲疏有别,都不是问题”,我们需要关心的是“怎样一视同仁,又怎样亲疏有别”。

最好的办法,当然是“从一视同仁着手,带出亲疏有别”。刚开始的时候对任何人都不存成见,一视同仁,然后逐渐考验,基于公正的评核来区分亲疏,形成人与人之间合理的区隔。表面上看不公平,实际上十分公平。

为什么要区隔呢?因为空间有限,时间也有限。如果大家都同等距离,维持同心圆的样子,不是人数不多,便是距离太远。人数不多,事情办不完;人数太多,时间不够分配,照顾不过来。

合理的人数和距离,对人数势必有所限制。于是一层又一层,形成亲疏有别的层级便是理所当然、势所必然的安排。伦理的目的,即在规范这种合理的不公平,使“不公平”趋于“合理”。

博爱、兼爱以及差等的爱,从“二合一”的观点来看,都是“爱”,没有什么太大的差别。以博爱的心,秉持兼爱的精神,进行差等的爱,即为“伦理”。

“大小眼”有两种,一种出乎私心,属于“不合理的不公平”,众人都唾弃。另一种秉乎公正,完全没有私心,只是不得不如此,便是“合理的不公平”,老实说,不接受也不行,不如乐得接纳,更加喜悦。

“人人平等”的真义是“站在不平等的立场来追求平等”,到了差不多的地步就不要再有话说,否则自寻苦恼,还要以坏情绪来影响别人,弄得大众都不乐,何苦!

女儿年满十八岁,可以自行决定要不要落发为尼,这是法律规定。然而如此重大的决定,理应事先和父母商量,此为伦理。子女和父母在某些地方必须维持“不平等”的大小关系,子女在“法”之外才能依“理”而行。

民主社会最需要伦理。现代人认为民主必须法治,不过是西方观点屡经传播,已经严重地伤害“伦理”的根基,却仍然懵然不自知。

“只许州官放火,不准百姓点灯”原本是一句气话,却被当作中国人的罪恶一般,广为流传。知识分子往往自视过高,老觉得怀才不遇,对于气愤话特别有兴趣,也最热心传播。这种道理,听在脑筋清楚的人耳朵里,心想:“本来就这样,有什么稀罕,值得大惊小怪?”可是听在一般人耳中,那就“不得了,中国人果真如此丑恶”,结果呢?还不是害苦了自己。因无知而苦恼,当然不值得。

特权根本不可能断绝,最多只能转移。有人类便有特权,自古至今没有改变过。蛮荒时期,力气大的人拥有特权,以力便可以服人。神权时期,所谓能够“和神沟通”的人拥有特权。君权时期,君王的特权威力甚大。民主时代,善于造势的人拥有特权,只是不像君王那样稳定而强大,经常要接受来自各方的挑战,所以“爱拼才会赢”。

说得明白一些,大家相信谁,谁就拥有特权。

前者大家慑于威势,不敢不相信;后者众人心悦诚服,乐于信任。前者所产生的特权,大家心中愤怒,只是不敢说而已。后者所呈现的特权,由于大家心甘情愿,不觉得有什么不对罢了。

那么,我们要容忍特权的持续存在呢,还是要打倒特权?看到这样的问题,我们应该明白,就是这种根本不存在的问题在折磨人、在夺人性命。

对于特权,从某种角度讲,只要合理,不容忍和容忍毫无差异,容忍如何?不容忍又如何?它总是持续不断地存在,不过是换一种形式而已。对于特权,打倒和不打倒完全相同,打倒如何?不打倒又如何?它根本是“不倒翁”,永远打不倒的。

中国人的观点:凡事合理就好。

不要对特权过分反感,要提醒自己:是不是因为自己享受不到,所以特别讨厌?

不必对特权特别敏感,稍微有一点差异性,马上想到特权的存在。天底下任何地方都有其差异性,只要程度上不过分,就不必太计较。中国人喜欢“差不多”,可能就是“容许差不多的差异,不容许差太多的差异”。

自己难道没有特权吗?坐在沙发椅上,舒服地观看“立法院”诸公装模作样地抗争,千载难逢的机会,自己却不费分文,各台轮流重复地观看,这是几辈子修来的福分才能享此特权。清廷再腐败,州官再腐化,也未必能见及此景。

只是有一点要记住:人的共同命运,原本只有一种:自作自受。

州官放火,有放火的后果,百姓点灯,同样要承受点灯的后果。

结 语

看完了以上的案例和解析,有什么样的感想?

还觉得中国人骗来骗去,说话不算数吗?

还认为中国人变来变去,毫无定着吗?

还嘲笑中国人贪财怕死,迷信怪力乱神吗?

深一层了解中国人之后,顿然轻松起来,中国人毕竟有道理,可惜我们看不懂,有些甚至搞错了。

我们应该相信,如果能持中国人做人做事的道理,我们这个社会就会变得和谐可爱,大家互信互赖,彼此依靠,心中充满喜悦,眼睛忽然亮了起来,所看到的中国人不但积极奋发,而且心地善良光明,一片朝气,就在人与人之间的互信中蓬勃发展,哪里还有人去迷信怪力乱神?中国人最明白"心想事成"的道理,为什么不大家一条"心",同做此"想",以期有"成"呢?

从现在开始,不要存心不良,老想害别人,所以不能够问什么"你赞成吗?""你要不要?"这一类具有"圈套性"的问题。

设身处地,以将心比心的方式来思考:"我这样问,叫他如何回答?"

中国人习惯于用"向你请教一盘象棋"代替"你会下象棋吗?"以"来一杯"代替"请问你喝不喝酒?"便是替对方设想,免得对方不方便回答,而陷入窘境。

听到对方的欺骗话,马上提高警觉:"他在骗我吗?没有啦,他只是找个借口,好找台阶下,不去管他便是。"

老李明明在家,却叫他儿子告诉我:"我爸爸不在家!"我该怎么办?闯进去当面拆穿他的谎言,他会不会恼羞成怒地说:"怎么样,我当然在家,否则我儿子怎么会讲这种话?我就是不喜欢同你见面,你又怎么样?人家好意给你面子,才让儿子告诉你不在家,你还不赶快回去反省反省,检讨一下为什么人家不喜欢见你?还好意思跑来兴师问罪!"这时候自己反而下不了台,再闹下去,岂不成了

“不要脸”?

现代人爱“秀”,殊不知多少烦恼、多少苦闷皆因此而起。不秀则已,一秀就会引起注意,不见得人人喜欢。于是那些不喜欢的人,心有不满,拿我们当目标,找麻烦、乱骚扰,如何是好?

何不恢复中国人“深藏不露”的精神,先观望一阵子,再打听、试探真实的情况,摸清底细之后,再来表现,岂不更为安全!

深藏不露,终究是要露的,何必急于一时?从某种角度讲早成功不如晚成功,这是现代中国人“戒急用忍”的心理建设。越早获得成功,越觉得下半辈子难过,只好到处作秀,不务正业,苦苦地维持自己的名声,惹人笑话。

停止“把人家的圆通看作圆滑,将自己的圆滑当成圆通”的愚人把戏,不要将别人看成傻瓜,自己才可能是聪明人,学着欣赏别人的圆通,可以增进自己的功夫。

中国人丑不丑恶,愚不愚蠢,可不可悲,可以说是一种“心”的反映。内心丑恶的人,看起人来无不丑恶;心里充满悲情的人,看什么都很可悲,也唯有愚蠢的人,才会觉得别人愚蠢。

我们都知道瞎子摸象的故事,摸来摸去,不过摸到大象的一小部分。中国人包容性很大,看他丑恶,果然十分丑恶;看他可爱,确实相当可爱。

千万不要心死,对“中国人”心死,等于对“自己”心死,多么可怕!

崇洋是人之常情,媚外就要不得。对外国人客气是礼貌,用“多多学习”来骗骗他们,不应该骗自己才好。

“他山之石,可以攻玉”只能够用于某一部分,普遍运用会失去自我。全部使用意大利进口的石块,花莲的石头只好被埋没,失去应有的价值。

“推、拖、拉”并不是坏事情,不必像有些人那样盲目的排斥。但是要“推、拖、拉”得“合理”,实在不简单。我们必须充分体认“推出去”可以推给别人,也可以推给自己。唯有“推给合理的人”,才算是精于此道的表现。

“好功夫留一手”原本“事出有因”,而且“有此必要”。后人太不用心,把这么好的原则批评得一毛钱不值。凡得不到的都是好的,自己学不会的也是好的,师父还没有教,保留最后一招以策安全的招数,当然是更好的。为什么不反躬自省“自己为什么这样差劲,经不起师父的考验,以致学不到最好的招数”?

师父临终时,觉得徒弟十分可靠,一直到现在还没有反叛的迹象,而且相信以后也不致“我爱我师,我更爱真理”而打倒老师,当然放心地把徒弟叫来,三两句真诀,一下子就面传过去。

一辈子辛苦,就为了临终有人可托,能够闭着眼睛不了了之,难道不是这样?

这些心态,如果从表面的“可怜”“自卑”“要命”“自保”等字眼看起来,似乎只有缺点而一无是处。不过依据中国人“二合一”的观点,只要运用得“合理”,就有可能不再是变态了。

对“中国人”“中华文化”合理地失望,不要失望到“心死”的程度,便能够平心静气地追究失望的原因,检讨改变的可能性,就会发现:中国人的道理没有错,只是我们做错了。于是“凡事力求合理”,道理自然不错。

崇洋媚外到“合理”的地步,既可以满足洋人的自大,使他们继续保持“轻敌”的心态,又能够虚心学习,明白怎样和他们打交道才不吃亏。承认“土博士就是英语不如洋博士,所以脑筋才比较灵活”,提醒自己“英语说多了,迟早脑筋会转不过来”,语言学家的多方实验,已经证明这些可能性。

自保到合理的范围,是安全的一种保障。在中国社会,神明不可靠,因为神棍从中唯利是图;警察太忙碌,往往人已经死了才赶到;科技看不懂,因为说明书都用英文书写;广告不想看,因为实在不实在,谁也没把握。一切靠自己,当然需要自保。

“留一手”要留“合理”的一手,不要乱留、滥留,做到“合理的留与不留”,那就是自保得合理。

有了正常的心态,还要养成若干态度:

第一是“含含糊糊”的明朗态度。首先要摒弃讨厌“含含糊糊”的心理,体认“要求清清楚楚,必先含含糊糊”的道理,以免怀有成见,导致武断。

含糊的功夫,其实也不容易。含糊到自己都觉得迷糊,已经是糊涂。含糊到对方听不明白,也是“不了解对方”的证明。真正的含含糊糊必须做到“当事人听得明白,其他人摸不着头脑”,非具有“知己知人”的素养不可。

第二是“半推半就”的争取态度。用“不求”来“求”,以“让”来“不让”,使自己“可进可退”,不致“进退维谷”。

第三是“长相左右”的相怡态度。一个人想在中国社会有所成就,必须把成就以后大家的评论，当作“成就是否正当”的评核标准。中国人常“心中有一把尺”，用以“衡量是非得失”，就是说“成功有很多种，要以得人心的为正当”。活的时候有人长相左右，大家从这些长相左右的人身上，比较容易评定其正当与否。死了以后和人家长相左右，表示死后仍然活在他人心中，虽死犹生。

和我们亲近的人，比较容易了解我们。距离遥远的人，对我们无从了解，只好从和我们长相左右的人来加以查核，以求对我们更为明了。

“抬轿”的时候，要注意轿中人的举止，略有倾斜，立即加以调整。否则过分摇摆，有时轿翻了，也会伤及抬轿的人。

有机会抬抬别人的轿子，必要时才有人来抬自己的轿子。有时间多参与他人的活动，自己需要别人“捧场”帮助的时候才会“热闹”得起来。一天到晚只顾自己的休闲和清静，那就难以与人长相左右了。

最后，还要养成“亲疏有别”的层级态度。首先要去除“要求公平”的念头，体谅“资源有限，机会有限”的实际局限性，就算有心公平也难以做到。

“伦理”其实是“不公平的道理”，所求的是“合理的不公平”。“不公平”是必然的，只要“合理”，也就无所怨尤了。我们要反对的，应该是“不合理的公平”，并不是“合理的不公平”。

守分的人最快乐，因为他接纳“不公平”的“分”，还能够信守不渝，当然十分快乐。伦理是快乐之本，深思起来，确实有道理。

放眼今日社会，似乎“一波未平，一波又起”，纷乱不堪，而又束手无策。追究根本的原因，即在：“看不懂中国人，想不通中国道理，而又固执地以自己的观点研判所有的现象。”结果是，“人人都讲道理”，却都“听不进别人的道理”，以致“议论纷纷，毫无条理”。

就“科学”和“迷信”而言，说得明白、看得清楚、可以验证的，便是科学；说不明白、看不清楚、难以验证的，即为迷信。两者所说、所看、所要验证的对象，同样是“宇宙人生”。

对某些人是“迷信”的，对某些人来说，已经是“科学”，因为他已经以科学方法来证实已往认为是迷信的某些事实。科学不断进展，就是科学日渐入侵迷信的领域。

多多运用“二合一”的中国人观点，早日脱离“二分法”的陷阱，让思想更灵活，让行动更圆通，也让结果更圆满，这才是我们对建立中国人观点的一番期待。

下篇
乱中有序的奥秘

一、中国人的某些习性

林语堂说中国人是最伟大的悠闲者，
你急他不急，永远慢条斯理，从容不迫。

因为他懂得未雨绸缪，一切都胸有成竹，
何况谋事在人，成事在天，干着急有什么用？

为了保持悠闲，尽量深藏不露，有能力也不表现，
一切量力而为，省事省力，留一些气力嘲笑他人。

中国人又擅长随机应变，什么事情都要看着办，
论关系、套交情、看情况，在变动中见机行事。

不求人，格自高，只要能无欲，比谁都大，
知足常乐，怎么样都好，最起码不会跑去自杀。

这些都是中国人常见的习性，但不是全部，
所以我们只能说是：中国人的某些习性。

(一)慢条斯理,从容不迫

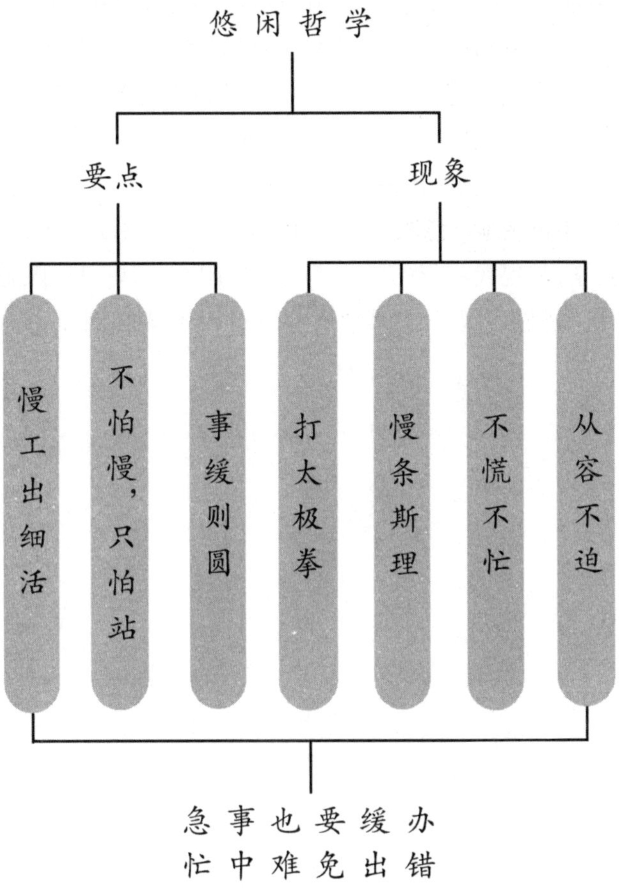

听见背后响起喇叭声,日本人会小步慢跑,闪到路边。美国人则挥挥手,边抱歉边走开。只有中国人视而不见,听而不闻,若无其事地走路。

中国人不是看不见,也不是听不到,更不是不管它。我们有反应,最后一定走开,只是急什么?慢慢来嘛,大家都平安。急事缓办并不是不办,而是不急才安全。

龟兔赛跑,中国人当然希望自己能够像兔子那样飞快,却必须警惕这样的好光景恐怕不容易持久。像乌龟那么慢的时候,就会自我期许:只要持续进行，铁杵也可能磨成针。兔子容易骄傲，乌龟成为长青的象征，有利于长期奋斗。

慢的素养，具有三个要点：

1. 慢工出细活。慢的目的，不在拖拖拉拉，不在浪费时间，更不在应付公事。慢的主旨，在充分利用时间，力求精细、灵巧，把事情做得更好。

2. 不怕慢，只怕站。愚公移山的精神，代表慢没有关系，只要持续下去，不停顿，不休止，总有成功之日。虽然慢，日有寸进，总比一曝十寒好。

3. 事缓则圆。凡事求圆满，必须掌握人急造反、狗急跳墙的道理，不可操之过急，也不可不留余地。急躁、匆促，都会顾虑不周，引发不良的后遗症。中国人的悠闲哲学，和现代盛行的休闲不同。休闲是忙碌一阵子，赶快偷个闲，准备再忙。悠闲则是凡事不急躁，从容不迫而不感受到压力，更能够持久奋斗。

(二)未雨绸缪,及早盘算

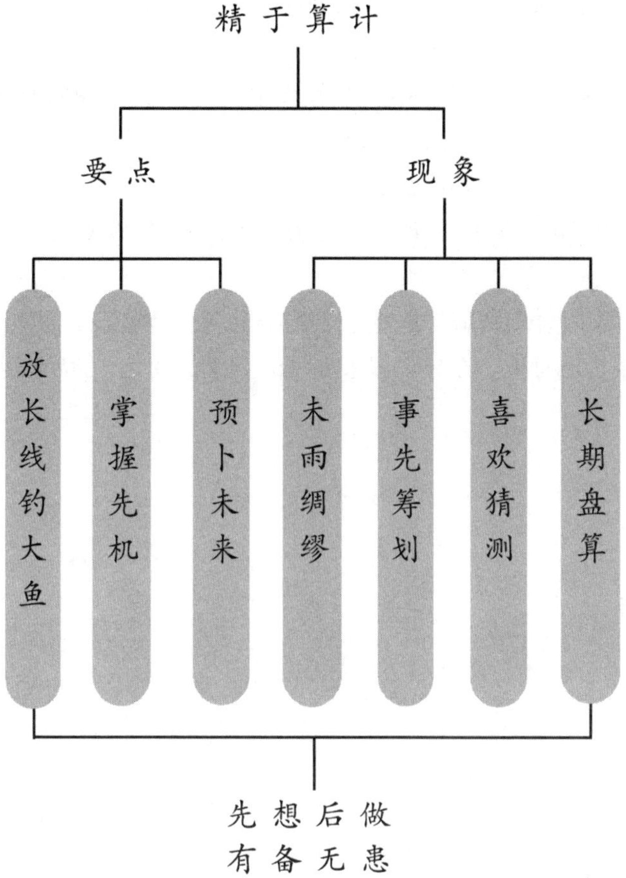

日本人最希望找到一家可以安身立命的公司,接受终身雇用,然后全心投入,以公司为家。美国人习惯于申请工作,离开职位,再另找工作,认为这就是生涯。中国人经常有新的愿望,而且盘算得很长久。任何风吹草动,人事变化,都会引起许多猜测,各自打算盘。

中国人慢的哲学,配合着未雨绸缪,事先预测,做好准备,到时候才能够从容不迫。因为一切都在掌握之中,跑也跑不掉,自然可以慢条斯理。

及早盘算,使得中国人十分敏感。一举一动,都会引起大家的注意,并且想得很多。

预先筹划的素养，具有三个要点：

1. 放长线钓大鱼。看得长远的目的，在于获得更好的报酬。预先知道有大鱼，而且不容易钓上，必须把长线预先放得远远的，以待大鱼游过，慢慢钓起。

2. 掌握先机。事情的征兆常常模糊而不明显，等到一切明朗化已嫌太迟。要在模糊当中看出端倪，才能够及时掌握先机，以免晚了一步，徒然悔恨。

3. 预卜未来。既然先机难明，不如设法预测未来。中国人喜欢占卜，大家对未来的可能变化都很有兴趣，主要是为了掌握先兆，以便放长线钓大鱼，有丰盛的收获。

悠闲需要一些配套，那就是警觉性很高（也可说成怀疑心很重），遇有风吹草动，马上要提出对策。充分掌握未来可能产生的变化，心无恐惧，当然可以悠然自得。

（三）谋事在人，成事在天

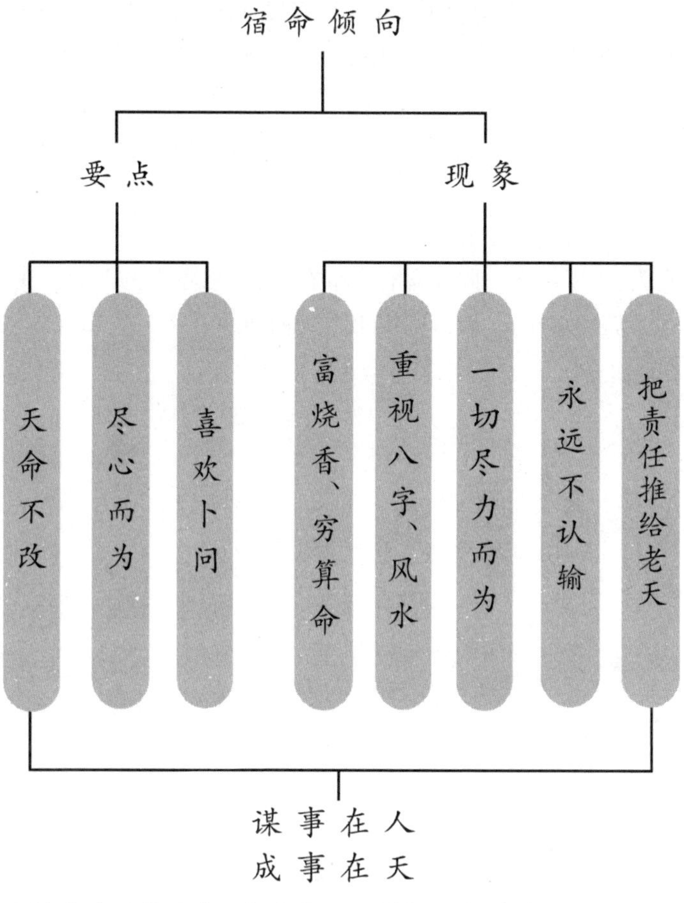

日本人认为成败的责任，全在自己。做得不好或者良心不安，就应该自杀。美国人承认优胜劣败，如果不能反败为胜，便应该认输。只有中国人永远不认输，也不肯自杀，把失败的责任，推给老天，因为“天亡我也”。中国人主张凡事尽力而为，但是并不能保证成功。孔子尚且感叹“遇不遇者时也”，可见生逢其时，或者生不逢时，对于成功与否，往往具有决定性的作用。

大家嘴巴上说算命、看相不科学，是迷信，实际上偷偷地遍寻高明，要求指点。知识程度越高，官职越重要，好像越相信风水，说是“宁可信其有，不可信其无”。

天命的观念,有三个要点:

1. 天命不改。该得的,一个也少不了;不该得的,一个也多不了。天命既然不可改,唯有听天由命。最要紧的,是一切凭良心,以求好心有好报。

2. 尽心而为。深信心想事成,凡事成功与否,决定在心。所谓皇天不负苦心人,必须尽心尽力,才有成功的希望。万一失败,也用不着气馁伤心丧志,得以问心无愧。

3. 喜欢卜问。不管信与不信,对于占卜、算命、看相、测字、求神问卜,请求上天启示、菩萨开悟、高人指点,都相当有兴趣。民间信仰的主旨,也在求天保佑。

谋事在人,成事在天。同样含有谋事在天,成事在人的意思。中国人相信小事谋事在人而成事在天,大事则谋事在天而成事在人。大事天定,人只是承办而已!

(四)深藏不露,量力而为

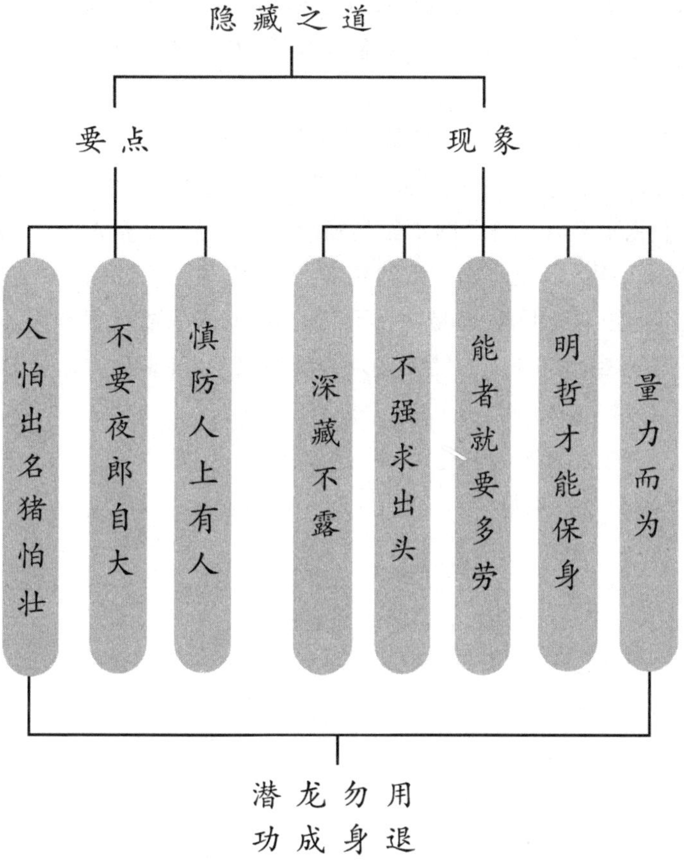

日本人就算没有本领,也要装成很能干的样子,任何人都要追求第一,大家专心追求卓越。美国人有多少本领,就要找机会表现出来,并且到处宣传有些什么良好表现。只有中国人深藏不露,有能力不一定表现,还喜欢伪装成没有本领,比较省力省事,留下力气嘲笑表现的人。

一个中国人常常练习乒乓球,遇到有人找他打球时,第一句话往往会说:“好久没有练球了。”

为什么中国人显得神秘、奸诈、不实在,就是喜欢保留实力,不强求出头。

有时谦虚过分,也会给人一种莫测高深的感觉。没有必要,尽量少表现,是明哲保身之道。

深藏不露的修养,有三个要点:

1. 人怕出名猪怕壮。人越出名,遭遇的麻烦越多。越有能力,承担的责任越重,所要承担的事情也越多。不如隐藏实力,凡事才有量力而为的可能,省力省事。

2. 不要夜郎自大。中国人对那些自我膨胀,把自己看得很伟大的人,大多抱着敬而远之的态度。背后则嘲笑其夜郎自大,不自量力,十分看不起。

3. 慎防人上有人。自己的本领高强,也要慎防人上有人,强中更有强中手,所以深藏不露,以免泄露自己的实力,招来更为强大的破坏力,对自己不利。深藏不露并不是不露,而是站在不露的立场,来求取合理的露,以免露得过分或不及,对自己有害。有能力必须合理地表现,凡事量力而为,才能恰到好处。

（五）随机应变，见机行事

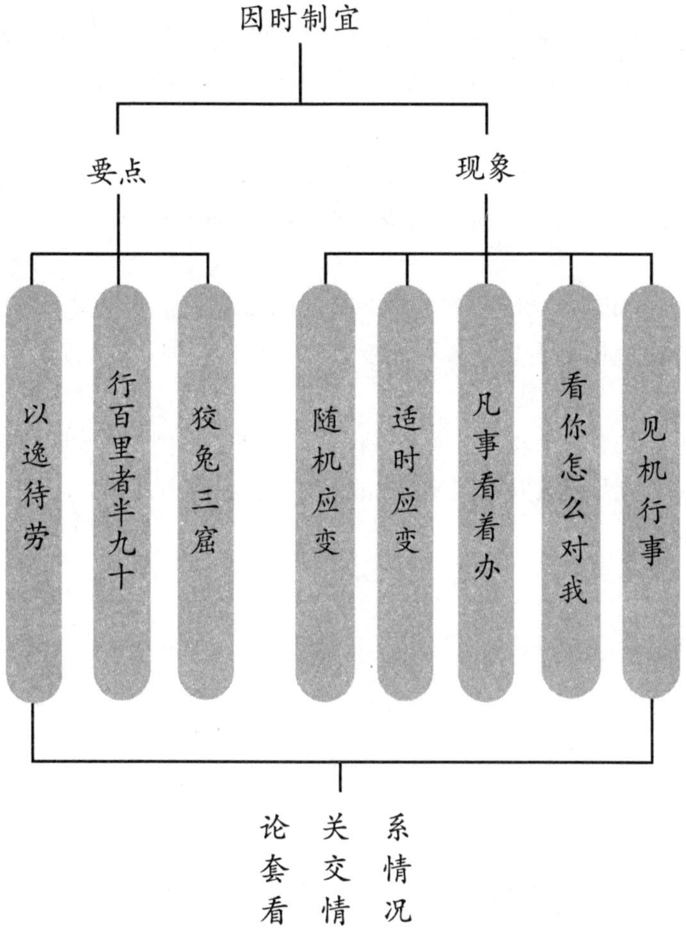

日本人做事，会全力以赴，因为做得不好，可能就要自杀。美国人做事，先估算代价，给多少钱做多少事，如果多做，就会说出来，甚至要求增加报酬。中国人做事，完全“看着办”，一切随机应变，并无一定模式。

随机应变，好像是中国人的最爱。我们的处事原则，不外乎论关系、套交情、看情况。而关系、交情和情况三者，时时都在变动，所以中国人讲求适时应变,以求得此时此地最合理的解决方案。

时机变动,方法和态度都要随着调整,中国人看似毫无原则,变来变去,其实是为了见机行事,提高效益。

见机行事的原则,有下述三个:

1. 以逸待劳。时机不利时,要“守”、要“待”,叫作“度小月”。时机有利时,趁时而动,及时而为,可以事半功倍。保留精力以待不时之需,不要乱动、蠢动。

2. 行百里者半九十。时机改变,原本会成功的,也可能变成失败而功亏一篑。把握最后关头,才能确保万事顺成。哪怕是一路顺风,也不能够掉以轻心。

3. 狡兔三窟。聪明的兔子有三个洞穴,才能临危脱逃,以免被擒。既然要随机应变,也应该事先想好各种应变之道,最好再加以沙盘推演,才能高枕无忧!

随机应变,看起来和投机取巧一模一样。所以中国人常常说自己在随机应变,而别人则是投机取巧。形成中国人对自己和对别人的双重标准,以致引起很多误解。

（六）无欲则刚，知足常乐

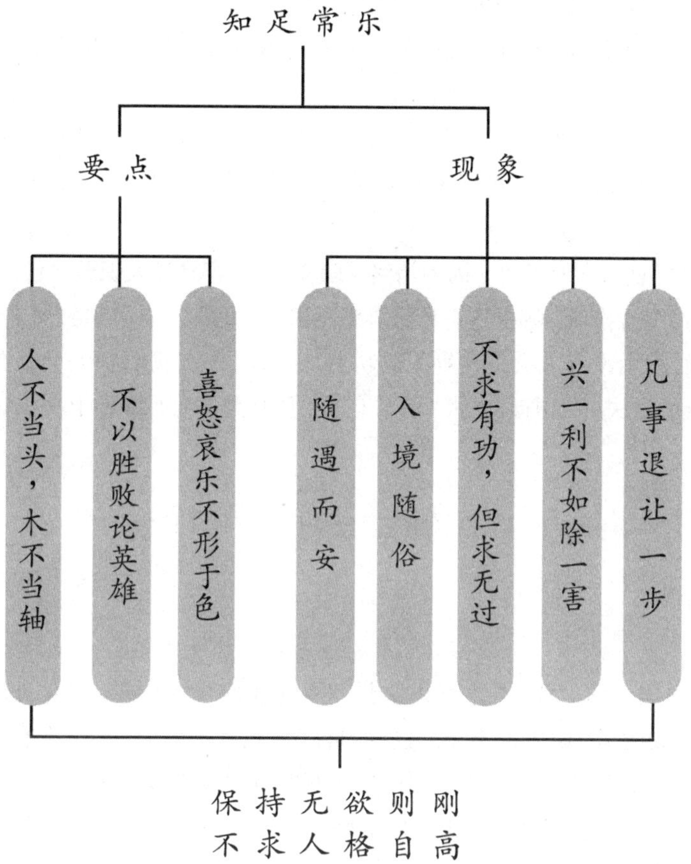

日本人非胜利不可，一旦失败，就觉得一切都完了。美国人力求胜利，却也接受失败的事实，勉力奋战，以求反败为胜。只有中国人乐天知命，胜败处之泰然。既然已经尽力，问心无愧，虽然失败也无所怨责。

人之所以不够刚强，常常委屈自己，做一些自己不愿意做的事，主要是因为自己欲望太多，弄得一点骨气都没有。被欲望牵着鼻子走，以致为名为利，一辈子痛苦。

如果减少欲望，自主的程度便会增高，这样的人，当然刚强得多。随遇而安,知足也就常乐。中国人能够过着毫无压力的生活,和这一种观念有密切关系。

知足常乐的心态,具有三个要点:

1. 人不当头,木不当轴。再结实的木头,当轴心也承受不了多久。人要当头,责任马上加重,而压力也就增大。中国人不为天下先,凡事退让一步,才能自保。

2. 不以胜败论英雄。这次挫败,下次可以再来。一时成败,实在不必计较。何况功没过存,所有功劳最后会被人一笔勾销,所以中国人只求无过,不求有功。

3. 喜怒哀乐不形于色。因为情绪反映在脸上,容易让人识破自己的欲望,而加以利用。既然知足,哪里还有什么喜怒哀乐,一切都是自然满足,何来形色?

功没,表示没有人会记住别人的功劳。过存,告诫我们别人会长久记住我们所造成的过失。中国人主张"不求有功,但求无过"便是居于功没过存的事实依据。

我们的建议

(1)中国人的习性,当然不止这些。因为我们身为中国人,对自己了解太深,所以知之甚详,说也说不完。这些习性,到底好不好,似乎也没有定论。有时候觉得很可爱,庆幸自己生为中国人;有时候又非常厌恶,为什么中国人会这样令人失望?能不能试一试,用"不好不坏"的心情,来重新省察一下,看看有什么不同的感觉?

(2)日本人和美国人,是我们几十年来接触最频繁的,拿来和我们做比较,希望大家稳定情绪,不要马上断定"像日本人多好"或者"难怪美国人那么进步"。我们所需要的,是重建信心,能够冷静地和人家比一比。如果连这种勇气都没有,做中国人也未免太悲惨了。

(3)慢条斯理,从容不迫;未雨绸缪,及早盘算;谋事在人,成事在天;深藏不露,量力而为;随机应变,见机行事以及无欲则刚,知足常乐,究竟是不是中国人的习性,我们先不要立即反应。因为后面我们又将列举若干和这些习性几乎完全相反的项目,看起来也很像中国人的偏爱。怎样才是中国人的习性,我们已经讨论了很久很久,而且各有主张,互有不同的看法,是不是因为中国人本来就具有矛盾性格,以致无论怎么说,好像都是对的?这一点我们也暂时保留,以后再说比较保险。

二、中国人的另一些习性

中国人看似慢吞吞，推也推不动，
但是动起来有如脱兔，所以有时候捷足先登。

一方面重视未雨绸缪，主张事预则立，
另一方面却能拖就拖，什么事情都到时候再讲。

你笑他喜欢求神问卜，他却在趋吉避凶，
你笑他深藏不露，他却忽然见义勇为，舍我其谁！

中国人虽然善变，看起来毫无原则，
有时候却择善固执，坚持原则，丝毫也不让步。

无欲则刚，知足常乐，是自我安慰的方式，
取法乎上，方得其中，又积极地不断求发展。

中国人好像有时候这样，有时候却那样，
这些同样不能完全代表中国人，只是另一些习性。

(一)动如脱兔,捷足先登

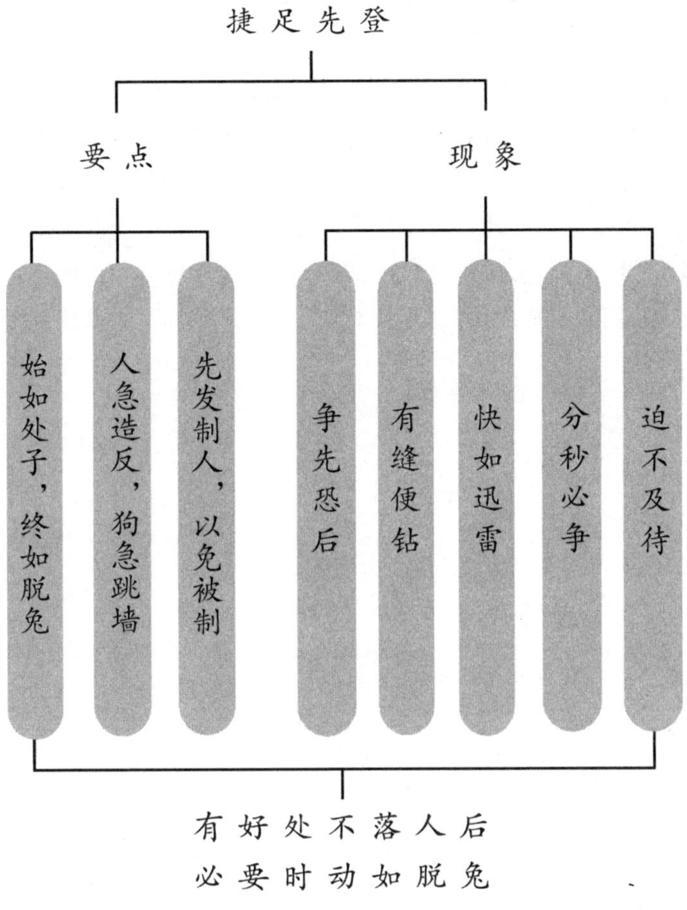

中国人虽然欣赏龟兔赛跑中的乌龟,只要踏踏实实、不停地前进,就不用担心爬得慢。

然而,条件充足,情况许可,或者有所需要的时候,中国人也十分乐意充当兔子。为了捷足先登,我们经常动如脱兔。虽然几分钟之前,还是静如处子。

平时,中国人优哉游哉,漫不经心。但是,紧要关头,或者关键时刻,我们速度之快,简直出乎意料。同样一个人,静下来的时候慢吞吞地,甚至闻风不动;一旦动起来,却有如疾风。脑筋动得快,手脚更动得快,谁说中国人慢呢?

快的条件,有下述三个:

1. 始如处子,终如脱兔。刚开始如处子一般文静,才能够分散别人的注意力,认为主要竞争力量不在于此,然后如脱兔般快速,使大家措手不及,而捷足先登。

2. 人急造反,狗急跳墙。没有理由,大家急不起来,就不肯快速地动作。找到相当的理由,造反也有理,当然不肯静待处置,而采取快速反扑了。

3. 先发制人,以免被制。不下手就会被害,不利于己的时候,中国人多半不再犹豫,采取快速的行动。情势不妙,不能再拖时,我们会迅速处理。

中国人的阴阳文化,说慢的时候,含有快速的意思。我们既不反对慢,也不赞成慢。我们既不赞成快,也不反对快。总之一句话,应该快就要快,应该慢当然要缓慢。

(二)能拖且拖,到时再说

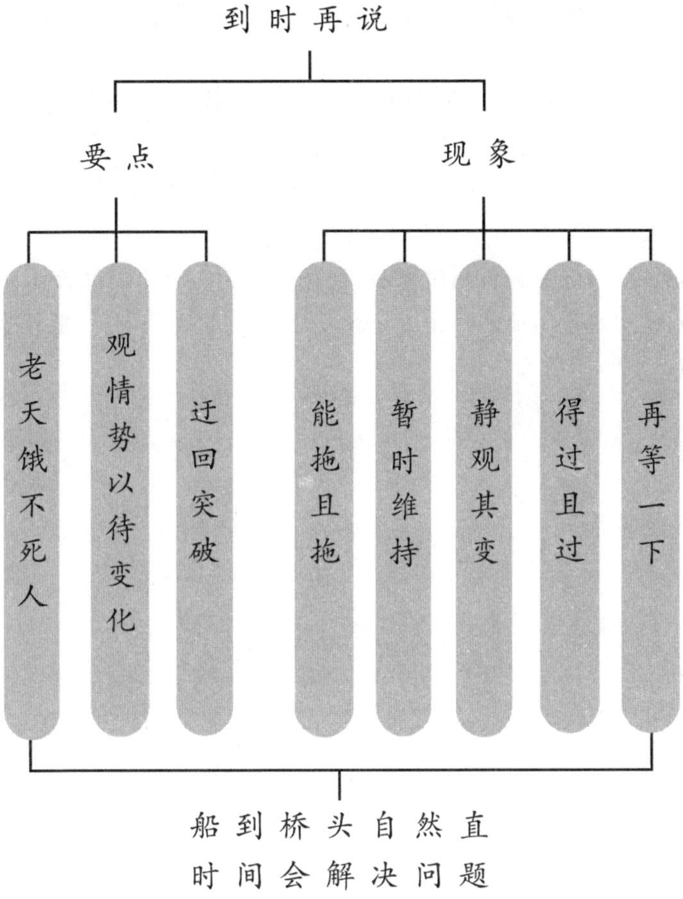

中国人虽然重视未雨绸缪,主张事预则立,不预则废。然而,挂在我们口头的,却是:“到时再说!”

拖字诀使中国人成为“穷则变,变则通”的实践者,看起来像消极的反应,得过且过,用不着费心盘算,因为“船到桥头自然直”,操心什么?

今天拖过去,还有明天。说不定情势变化,对我有利。晋文公历经十九年的艰辛亡命生涯,即位后居然可以称霸,可见拖的好处多多。等待情势变化,是拖的最佳借口。凡事到时再说,才能够配合当时的情势,以求合理。

拖的要诀,也有三个:

1. 老天饿不死人。中国人相信只要凭良心,天无绝人之路。何况塞翁失马,焉知非福?盛则衰、满则缺,时间会改变一切,目前的困境,拖过去,总有好日子过。

2. 观情势以待变化。人固然可以造时势,却甚为费力;时势造人,那就比较省力。中国人喜欢趁时、趁势,拖到时势有利才来发动,自然事半功倍。

3. 迂回突破。正面走不通,后退又无路时,采取迂回战术,不进不退,拖到时机适当,发现破绽时,再一举突破,岂不快哉!

能拖且拖,最好配合着当机立断,合在一起想。只要时间许可,当然可以能拖且拖,说不定拖出很多好处。若是时间紧迫,非决定不可,那就当机立断,不宜再拖。

(三)趋吉避凶,善于补过

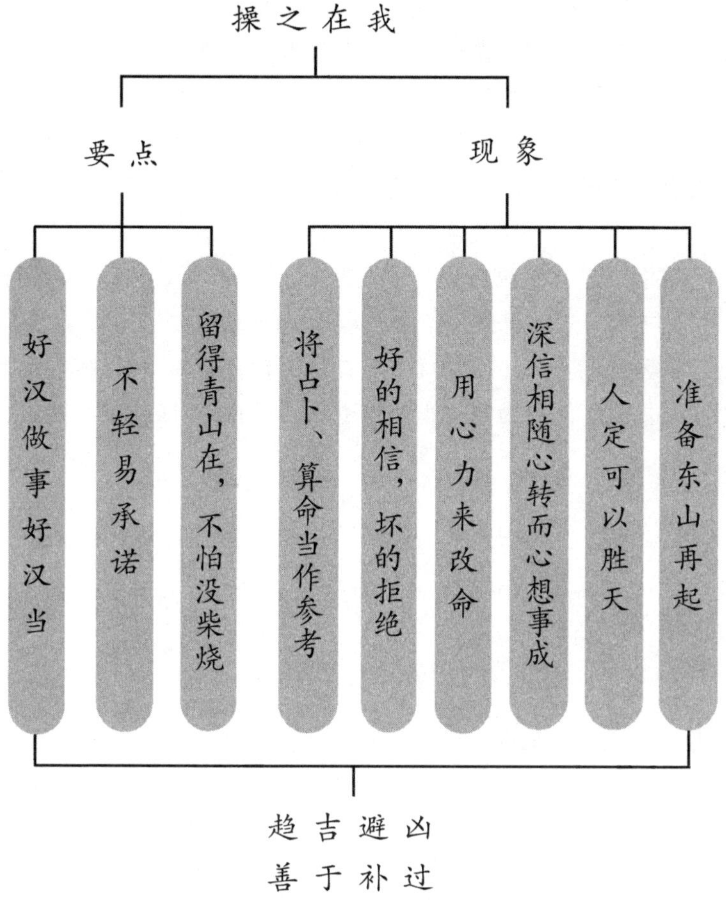

中国人虽然喜欢求神问卜,却反对迷信。我们常常嘲笑那些相信命运的人为愚夫愚妇,因为有识之士,只是将占卜、问卦、算命、测字的结果,当作参考,并不会完全相信,却理智地设法规避或补救,以求趋吉避凶。

聪明的人,将预测出来的天命,当作蓝图。然后有利的保留,不利的加以变更。例如算命,对自己有利的部分,相信它,以增强自己的信心;对自己不利的地方,不相信它,用心去改变。这样一来,不但可以趋吉避凶,而且能够用心补过,把不好的变好,不利的变利。心力可以改变命运,可见人定胜天,也是中国人的一种命运观。

趋吉避凶的心态,具有三个要点:

1. 好汉做事好汉当。顶天立地的人,对于自己所做的事,必定勇于负责,不会把责任推给老天。我们深信:没有人帮得了忙,没有人害得了我,一切都是自己造成的。

2. 不轻易承诺。因为要对结果负责,所以不能够随便答应。我们常说轻诺寡信,便是轻易接受责任,往往不易达成,变成无信之人。而缺乏诚信,对自己不利。

3. 留得青山在,不怕没柴烧。万一失败,承担不了责任,也不必自杀。因为留下性命,才有补过的机会。先逃之夭夭,力求东山再起,最后再负起责任。

人生其实就是趋吉避凶的历程,连着几次趋吉避凶,就显得好运当头,接连几次避不过凶祸,便成为倒霉鬼!知道凶的所在,才能够诚心补过,以求化凶为吉。

(四)见义勇为,舍我其谁

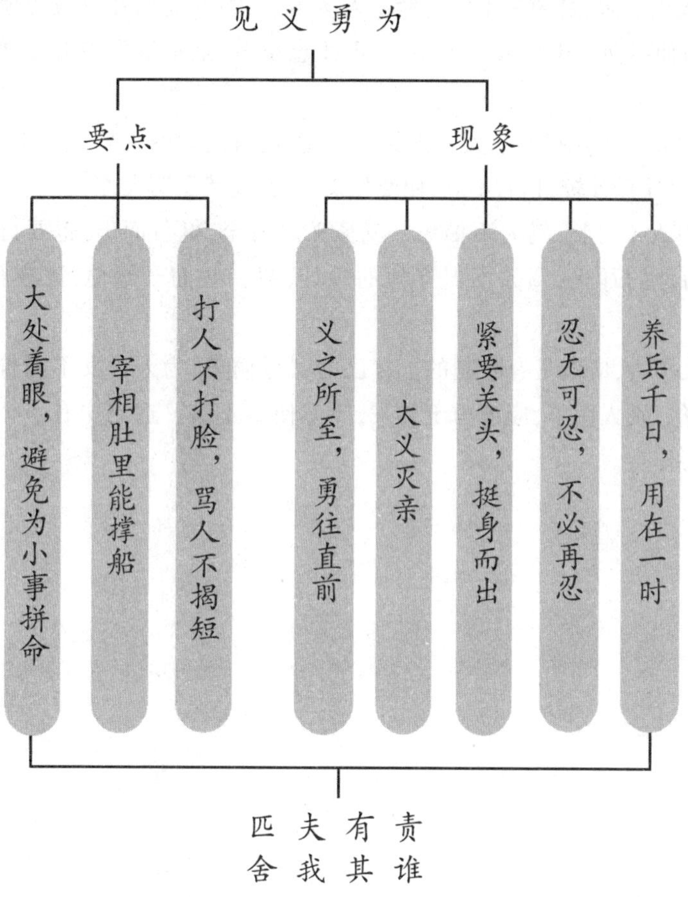

中国人虽然讲求深藏不露,量力而为,但是遇到紧要关头,义之所至,也会勇往直前,发挥舍我其谁的精神,竭尽所能,把所有的本领使出来,毫无保留。

本来深藏不露的目的,不是不露,而是适当地露,合理地露出自己的本领。量力而为,也是为了不伤元气,可以持久地保留实力,以求适时运用,永保平安。

保持实力,是为了见义勇为。所以义之所至,当然应该舍我其谁。这时候再深藏不露,有能力也等于没有;再量力而为,就对不起自己的良心。到了紧要关头,把平日所隐藏的,所保留的,统统表现出来,果然一鸣惊人。

舍我其谁的精神,也有三个要点:

1. 大处着眼,避免为小事拼命。人生苦短,力气要用在有益的地方,不必要为小事而拼命。中国人不拘小节,不注意小事,是希望集中力量,做好重要的事情。

2. 宰相肚里能撑船。大人物要有大度量,有能力的人要在大事上舍我其谁,而不是斤斤计较,稍有不满,便要见义勇为,徒然贻笑大方。

3. 打人不打脸,骂人不揭短。就算义之所至,挺身而出,也要自留余地。打人不打他的耳光,骂人不揭穿他的短处,留一些面子给他,比较容易圆满收场。

见义勇为,应该是有限制的。自己的父母偷羊,为人子女不能告发,否则就是不孝。别人偷羊,应该勇于告发,不然便是不义。这当中有一个伦理,不可不用心体会。

(五)择善固执,坚持原则

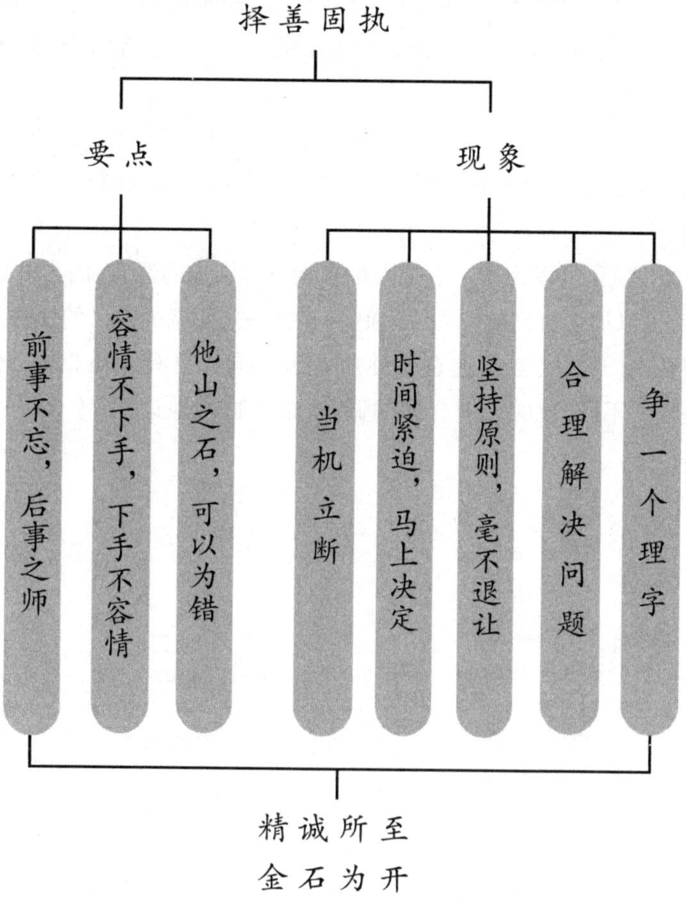

中国人虽然善变,看起来毫无原则。但是请问一位中国人:“你有原则吗?”相信大多数人的答案都是:“除了有原则,我还能有什么?”中国人的血型以O型居多,不但有原则,而且相当固执,我们都十分坚持原则。

不执着只是开始,因为那时候时机不清、情况不明,先存着看着办的心态,比较保险。一旦时机明朗,情况弄得相当清楚,就要当机立断,选择合理的解决方案而坚持执行,才叫择善固执。

时未到,抱着到时候再讲的态度。时一到,非解决不可,不能再拖,就应该及时择善固执,而且坚持到底。

择善固执的原则,也有三个:

1. 前事不忘,后事之师。中国人喜欢把过去的事情加以记载、记忆,并且记取其中教训,作为以后选择合理解决方案的参考。牢牢记住教训,才能累积宝贵的经验。

2. 容情不下手,下手不容情。中国人有时候很仁慈,有时候却十分残酷,便是容情与下手之间的不同选择。一不做、二不休,常常有斩草除根,以绝后患的案例。

3. 他山之石,可以为错。中国人很喜欢听取别人的经验,因为拿别人的失败做借鉴,可以加强自己的能力,增强坚持的信心,而减少自己的挫败。

学习他人的经验,必须注意其性质是否相同?只有性质相同,才方便学习。如是性质不同,就应该做合理的调整,以求适当地运用,才合乎持经达变的要求。

(六)取法乎上,方得其中

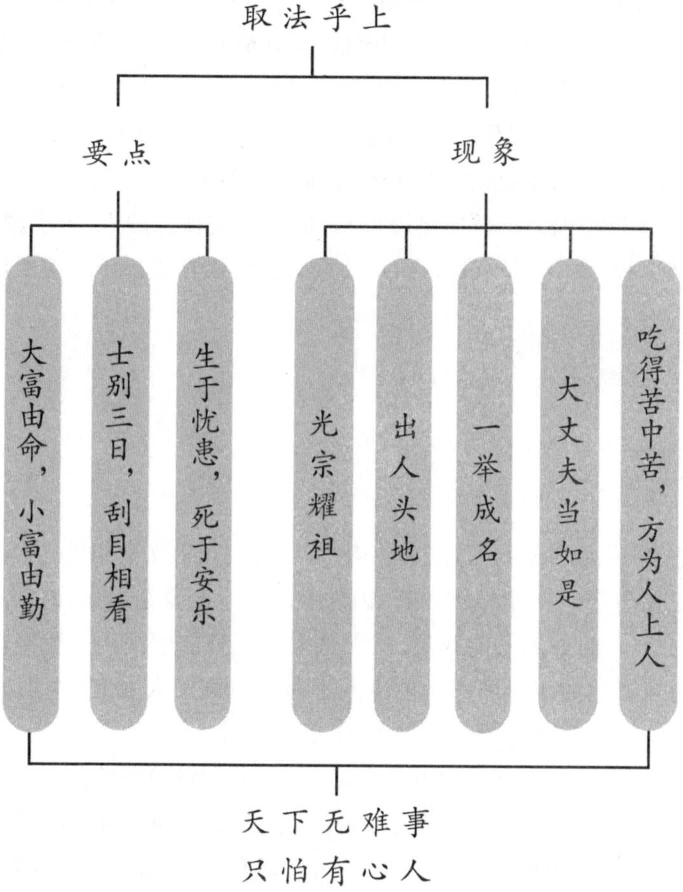

中国人虽然主张无欲则刚,知足常乐,却不可避免地卷入激烈的权力斗争或生存竞争。

从小开始,父母就鼓励子女必须争气。常常举出一些典范,希望我们见贤思齐,而且最好“青出于蓝而胜于蓝”,有一天出人头地,才算是光宗耀祖。

大家都提示“取法乎上,方得其中”,绝对不可以停滞不前,或者丧失斗志。

我们也明白“天下无难事，只怕有心人”，只要有心，自然能够排除万难，一举成名。所谓“吃得苦中苦，方为人上人”，怎么可以满足于现实呢？

取法乎上的哲学，有三个要点：

1. 大富由命，小富由勤。中国人普遍十分勤劳，是由于我们相信不努力就没有幸运。大富由小富来，小富由勤俭来。只要不断奋斗，成功是可期的。

2. 士别三日，刮目相看。暂时的落后，不算是失败。努力研习，增进自己的见识，不久之后，便可以迎头赶上，令人刮目相看。明日看我，才是斗志旺盛的人。

3. 生于忧患，死于安乐。中国人的忧患意识，恐怕是全世界最显著的。居安思危，明哲保身，怎么能够安于现状，不求上进呢？

有些人责怪中国人把目标定得太高，恰巧说这种话的人，大多颇有成就。为什么不想一想，如果当年没有高目标，今天会变成什么样子？得了便宜还卖乖，何必！

我们的建议

1. 现在我们看到这些习性，和前面所列举的，几乎完全相反。但是思考起来，好像也相当符合中国人的性格。因为中国人十分复杂，怎么讲都只说到他的一面，另外一面，如果不能触及，就无法掌握完整的中国人。我们审视中国人，要同时兼顾他的正反两面。中国人不是时常赞美人家有“两把刷子”吗？前面所说的，是一把刷子；现在所列举的，又是另外一把刷子。

2. 同样一个中国人，有时候出现前面所描述的习性，有时候又出现现在所列举的样子，难怪外国人认为我们没有原则，变来变去，莫测高深，因而觉得我们鬼鬼祟祟，不够坦诚。然而，平心而论，中国人不但有原则，而且诚信为重。怎么可以因为外国人不了解我们，对我们有所误解，也跟着起哄，数落中国人的不是呢？

3. 中国人有时候这样，有时候那样，却又不是毫无原则地乱变，可见我们具有“有时如此，有时如彼”的原则，足以因应各种时空的变化而坚持既定的信念。这种“以不变应万变”的特殊性格，长久以来，一直被误解，也遭受谩骂。以后的叙述，我们将要逐渐揭开它的奥秘。等待充分了解之后，就不难发现前面和现在所说的习性为什么能够同时存在而不互相冲突。

三、中国人的太极特性

太极是什么？最好的答案似乎就是“很难讲”，
中国人最喜欢说“很难讲”，可见是太极民族。

太极是一元，内含阴阳两仪，又变成二元，
中国哲学既非一元，也不是二元，是一之二元。

一之二元，有时还会变成三元，甚至于多元，
一生二，二生三，三生万物，成为一之多元之论。

二生三，中国人经常把两个东西看成三个，
对和错之外，还有一个答案，那就是“难说”。

相对的两个东西，可以形成三个，多一种选择。
好不好？不说好，也不说不好，说：马马虎虎。

阴中有阳，阳中也有阴，一切不外乎阴阳消长，
中国人是中有非，非中有是，是不是是非不明？

(一)阴阳是一种气的变化

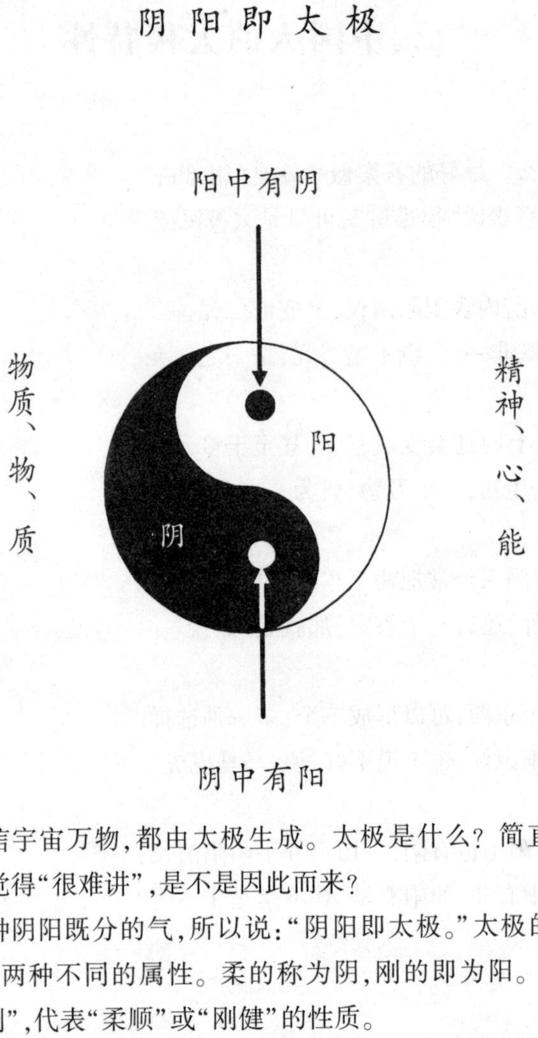

中国人相信宇宙万物,都由太极生成。太极是什么?简直很难说清楚。中国人凡事都觉得“很难讲”,是不是因此而来?

太极是一种阴阳既分的气,所以说:“阴阳即太极。”太极的变化,或阴或阳,呈现柔或刚两种不同的属性。柔的称为阴,刚的即为阳。中国人喜欢说“阴柔”或“阳刚”,代表“柔顺”或“刚健”的性质。

如果请教西洋人:“阴阳是一个东西还是两个?”答案多半是“两个”。阴算一个,阳是另外一个,当然是两个,难道还是一个?他们好像缺乏太极的概念。

中国人大多知道阴阳是一种气的变化。同一种气,变化成阴或阳,依循着

“阳极成阴,阴极成阳”的法则,形成“物极必反”的道理,产生了中国人最擅长的“中庸之道”,一切求合理,尽量不要走极端。西方一直把“精神”(能)(心)和“物质”(质)(物)看成二元而争论不休,到了阿尔伯特·爱因斯坦(Albert Einstein)才提出“质能互变”。中国人老早就知道“阴”(物质)“阳”(精神)是同一种变化,阴生阳,阳生阴,宇宙万象不是阴消阳长,便是阳消阴长。中国人的性格受到影响,也是阴中有阳,阳中有阴,看起来矛矛盾盾。

西方人可以说玛丽比较正直而约翰比较邪恶,中国人则很难这样区分。因为同一个中国人,有时候很正直,有时候十分邪恶。盖棺才能论定,未死以前,可能还会变。

(二)太极特性是一内含二

太极含阴阳

阴阳消长

有阴有阳

二合为一

一分为二

分久必合　合久必分

太极包含阴阳,而阴阳不是二元。那么,太极是不是一元呢?太极也不是一元。

西方的一元哲学家,不是主张“唯心论”,便是坚持“唯物论”。心物之争,居然争执不休。

中国不曾出现“唯阴论”或“唯阳论”,反而认清“孤阴不生”“独阳不长”。

西方也有二之论者,同时重视“精神”和“物质”,却为了两者之间的关系而苦恼不已。

中国的太极论,简单明了地指出“阴极成阳”“阳极成阴”,同时肯定“阴阳消长”的变化。

太极既不是一元,也不是二元,我们称它为“一之二元”,因为它的特性,正是“一内含二”。太极是一,内含阴阳二气,而阴阳未分才叫作太极。

阴阳未分前，混而为一，称为无极。这一混沌不分的气，或变为阳刚，或变为阴柔，就成为阳或阴。从太极看是一元，从阴阳看又成为二元，而太极即阴阳，阴阳即太极，到底是一元还是二元，很难讲，干脆叫它为“一之二元”。中国人的最高明处，便是常常运用“一分为二，二合为一”的法则。一部中国历史，也是“分久必合，合久必分”的变化。

通常中国人只说阴阳而不说阳阴，因为阴中有阳，表示柔中带刚，比较符合人性的需求。如果是刚中带柔，在人际关系方面，大多比较吃亏。先礼后兵，也由此而来。

(三)阴极成阳而阳极成阴

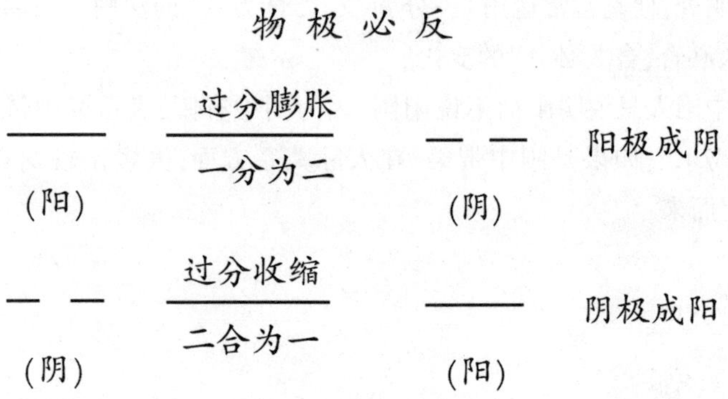

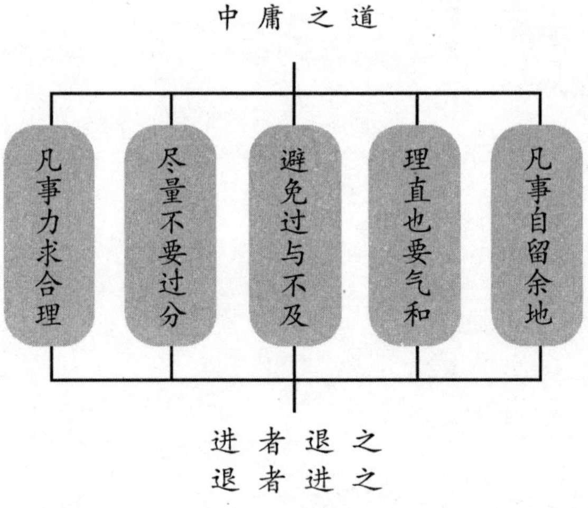

宇宙万物,时刻都在变化。中国人体认人事也是如此,因而十分重视"变易"。我们不但喜欢变来变去,而且讲求随机应变。许多人把中国人和"乱"字联想在一起,一想起中国人便想到"乱"字,而每想及"乱"字便以中国人为代表。中国人知变、应变、适度,一会儿这样,一会儿又那样,变动不居,怎么不乱呢?

然而,宇宙万物固然变动,却不是乱变。在变动的背后,有一定的规律可循。变动的法则,是“不易”的。中国人固然乱,却也乱中有“序”。这个“序”,便是“不易”的法则,可见中国人是有原则地变动,不是没有原则地蠢动。乱中有序,表示中国人不可不变,也不可乱变的特性。外国人不明此理,只看到中国人没有原则地乱变。中国人心中有数,我们是有原则地适时应变。

在“不易”的规律当中,有一些常用的,其实非常“简易”。例如“阴极成阳,阳极成阴”,使中国人信守“循环往复”的道理,采取“进者退之,退者进之”的策略,推演出“中庸之道”。一言一行,都要在刚柔动静变化作用不息的过程中配合时间和空间的因素,寻找此时此地的合理方式。由于时空变化,而其他变数也很多,所以中国人的应对方式,也千变万化,并不一定。

不可不变,不可乱变,成为中国人不易的变化原则。任何人都应该知常也知变,合理兼顾常道和变化,以求变得恰到好处,不致离经叛道,变到离谱的地步。

(四)孤阴不生孤阳也不长

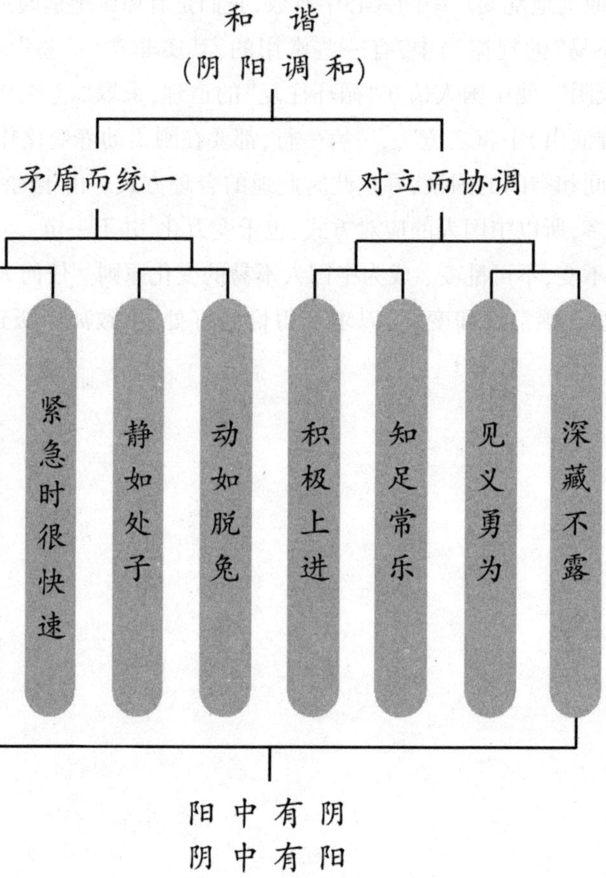

阴代表女,阳象征男。同性可以恋爱也可以结婚,却不能生儿育女。宇宙万象,都是阴中有阳,阳中有阴。男性体内有女性荷尔蒙,而女性体内也有男性荷尔蒙,才属正常。中国人说话,“是”中含有“不是”的成分,“不是”中含有“是”的味道。说“可以”能够变成“不行”,说“不行”也能够变成“可以”,不足为奇。

一阴一阳,相对相反,却不必相争相合抗,照样可以互补互助。中国人特别重视“和谐”,便是不希望阴阳抗争,斗争冲突,希望它们协调统一,和睦相处。

矛盾而统一,对立而和谐,成为中国人的性格特征。平时很悠闲,从容不迫;紧急时很快速,动如脱兔。静如处子和动如脱兔看似矛盾,却统一在中国人身上,应用自如,恰到好处。应该快就要快,而时间充裕时,那么急干什么?难道已经到了世界末日?积极求取上进和知足常乐好像是对立的观念,中国人应用起来,却十分和谐。有机会、有可能,当然要积极求上进,否则就是自暴自弃。尽力之后,时机不对,际遇欠佳,种种限制,这时候知足常乐,照样生活得很愉快,因为人生除了名和利之外,还有许多值得珍贵、值得追寻的东西。此时此地有这种念头,怎么算是消极、悲观呢!

世界上有矛盾,才能变化;有变化,才可能进步。中国人不但不害怕矛盾,而且在没有矛盾的时候,也要制造一些矛盾。只要用心加以化解,使其统一,何惧之有?

(五)一生二但二也能生三

二能生三

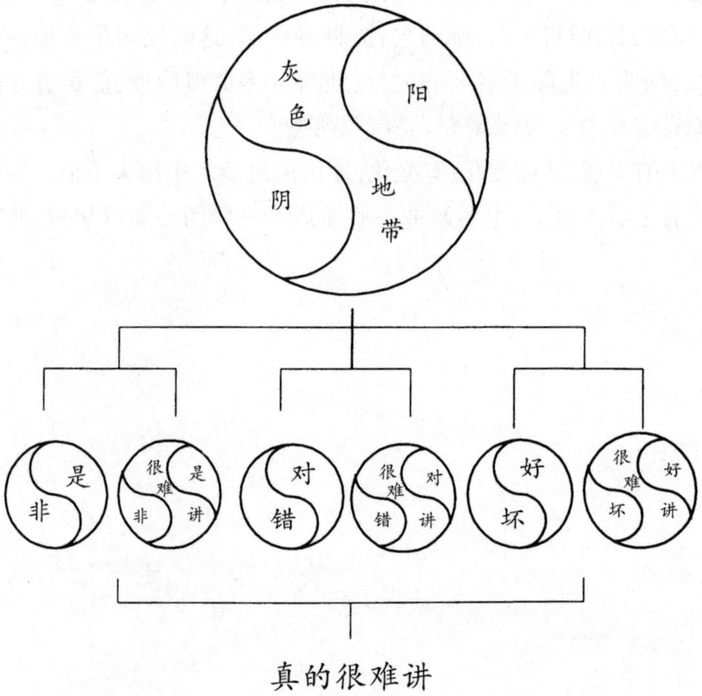

一生二很容易解释,太极是一,阴阳是二,阴阳叫作两仪(阴仪和阳仪)。太极生两仪,不就是一生二?

二生三相当麻烦,不知道怎样说明才好。两仪生四象,应该二生四才对,为什么老子说二生三呢?不管怎么样,中国人应用“二生三”简直妙不可言。我们常常把两个东西看成三个。

西洋人“是”就是“是”,“不是”就是“非”,显得是非分明。中国人在“是”和“非”之外,多了一个“很难讲”,看起来是非不明,却真的很难讲。

“是”代表“纯阳”,“非”则是“纯阴”,不是不可能存在,而是出现的概率很小。一般来说,百分之百对,百分之百错;百分之百是,百分之百非,都很难出现。常见的是阳中有阴，阴中有阳，也就是“是中有非”“非中有是”，形成“纯阳”“纯阴”之外的灰色地带，便是我们口中的“很难讲”。

把阴和阳看成“阴、灰色地带、阳”，等于把二看成三，正是二生三的妙用。一之二元，涵盖一之三元，甚至形成一之多元，真是变化无穷，而又统一为太极，仍然归一。中国人认为万变不离其宗，能够以不变应万变，事实上都是一之多元的应用。

中国人最高明的地方，就是“把二看成三”。明明只有两个答案，到了中国人手上很容易变出第三个，比人家多一种选择。难怪弹性更大，应变力更强。

(六)当阳则阳而当阴则阴

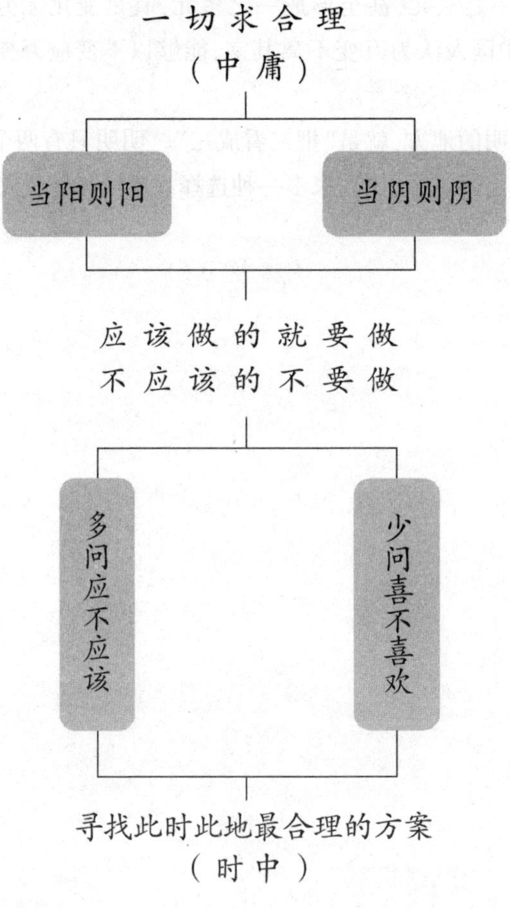

阴和阳并没有好坏之分,一个人白昼当阳,要精神旺盛;夜晚当阴,要安静入睡。我们能够说清醒才好,睡眠不好吗?但是,白昼昏昏欲睡,夜晚精神旺盛,我们就认为不妥当。中国人的道德观,建立在“应该怎样,就要怎样”,最好多问“应该不应该”,少问“喜欢不喜欢”。今天的人,不明白此理,竟然高唱“只要我喜欢,有什么不可以”,完全违反中华文化而不自知。

不过,应该不应该也不是一成不变的。有些人的工作,需要上夜班。这种人需要白天阴而夜晚阳,应该如此,也就没有话讲。时空和相同因素改变,应该的可能变成不应该,而原本不应该的却变成应该,中国人所追求的“时中”,正是“此时此地最合理”的“应该”。

“中”即“合理”,追求合理是“不易”的态度,然而“时”会“变易”,时一变,合理的标准也跟着改变。“时中”的原则是不变的,而时中的结果则时刻变动。孔子说:“无可无不可。”庄子说彼有它的是非,此也有它的是非,是的变化没有穷尽,非的变化也没有穷尽。中国人共同追求合理,所得的答案未必相同,而且同一个人,看法随时在改变。在这种情况下,不乱,可能吗?乱就是变化的象征,不乱,变得通吗?

中国人之所以产生“对,没有用”这种奇怪的观念,便是看出对与错并非一成不变的,反而对会变错,而错也可能变对。我们把对和错合起来想,力求圆满。

我们的建议

1. 从太极的理论来印证中国人的言行,好像相当吻合。我们经常拿西方的标准来衡量中国人的行为,觉得毫无是处,现在改用太极学的标准来评估中国人的一言一行,会不会顿然省悟,原来很有道理!把前面所列举的矛盾项目,以现在的系统把它们统一起来,不难发现,中国人确实是有原则地应变,而不是没有原则地乱变。

2. 如果还弄不清楚,不必着急。后面我们将会进一步分析中国人的性格,由于受到太极学的影响,所产生的一些特性,来证明“把二看成三”,是太极民族的主要运作。中庸之道,便是在两极之外,多一个灰色地带,可供选择。中庸简称为“中”,即为“合理”。中国人在两极和中性之间,不一定选择中性,有时候也可以选择两极之一。只要是此时此地最合理的,便是“时中”的答案。时中也是变动的,这一点最困难,常常会出差错。

3. 不必怀疑为什么大多数中国人没有修习太极学,居然会成为太极民族。因为古代圣贤,已经十分高明地将太极学的理论,化成最为简单明了的俚语,到处传播,形成家喻户晓的道理,经由父母兄长,在我们幼童时期,灌输到我们的脑海里,想不知道都不可能。这一本小书所列举的一些通俗俚语,其实都属于高深的太极道理。

四、把二看成三的妙用

太极生两仪,一件事总有正反两面,
两者选一,非是即非,非此即彼,容易走极端。

中国人不喜欢走极端,所以避免两者选一,
我们把二看成三,多一个灰色地带,多一些选择。

就算把二看成三,我们也很少选择其中之一,
中国人擅长兼顾,希望面面俱到,以求圆满。

刚柔并济,柔中带刚,不缓不急,不快不慢,
使中国人可进可退,也可不进不退,变化多端。

变来变去,时最重要,中国人重视适时应变,
可变成君子,也能变成小人,必须各自警惕。

随机应变者为君子,投机取巧者即为小人,
这两者十分相似,很难分辨,害惨了中国人。

(一)中国人最擅长兼顾

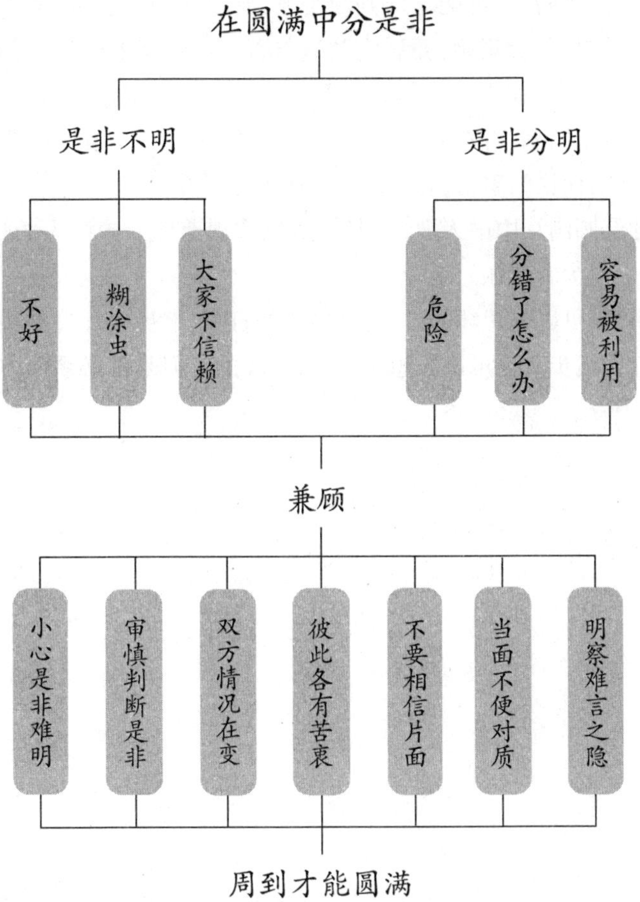

"兼顾"的概念,是中国人解决问题的主要依据。考虑事情,必须对双方或多方面都照顾得周到,才能圆满。双方代表二,比较容易看到;双方以外还有三或更多,就比较难以顾及。今天大家喜欢说"全方位",其实就是"面面俱到""各方面都兼顾"。

只看到一分为二,很容易走极端,在二中选一。若能把二看成三,比较能够兼容并蓄,照顾到各方面。

凡事最怕“只知其一，不知其二”，可是“略知一二”，已经很不简单，能够把二看成三，当然可以更为圆满。唯有圆满，才能毫无缺陷。

做人要有是非，不能是非不分。然而是非难明，非明辨是非不可。我们不是上帝，也不是神明，不可能立即判断是非，所以必须审慎，从各方面来考虑。慎断是非的结果，是否正确，要看它圆满与否。在圆满中分是非，是中国人的和谐境界。

是非分得不圆满，有缺陷，这时候“对，也没有用”。事实证明，对的事情也会引起争执；而错的事情，有时却意外地歪打正着。

兼顾才会圆满。中国人要求圆满，所以重视兼顾。中国人的性格看起来矛盾，实际上是为了兼顾。

遇到事情，可以先想坏的方面，做最坏的打算，然后才反过来想好的方面，能够好到什么地步。也可以先想好的，再想坏的。但是都必须两方面兼顾，找出合理点。

（二）兼顾观念来自太极

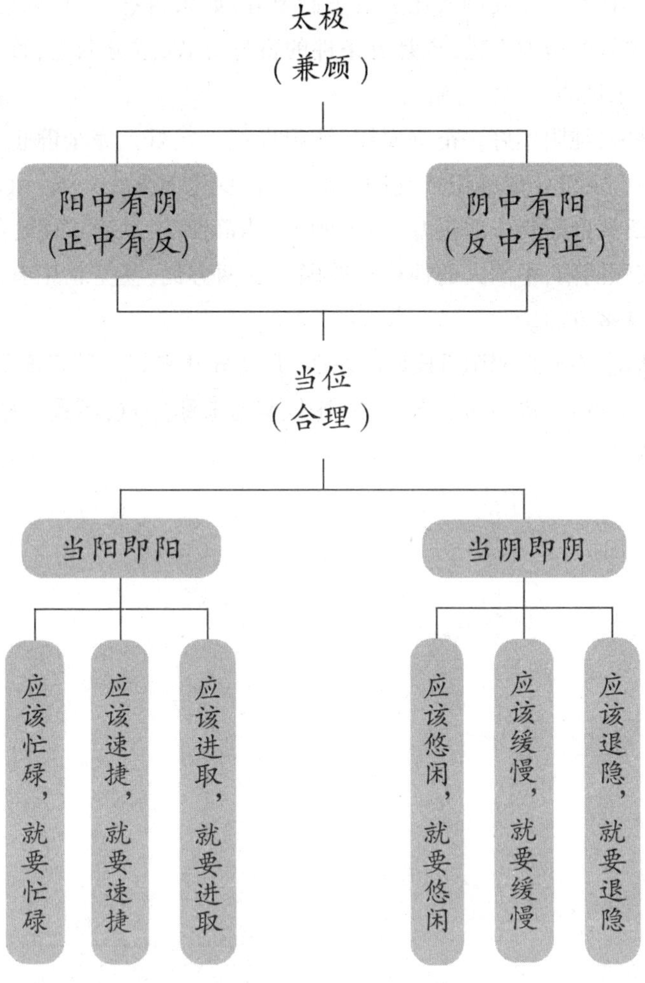

慢条斯理，从容不迫好不好？很难讲。慢工固然出细活，但是急着要用的时候，细活来不及赶上用途，又有何用？不怕慢只怕站当然是对的，有时慢得连站的位置都没有，是不是嫌太慢了？事缓则圆，如果缓不济急，又怎么圆满得起来？悠闲生活，只是有条件的良好方式，并不是一味悠闲，管它天会不会掉下来，过分了就不好。

反过来,动如脱兔,捷足先登好不好?也是很难讲。始如处子终如脱兔,固然可以避人耳目,令人措手不及。但是动的结果,如果不合理,又有何用?造反也有理时,当然可以快速反扑,有时候反扑的理由,事后才知道是对方诱敌之计,岂不伤心?先发制人比后发被制要好,如果再忍一时,谁也不必制伏谁,是不是更好?奋发上进,也是有条件的良好方式,过分激进,整天紧张,并不是大家所乐见的。

悠闲是阴,纯阴不好。奋进属阳,纯阳也不一定好。完全静止不好,完全动荡也不好。太极变成纯阳或纯阴,就会停止变化而死亡。人一直悠闲或奋进,也会缺乏调剂而丧失适应力。当动则动,当静便静,动静咸宜最合理。

太极兼顾阴阳,中国人的性格也兼顾正反两方面,甚至正中有反,反中有正,兼顾到许多方面。

换句话说,不要把阴阳看成两种东西,并且分开来想。最好把阴和阳看成是一样东西的变化,进一步合起来想,比较容易兼顾并重,不致一厢情愿地掉入极端的陷阱。

(三)阴阳有如两把刷子

中国人普遍都有两把刷子,没有两把刷子,在中国社会很不容易生存。这两把刷子,一把是阴,一把是阳。一阴一阳之谓道,两把刷子交互运用,就是中国人的生存之道,也形成中国人的两面性格。

我们一方面重视未雨绸缪,主张凡事都要及早盘算;一方面却能拖且拖,什么事情都到时再说。一方面认定谋事在人,成事在天,似乎不能和天争,有宿命的味道;一方面又知道趋吉避凶,并不完全顺应命运,甚至以善补过来改变命运。有时候深藏不露,有本领也不表现,只愿意量力而为;有时候则见义勇为，就算本事不足，也会舍我其谁地向自己挑战。既喜欢随机应变，见机行事；也能够择善固执，坚持原则。遇到挫败或者暂时停顿时，自我安慰无欲则刚，以知足常乐的心态来因应；有机可乘，情势有利时，却又取法乎上，方得其中，一副积极奋发、力求上进的样子。竞争的时候，讲求处世之道；失败的时候，也有退隐之方。动定咸宜，进退俱安，不是两面兼顾吗？

有阴有阳，有时候阴长阳消，有时阳长阴消，有时阴中有阳，有时又阳中有阴。中国人的两把刷子，变化多端。外国人搞不清楚，说中国人阴险、奸诈、不够坦诚。我们心知肚明，中国人讲求诚信、正直与光明。

历史上君子为什么常常为小人所欺侮，甚至于被小人害死，便是自以为正直而只用一把刷子。孔子指出君子可欺之以方，就是另外一把刷子没有拿出来用的恶果。

(四)能进就进,该退就退

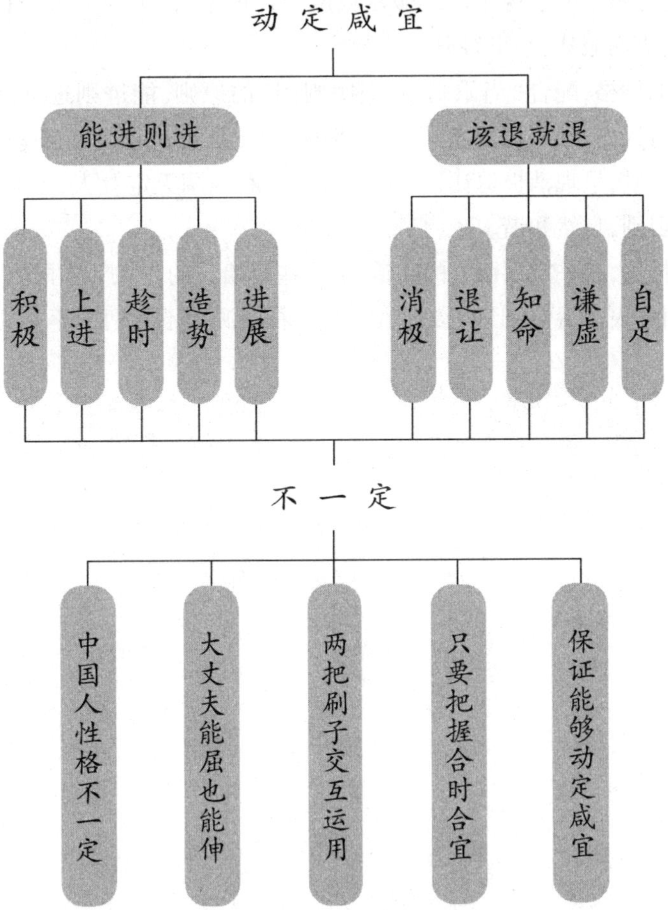

中国人的性格,为了"兼顾"双方以求圆满,"刚""柔"两把刷子交互运用,以致成了孔子所说的"无可无不可"。说它消极却很积极,说它积极却很消极。

两把刷子交互运用的标准在"合理",应该刚时要刚,应该柔时要柔。中国人有时候这样,有时候那样,变来变去并不一定。只要变得合理,合乎时空的要求而能够制宜,便属合道的行为。

中国人的性格如何,说起来就是"不一定"。因为不一定,所以怎么说都对，都能够说中它的一部分，却又怎么说都不对，因为它还是会变。

例如说中国人不守时，没有时间观念，很对。但也不对，中国人最重视出生的时刻，牢记生辰八字；重要人物主持会议，没有人会迟到；利害攸关的吉日良时，更是分秒不差。说中国人服从权威，对，也不对，中国人害怕权威，却不信服权威；表面服从，心里怨恨。

我们的性格，配合“当阳则阳，当阴则阴”的原则，能进则进，应该退就要退。进的时候，表现积极奋发，力求上进的一面，强调人定胜天，不折不挠的阳刚。退的时候，呈现消极退让，无欲无求的一面，强调天定胜人，乐天知命的一面。面面俱到，自然和谐。

这种描述，带一点双面人的味道，也有些骑墙派的作风。中国人认为合理就好，双面都表现得恰到好处，骑墙骑到左右逢源而不致两面不是人，岂非十分灵光？

(五)二看成三,变化多端

变化多端

中国人性格多样化——可以如此也可以如彼

中国人性格复杂化——刚中带柔而柔中有刚

中国人性格善变化——忽而这样忽而又那样

合理就好

如果是单纯的兼顾双方,中国人不是这样便是那样,还不致过分复杂。但是太极生两仪之后,两仪还是会变化,所以中国人在两方之间的中间地带,产生了许多选择,增加中国人性格的多样化和复杂化,加上原来的善变化,就更为不一定,使人摸不着头脑。

变得合理说起来很简单,合理就行。实际应用起来,实在十分困难。首先,合理本身就是变动的,顺的时候,要警惕不可能长久顺下去才合理;不顺的时候,要给自己一些安慰,顺得久了,不顺一下自己才会保持应变力;或者给自己一些希望,皇天不负苦心人,总会有顺的一天;甚至给自己一点麻醉,比上不足,比下还是有余。然而,不论如何只要稍为过分,或者因应的对策偏差,都不合理。其次,时间变动,合理的标准也要跟着调整。原来自我安慰是正确的,可是时机变得有利时,却已习惯于逆来顺受,就显得有些自暴自弃。偏偏这种调整,也很难及时。最后,两者对比,还比较容易选择,反正非此即彼,二者必选其一。把二看成三以后,有了更多的选择,往往不加思考,选择中间的那一个方案。这种态度,貌似中庸,却是令人厌恶的“伪中庸”,孔子骂它为“乡愿”而深恶痛绝。不幸的是,一不小心便会掉入这个陷阱,可怕!

把二看成三,本身就是一种艺术。必须心正意诚,才能够为众人所乐于接受。若是心不正、意不诚,很容易变成权术,为大家所不齿。中国人以诚为本,其理甚明。

（六）变来变去时最重要

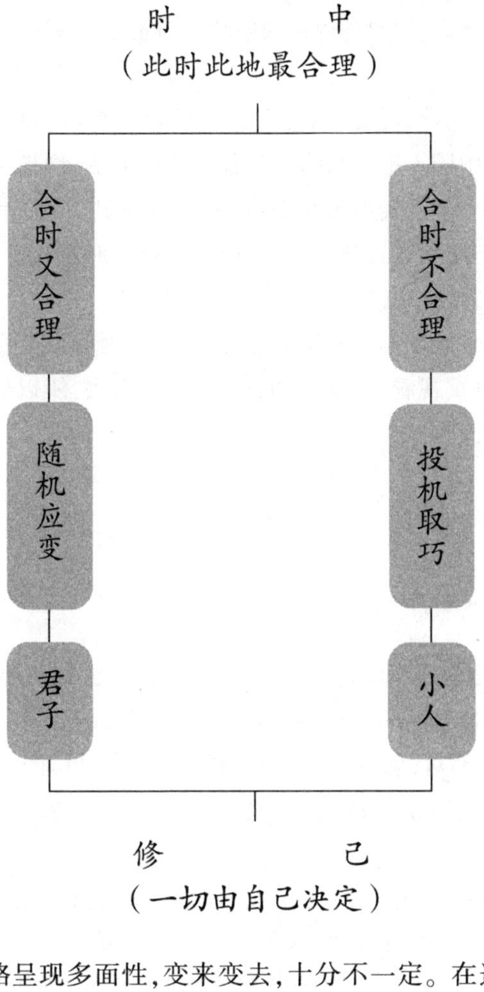

中国人的性格呈现多面性，变来变去，十分不一定。在这种情况下，不一定成为君子，也不一定成为小人。说不定是在君子与小人之间，徘徊不定。

我们是黄河流域长大的民族，黄河常常改道，是不是形成我们不一定的性格，最好的答案好像也是不一定。

变来变去，不一定好也不一定不好。要看变得合不合时宜，合时就好，不合时便不好。前面说过中国人追求“时中”，孔子也被大家尊敬为“时之圣者”，可见“时”对中国人而言，十分重要。

“时”是像流水一般，不停地变动的，中国人追求“时中”，所以观念和行为随“时”流转，不断改变。识时务者为英雄，表示配合“时”的变化而调整自己的步伐，才是英雄。然而，识时务也常被解释为“同流合污”，因而“投机取巧”，却也获得丰厚的报酬。

中国人最难的选择，便是“随机应变”而不是“投机取巧”。由于两者实在不容易区分，以致中国人把自己的应变看作随机应变，而把别人的应变视为投机取巧。君子与小人，其实不过是随机应变和投机取巧的差异而已。“时”是有相同的应变的态度而方式却不同，就产生了君子和小人。做中国人，真的不容易，真的不能不警惕于心。

一般而言，为公而变大多被视为随机应变，而因私而变则恒常被视为投机取巧。中国人十分重视看不见的动机，时常猜来猜去，所以做人做事必须经得起大众的考验。

我们的建议

1. 太极有阴也有阳，如果二选其一，不是阴便是阳，那就很确定。中国人不但看出阴阳，而且看出阴阳交界的部分，把二看成三，所以很不一定。中国人的性格，怎么说都对，怎么说都不对，理由十分简单，因为中国人性格不一定。说来说去，都只能说到它的一部分。好像瞎子摸象那样，很容易自以为是，要特别小心才好。

2. 中国人性格多样化，却能够矛盾而统一，对立而和谐，便是遵循太极学的原理。太极学的内容，可以从《易经》《易传》去体会。《易经》最重视刚健、中正、不已，启示我们中国人因为性格具有多面性，必须提高警觉，使自己保持恒久的刚健中正，才能确保自己成为君子而不致沦为小人。关于这一点，我们以后还会详加讨论。

3.《易经》兼说生死，兼顾阴阳，对中国人的影响十分重大。“兼顾”的观念,早已深入中国人心中,而变来变去务求合时合理,也成为中国人的共同理想。合理不合理,很难讲,所以中国人特别喜欢说:“很难讲。”凡事要“站在很难讲的立场来讲”,才不致乱讲。中国人性格如何?先说“很难讲”,再说“不一定”,虽不中也不远了。“时”的掌握,也很难讲,必须小心翼翼,以求合理。

五、君子和小人只在一念之差

语言学家认为语言和民族性有密切的关系，
建议我们从语言来了解一个民族的特殊性格。

中国人最常用、同义词最多的是："不一定。"
是不是表示中国人的性格，最特别的就是不一定？

我们最喜欢说两句非常矛盾的话，令人费解，
说完"好心有好报"，马上说"好心遭雷击"。

如果要追问"究竟这两句话，哪一句是对的？"
答案多半是"都对"，因为"世间事不一定"。

君子和小人，也是一体两面，表面上一模一样，
大家都依据易理，表现出来，却成为君子或小人。

一念之差，中国人可成为君子，也容易成为小人，
自修、自治、自律，才能使自己免于沦为小人。

(一)中国人喜欢说两句话

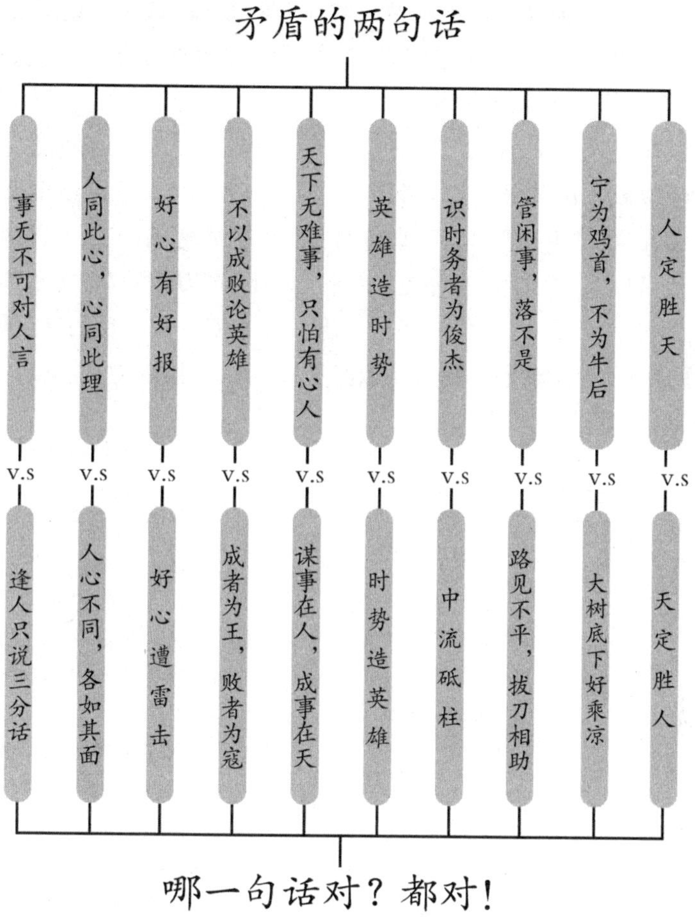

中国人常说:“跟你讲两句话好不好?”然后说上两三个钟头,何止两句话,简直说个不停。

但是,中国人确实常说“两句话”,不过是两句矛盾的话。语言学家认为语言和民族性有密切的关系,中国人的矛盾性格,是不是和喜欢说矛盾的两句话有关呢?

我们刚刚说完“事无不可对人言”,既然敢做,就没有必要隐瞒;一切坦诚以对,就没有什么不能说的。马上会说“逢人只说三分话”,而且这三分还是比较不要紧的部分,说了简直等于没有说。

哪一句话对?都对。有时候“事无不可对人言”才合理,这时候必须完全坦白,有话就说,大家才会欣然接受。然而有时候却“逢人只说三分话”才合理,这时候必须轻描淡写,避重就轻,简单而模糊地支吾过去,大家才觉得安心。两句话都对,只是相当矛盾。

“人同此心,心同此理”,“人心不同,各如其面”;“好心有好报”,“好心遭雷击”;“不以成败论英雄”,“成者为王,败者为寇”;“天下无难事,只怕有心人”,“谋事在人,成事在天”;“英雄造时势”,“时势造英雄”;“识时务者为俊杰”,“中流砥柱”;“管闲事,落不是”,“路见不平,拔刀相助”。例子多得很,不胜枚举。我们每听见一句话,最好马上想一想有哪一句相反的话。把这两句矛盾的话合在一起,兼顾并重,才不致只听一句话就信以为真,形成不圆满的断章取义。

（二）两句话是品管上下限

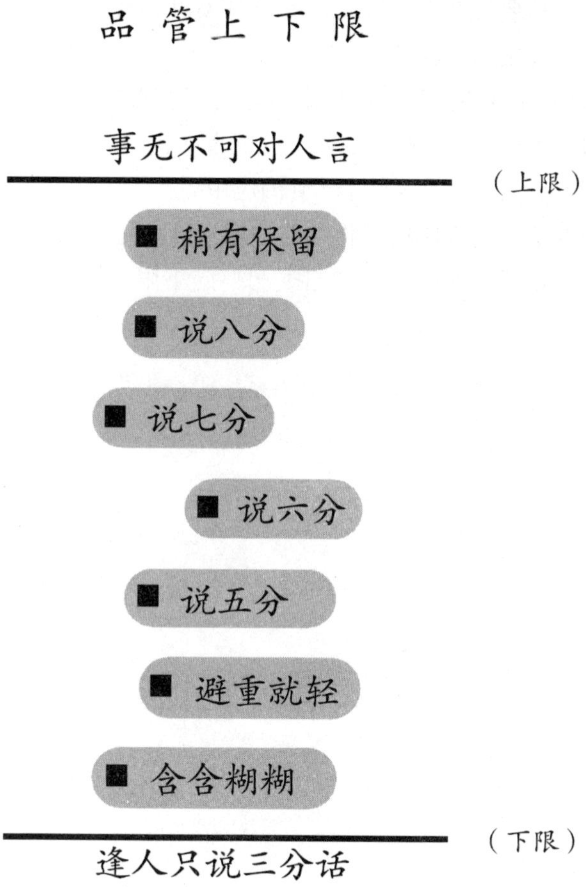

品质管制的观念，好像现在才有，其实不然。中国人常说的两句矛盾话，实在就是品管的上下限。从这个角度来看，中国人应该很早就具有品管意识，品质良好的成君子，品质不良的为小人。

例如说话，我们以“逢人只说三分话”为下限，而以“事无不可对人言”为上限。张三和此事无关，以不提为上策，如果问起，仅能三言两语交代过去，免得背后议论，惹人反感。李四也和此事无关，但他是我的同学，关系比张三密切，不妨避重就轻，说四分话。王五和此事有关，但弄不清楚他的立场，所以五分五分，一半一半，看他如何反应，再作定夺。龚六向来有事就和我商量，不同他说容易引起误会，和他说又怕惹出是非，既经问起，告诉他六分，保留四分，以便随时应变。杨七是我兄弟，说出来彼此有个商量，先说七分。刘八和我合伙，不说不行，当然要说八分。姚九是我的参谋，只能稍有保留。至于什么时候才有必要全盘托出，到时再说。

见人说人话，见鬼说鬼话。如果拿品管的概念来衡量，是不是相当合理？中国人有时候很坦诚，有时候又吞吞吐吐，欲言又止。逼得凶了，可能会扯谎；签了名，也可能反悔，是不是也属于品管的应用呢？

一般人只知道把品管应用在物料的处理上面，中国人老早就把品管的意识妥善地运用在说话上面了。一句上限，另一句下限。凡是过与不及的，都属于不良的表达。

(三)在规范内可自由选择

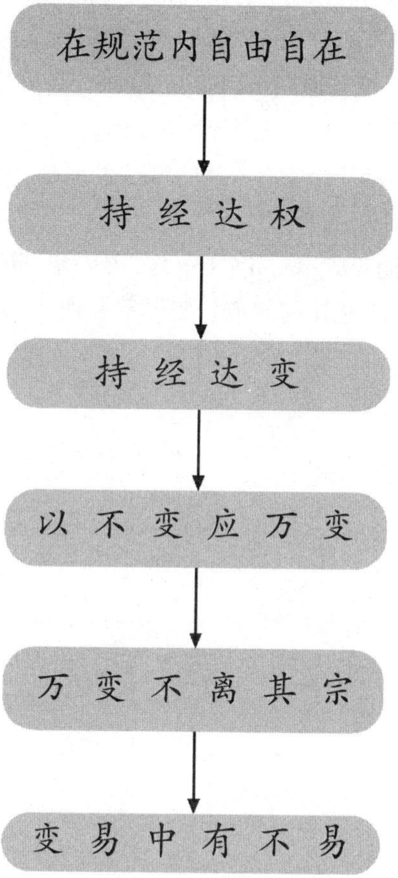

中国人喜欢自由自在,就算皇帝的威权很大,照样觉得“帝力于我何有哉!”但是自由自在要能不逾规矩,真是谈何容易?孔子那样的圣人,都要等到七十岁,而且不断地自我修治,才办得到。一般人要自由自在却不逾矩,必须借助于一定的规范。先贤把这种必需的规范,叫作“经”,含有“经常要遵守”,不可随意变更的意思。“经”是规范,给大家一个范围,也就是品质管制的上下限,在限度内,人人有自由裁量的权利,至于裁量得合理与否?那是个人的修养功夫。最起码已经不逾矩,可以称为“规矩人”,如果功夫好,判断力强,就可以成为“合理人”,而心安理得,问心无愧。

自由选择,称为权宜应变,简称为“权”。权宜应变要在规范内进行,叫作“持经达权”,或者称为“持经达变”,也就是常说的“以不变应万变”。“不变”的“经”,是必须遵守的原则,“万变”的“权”,要因应实际的变化,做因时因地因人因事的制宜。拿不变的原则来因应万变的情况,可见中国人是有原则的,变来变去,万变不离其宗。“宗”也就是“一以贯之”的根本原则。

中国人性格,“不一定”当中有一些“一定”的原则,“变易”中有“不易”,看清楚了也相当“简易”。

一定、一定,很可能变成不一定;不一定、不一定,同样可能变成一定。只要变得合理,便合乎自由选择的规范。变得不合理,大家就不能接受,认为岂有此理!

(四)看似自由却需要自律

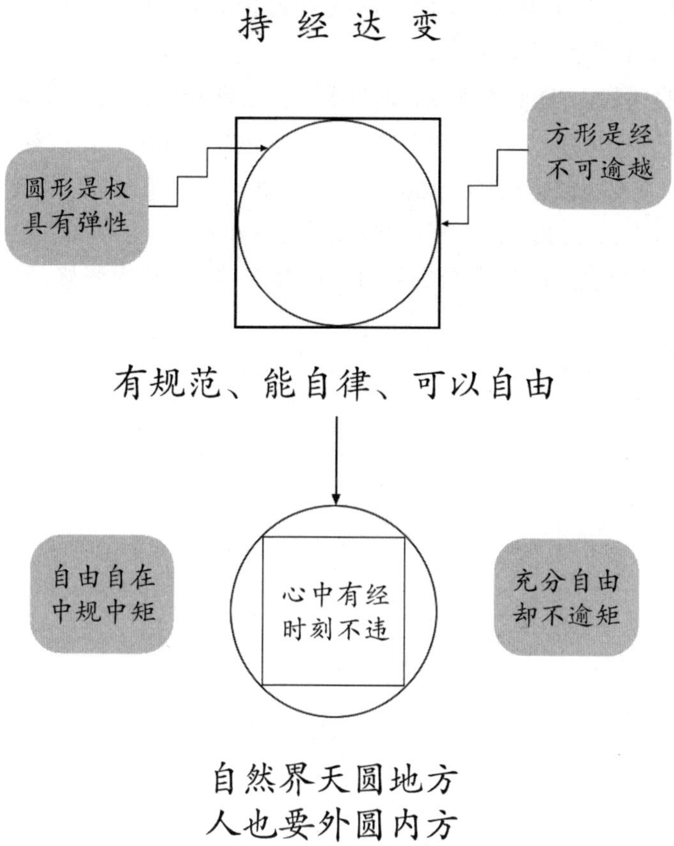

几千年来全世界的文明古国,只有一个中国能够维持一脉相承的历史文化。真正原因,就在“持经达变”。

古代中国看似闭关自守,如果确实是这样,老早就因为缺乏新的刺激而死亡了。历代以来,中国都在不断吸收外来文化而进行着融合的工作。钱穆先生说“持续中有变化,变化中有持续”,正是这个意思。

个人也是一样,中国人最自由,自由到不知道“自由”的意义和价值。然而,中国人也最不自由,因为“经”的地位崇高,大家都不能够违背它。经常法则,维持中国法统,种种规范,使中国文化得以持续不变。各人自由,让大家随机应变,因时制宜,使中国文化能够适时变化。

中国人最需要的是“自律”,也就是“自己管理自己”。儒家倡导“修己”,希望大家各自不断地用心修治自己。日新又新,但不能忘本。

今天中国人只记得日新又新,却不经心地忘了本。要自律却不重视根本,势必越变越新,变得不像中国人。

唯有自律的人,能够得到较大的自由。修己良好的人,不会觉得中国礼教吃人。修己很差的人,必定觉得中国社会传统包袱太重。自律很难,儒家重视“慎独”,便是要我们从独处时做起,而不是表面上做给人家看。

要求自由,必先自律。不喜欢被人家管,最好先把自己管好。这是中国人十分重视修己的根本原因,儒、道、释、法、墨各家,一致主张修己,可见其重要性。

(五)自己决定自己的性格

咎由自取

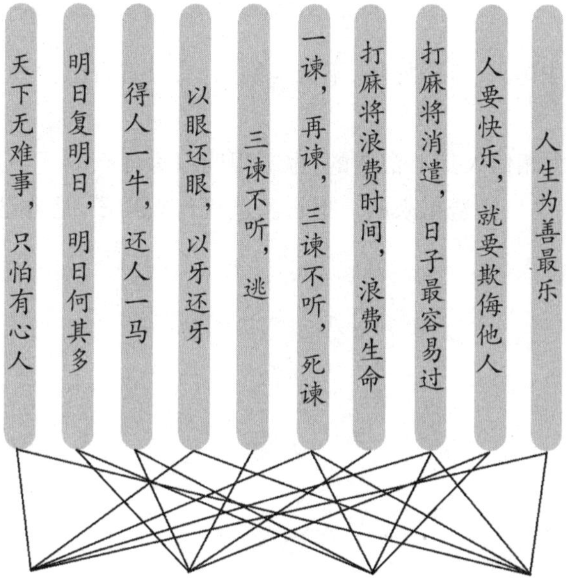

中国人有太多的选择
一切都是自己造成的

一般民族性的形成，“他力”比较大，由环境和英雄来决定，强制施行。中国民族性，则“自力”比较大。自古以来，英雄只想当皇帝，而皇帝只管自己的丰功伟业，很少管老百姓。加上中国人自由惯了，想管也管不了。

孔子认为“人性是可塑的”。提倡“修己”，就是针对中国人喜欢“自己决定自己性格”的特性。他只是提醒大家，既然自己要决定自己的性格，必须摒除“只要我喜欢，有什么不可以”的观念，改采“应该怎样才合理”的思考方式。中庸之道就是“合理主义”，一切求合理，便可以自己决定。若是但凭喜欢，就要受到强有力的限制。

中国民族性，就是“自己决定自己的性格”，所以“一样米养千样人”，果真人心不同，各如其面。然而，古圣先贤不具英雄性，不去当皇帝，却处心积虑地建立一些规范，称为“经”。透过父母的“念经”（说教），老师的“解经”（上课），经过自己的“诵经”（有口无心），逐渐能够“读经”（理解其中含义），再来“传经”（渗入自己的见解），使整个社会，异中有同，而中国人也得以人同此心，心同此理。

作为一个中国人，性格好坏，不必怪别人，要反省自己：“我为什么搞成这个样子？”

中国人不太相信人是上帝造的，也不很明白为什么猴子会进化为人。我们比较相信：人是自己造出来的。把自己造成什么样子，是自己的权利，也是自己的责任。

(六)可成君子也能成小人

太极生两仪

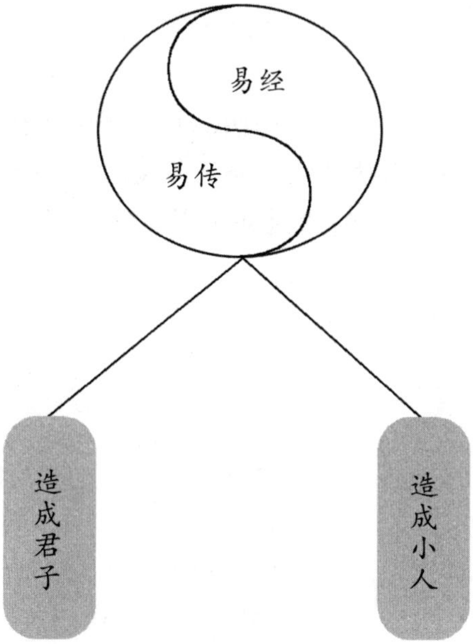

大家都依易理而行，
结果却十分不一样！

同样依据太极学，大家都按照《易经》《易传》的道理，却造成君子，也造成小人。两者之间，不过一念之差。

例如占卜，原本是用来决断疑惑的，朱子说过："一切但依道理，应该做的就要去做，不应该做的便不应当做，根本用不着占卜。但是应该做的事，在方法上有分歧，觉得十分迷惑，才能够占卜。"君子为公事、正事而占，小人为私欲、恶事而卜，显然是不相同的。

君子的行为，依凭良心，不应该考虑后果。应该做的，全力以赴；不应该做的,不会去做,只问耕耘,不应该问收获。孔子主张"不占而已矣"便是既然应该去做,而且不必问效果,占卜做什么?

但是,现代民主潮流,君子必须同小人斗,而且要斗赢小人,社会才可能安乐。因此现代化君子,不能只问耕耘,不问收获,却应该讲求有效的方法,以确保成果。这样看来,适当的占卜,预测未来的发展,也是必要的。

君子和小人,从外表看不出来,所说的话也大致相同,只有从行为来判断,其动机如何,其结果又如何。中国人喜欢猜测。遇事议论纷纷,不太相信人家所说的话,疑心很重,如果为了明辨君子或小人,似乎应予谅解,谁叫中国人性格发展出来可能成为君子,也容易成为小人呢!判断君子或小人,很不容易从看得见的、有形的表现来衡量,却必须从看不见的、无形的动机来评定。君子和小人,都无法加以量化,这是判断上最为困难的原因。

我们的建议

1. 中国人的性格,一不小心就会变成小人。我们常常抱怨,中国历史小人当道,以致百姓遭殃。也十分愤慨,为什么中国社会小人特别多?因为中国人向来最自由,除了不能离经叛道之外,有很大的自由裁量空间,现代离经叛道说不定还可以获得外国的庇护,获得特别签证,中国人更大胆,更自由了。在这种趋势下,小人会更多,大家要特别小心才好。

2. 要不要成为小人,出于自决。自古以来,皇帝只要求老百姓不要造反,让我家万世当皇帝;按时纳粮,让我家有饭吃;依令服役,替我留下一些丰功伟业。其余的,全凭老百姓自行决定。就连这么宽松(和欧洲的皇帝相比,更是如此),老百姓都不服气,一定要推翻他,好改朝换代。可见中国社会,自己应该替自己负起全部责任。

3. 中国人最要紧的是"修己",按照古圣先贤(不是皇帝)的劝告(不是指示),勤读经书,明白道理(不是智识),并且努力实践,以求合道(合理)。但是中国人的道理,大多是相对的、变动的、灵活的,实在很不容易拿捏,一不小心,就成了小人。现代中国人,勤于追求知识,却不明白道理,重科学而轻道德,以致小人多多,气死君子。如今要成为君子,比古人需要更大的毅力。

六、成君子的条件

成君子并不难，只要勤读《论语》，努力实践。
《论语》所说的，都是针对中国民族性的特质。

开头第一句话，记载三件事，就是君子三要件：
学而时习之；有朋自远方来；人不知而不愠。

这三件事做到了，做人方面应该没有问题，
如果再修习做事的三要则，能兼顾做人和做事。

中国人重视做人的道理，并不轻视做事的原则，
好好做人，就是为了好好做事，两者关系很密切。

做人但凭良心，只问耕耘，不必计较有什么收获，
做事必须讲求效益，所以重方法，讲技巧，有目的。

做事要有原则，才能持经达变，以求适时应变，
公正诚恳、先礼让后"当仁"、无为而无不为，才有效。

(一)勤学而时习之

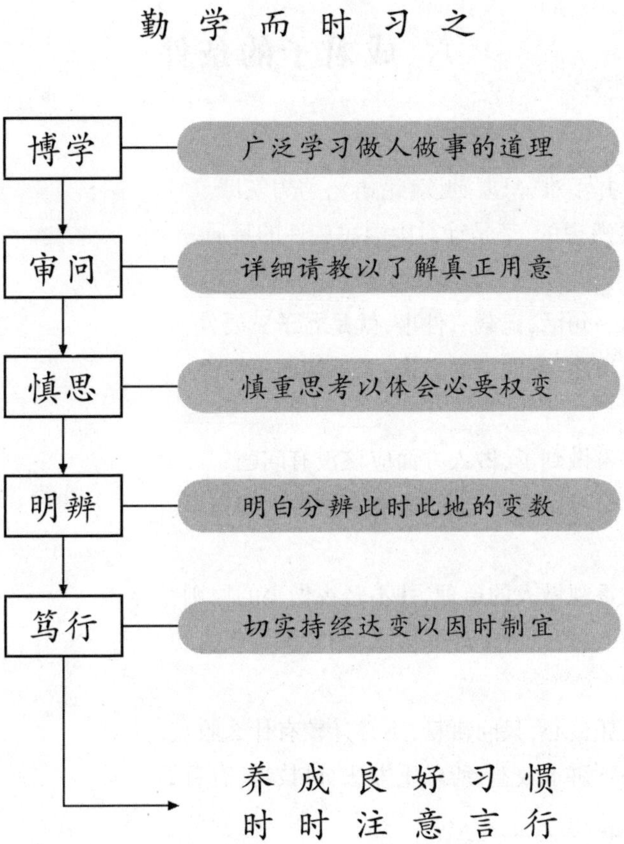

《论语》的第一句话,记载三件事。分别为学而时习之,有朋自远方来,以及人不知而不愠。这三件事是孔子针对中国人的性格,所提示的君子三条件。做好这三件事,就成为具备基本修养的君子。

学而时习之,学指"明白道理",而不是"追求知识"。做人最要紧的在明白道理,空有一肚子知识而不明白道理的,叫作"两足书橱"。习不是"温习",也不是"复习",更不是"补习",而是"养成习惯"。中国人重行,明白道理却不能付诸实践,等于不明。一个人明白道理之后,要时常实施,以养成习惯,有了成效,自然充满喜悦。君子不是空口说的,要以行为来做给人家看,所以实践所明白的道理,成为君子的第一要件。

现代人偏重知识的追求,明白宇宙运行的道理,却不了解做人的道理。我们特别在“学而时习之”前面,加上一个“勤”字,便是身为现代人,听道理的机会,比从前少了很多,应该特别勤学,才能补足。

在众多道理当中,《论语》的第二句话,特别提出“孝悌是仁的根本”,君子必须务本,因为本立才能道生。孝顺父母,尊敬长上,是仁的根本。不能以讨好的方式,必须发自内心。先做到这一项,再谈其他。

无论如何,把所学到的东西,付诸实践,变成自己生活当中的一种习惯,才是最要紧的事情。知而不行,或者知而不能行,就等于不知,并不能产生实际的效果。

（二）有朋自远方来

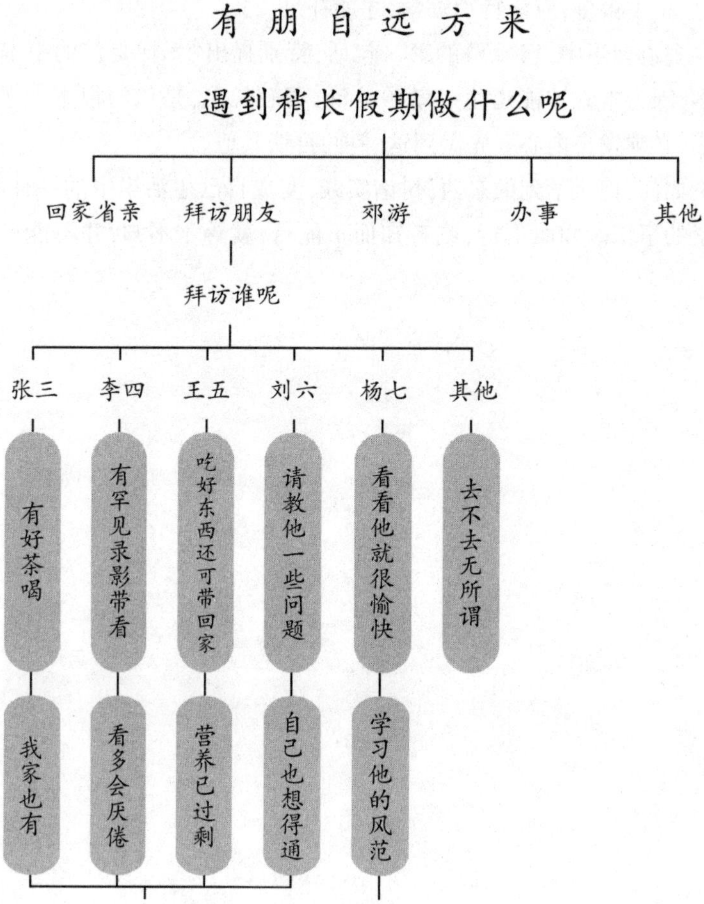

一个人，勤习做人做事的道理，而且经常实行，养成良好习惯，必然有许多志同道合的朋友。

“朋”字不是两个“月”字组成，因为不可能两个月亮同时出现。它由两个肉字组成，表示两人气味相投。朋友可能是君子，也可能是小人。但是君子“不要结交品德修养不如自己的人”（无友不如己者），既为同道，当然也是君子。小人结交小人，君子和君子做朋友，合乎常理。

邻近的朋友时常来往，并不稀奇。远方的同道，竟然不远百里、千里而来，自然觉得十分快乐。

朋友为什么老远来访？我们将心比心，如果逢到稍长假期，马上想起要拜访某人，请问是何缘故？是不是"多少可以得到一些特别的东西"呢？可以占一点便宜，才去；根本占不到便宜，值得吗？会不远几十公里而去吗？

占便宜，占什么样的便宜？如果属于物质方面，喝上等好茶、看罕见录像带、品酒、赏古玩、吃好东西还带一些回去，这种念头，已经几近小人。君子所想得到的，多半属于精神层面，可以听到一些更为精微的道理、请教一些想不通的事情、学习他的风范、让小孩子看看人家的家教、增长自己的见识，朋友如果抱着这样的心情登门拜访，怎么可能不快乐呢！

现代人宁愿和电脑为伴，却疏于与朋友交往，以致人越多而大家越觉得孤单寂寞。只知道追求物质方面所带来的快乐，却忽略了人际间的快乐，难怪越来越不快乐！

（三）人不知而不愠

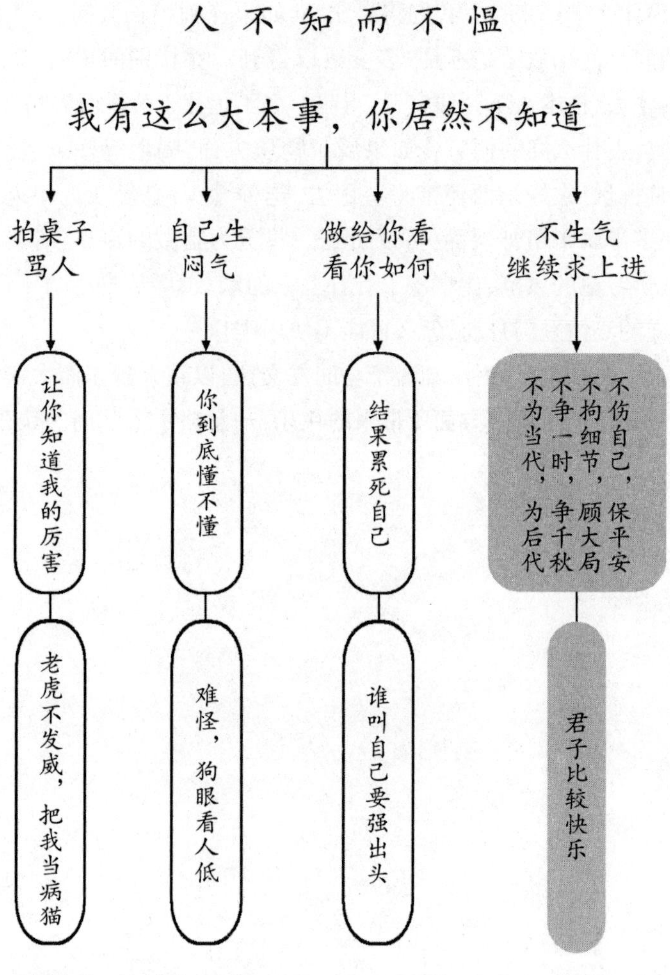

自己不断自修，持续求上进，可是人家不知道，有意无意看轻我，我也不生气。这种修养，不是很好吗？

现代人最可怕的是“自我膨胀”，简直认为自己比神还要伟大。人人自夸，生怕被人家看扁。会写字的，书法家；写几篇文章，叫名作家；几次演讲下来，就称为名嘴。人不知而大怒，哪里是君子的作为？

君子不是不表现，而是“讷于言而敏于行”，说话慎重，做事勤快。多做少说，用真实的行动来表现，而不是要嘴皮，自吹自擂。就算真正有实力，为大家所称赞，也应该适当谦让。

话不肯轻易说出口，并不是阴险、奸诈，也不是不善言辞，口才欠佳，而是唯恐自己的行为不能配合，变成空口说白话而引为可耻。人生在世，最要紧的使命，就是把自己修治好。至于别人认不认定，要不要向我们学习，根本是别人的事情，与己无关。真正好东西，是隐藏不住的；真正有本事，总有一天会实至名归，用不着在这方面多操心。

人不知而不愠，别人始终没有发现，对我有何损失？不生气，才能够持续成长，并且维持良好关系，使别人逐渐明白真相。至于结果如何，实在没有必要计较。

世间事真的假不了，而假的也真不了。用不着急于求名，为人所知。反而实至名归，更加经得起时间的考验。否则名过其实，总有被拆穿的一天，何苦来哉！

（四）公正而且诚恳

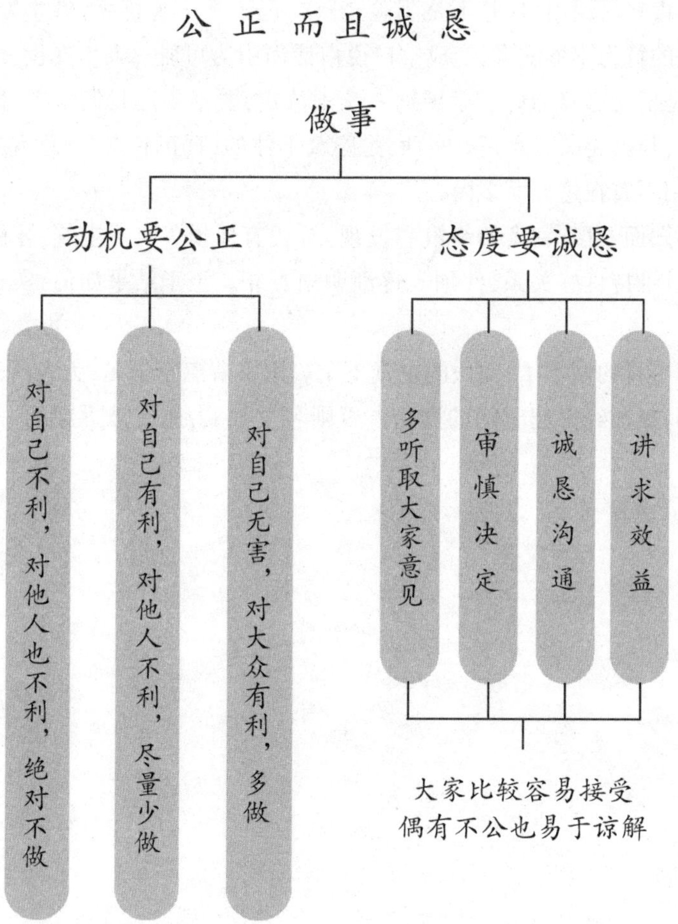

做好“勤学而时习之，有朋自远方来，人不知而不愠”三件事，已经具备君子的基本修养，做人方面成功了。

做人并不是要人人称道大家一致叫好才算成功。社会上有君子，必定有小人，彼此看法不同。君子叫好，小人多半会抗议；小人称赞，君子也很为难。做人成功，是让君子赞美而让小人责难。

会做人，不见得就会做事。但是做人的目的，是要做好事。君子有了基本修养,还应该进一步把事做好,这就需要认清三个要项:公正而且诚恳、礼让而后当仁、无为而无不为。同样的,不是说说就算数,要切实付诸实践。

公和诚是做事的基础,一切秉公处理,还要态度诚恳,大家才乐于接受。做人是自己的修养。做事要合乎大家的要求。做人可以只问耕耘,不问收获;做事应该讲求效益,注重方法,务求己安人安,大家都安。

公就是去掉私心,值得大众信赖,即使遇到生死关头,也不致改变操守。其要点有三:对自己不利,对他人也不利的,绝对不做;对自己有利,对他人不利的尽量不做;对自己无害,对大家有利的,多做。

公不公有时候很难讲,出发点正确,态度也很诚恳,偶有疏忽而不公,大家比较容易谅解。

人不可能不自私,所以去私从公,公而忘私成为修身的最高目标。修治自己的目的,并不在于比别人更高明、更壮健,却应该比别人更能够舍弃私欲,乐于公益。

(五)礼让而后当仁

礼让而后当仁

当仁不让

(上限)

■ 自己最合适，也谦让一番

■ 让给比自己更能持续长久的人

■ 让给比自己更需要的人

■ 让给最合适的人

■ 礼让为先

(下限)

让一步海阔天空

中国人同时说两句话,一句话是“让一步海阔天空”,好像让是没有错,一路让下去就对了,不料却冒出另一句“当仁不让”。到底该让不该让,为什么让了半天,却又当仁不让呢?

让的目的在不乱占位置。把位置让给最为合适的人,让他去发挥。尧让位给舜,舜让位给禹,是让给比自己更能够持续长久服务的人。既然要让,就要出于至诚,周朝秦伯再三让位给他的弟弟,极力泯灭自己的功绩,使老百姓拿不到实绩来拥戴他。

若是让来让去,而自己才是最合适的人。这时候再让下去,不但虚伪,而且有逃避责任的嫌疑，应该挺身而出，当仁不让。遇事立即“当仁”，未免太自我膨胀，以为非我莫属。礼让为先，让大家都明白自己是最合适的，再来当仁不让，大家比较心悦诚服。

从这个角度看起来，选举是可以的。候选人不可以未经推举就自行登记。候选而不选也不对，既然候选，表示已经当仁不让，当然要竞选到底，以示不折不挠。候选之前，先经推选。推来推去，推出最合适的，礼让一番，真的再合适不过，当仁不让了。不可不让，不可虚伪地客气一番，要诚心礼让，共同找出最合适的人选。

老子主张不争，很多人认为办不到，行不通。实际上不争，包含要争的意思，只是站在不争的立场来争，争到好像没有争一样。当仁不让，便是不争的自然结果。

(六)无为而无不为

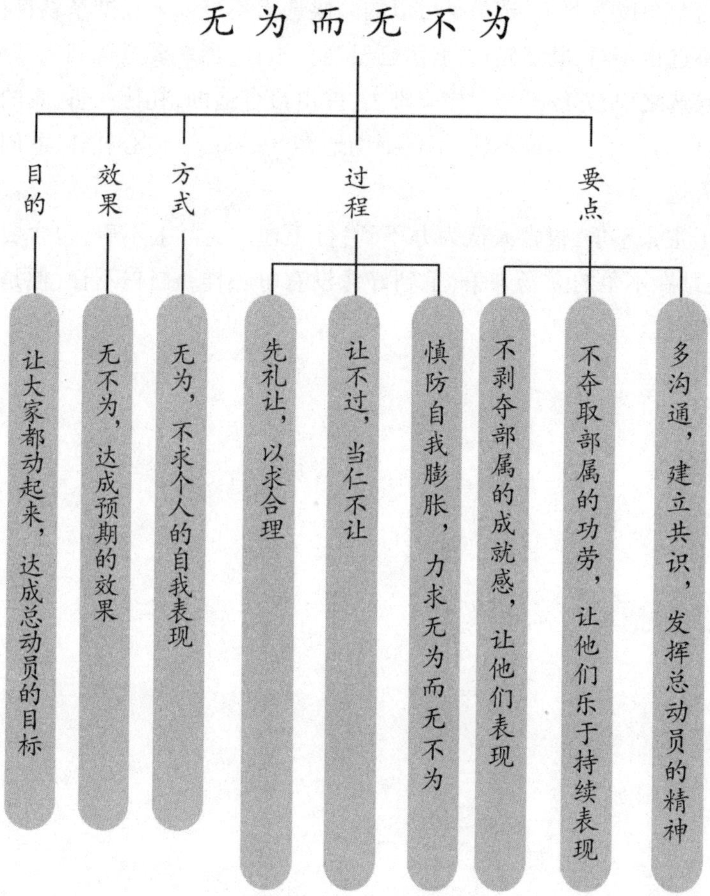

老子主张“无为”，指出“自然好像无所作为，实际上是无所不为”。很容易令人误解为“表面上什么都不管，暗地里无所不管”，表里不一，不是君子作风。

孔子也主张“无为”，不在那个职位上，固然不必参与那个职位上的事，以免在那个职位上的人受到干扰而难以发挥。在职位上的人，当然应该尽心尽力，把工作做好，怎么可以无为呢？

可见无为并不是不做，也不是表面不做，实际上做得很多。无为必须能够达到“无不为”的目的，才算无为。

一个人礼让为先,到了当仁不让的时候,往往又会自我膨胀,认为既然非我莫属,那就放手照自己的意思去做,结果造成独裁,令众人不安,又被大家强拉下台。

当仁不让后,马上想起无为。尽量按照大家所欢迎的方式和方案去做,而不违背自己的理想。无为的要点有三,说明如下:

①各级主管不要剥夺部属的成就感,把表现的空间尽量让给他们;②不要抢夺部属的功劳,让他们乐于持续表现;③多沟通,建立共识,让大家有目标,能够各自努力,发挥总动员的力量,达成预期效果。

无为是不求个人英雄主义式的表现,以共识和团队精神来达到无不为。无为的重点,其实在无不为。能够无不为的时候,才有资格讲求无为。翻成英文,应该是 Management By Invisibly,而不是 Management By Nothing。

我们的建议

1. 成为君子是中国人心向往的目标,很多人认为太难而放弃;很多人以为必定吃亏而不愿意;也有很多人,常常立志又无从做起。其实,《论语》一书,就是君子必读的课本。不要死背,不可强记,只要真正明白所说的道理,逐一去实践,久而久之,习惯成自然,便觉得一点困难也没有。孔子立说,和老子不同。他只是为中等智慧的人开悟;不像老子,专门讲给领悟能力很强的人听。我们当然具有中等智慧,了解《论语》,应该不觉得困难。

2. 一般人不了解中国人重视做人是为了做事。总以为把人做好就算了,结果什么事都没有做好,浪费很多宝贵的时光。但是,人做不好,事情不可能做好,因为每做一事,就得罪若干人,最后形成很大的阻力,不但使自己丧失信心,也会使大家失望,好像看错了人。

3. 君子就是按照做人做事的道理,时时兼顾做人和做事,不致有所偏失。本篇前三项:勤学而时习之,有朋自远方来,人不知而不愠,是做人成功的条件;后三项:公正而且诚恳,礼让而后当仁,无为而无不为,则是做事的三大要则。先后次序,相当分明。只要有恒实践,功夫自然到家。秉持这些原则,持经达变,配合人、时、地、物、事五大变数,自能制宜。

七、扮小人的行径

扮小人很容易，只要“过”与“不及”，立即完成，
按照道理，做得过分一些，或者不及，那就是小人。

小人不是坏人，虽然坏人一定是小人，
不是坏人，却有时比坏人更令人无可奈何！

因为坏人很明显，可以看出比较突出的目标，
小人常常貌似君子，看不出来，想躲也躲不掉。

外表装得十分忠厚，是小人首要的生存之道，
配合巧言令色，一般人想躲，也不容易躲得过。

勇往直前，人定胜天，初看起来有利无害，
若是毫不畏惧，加上冒险妄求，就成为小人行径。

口是心非，表里不一；专心求利，不顾义理，
比较容易看出它的不合情理，却也一样防不胜防。

(一)貌似忠厚,巧言令色

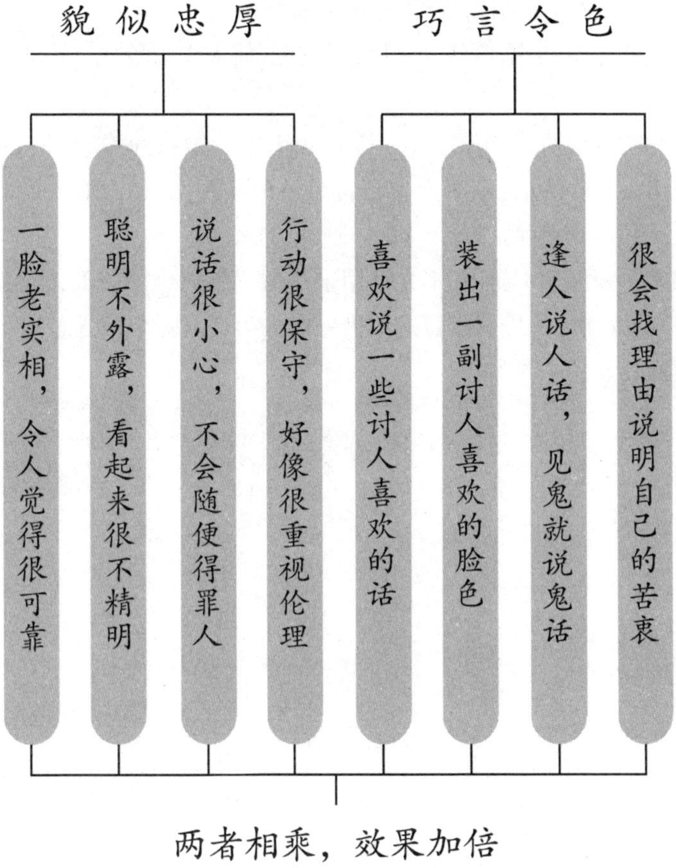

极少数存心做小人,很多人学君子不像,才成为小人。没有功夫的小人,并不可怕,很快就被识破,危害不大。功夫深、本领高的小人,让大家看不出来,相信他,为他效劳,造成很大的破坏力,才十分可怕。

小人要生存发展,第一要件为“貌似忠厚”。一般人都不相信聪明外露的人,一副耳聪目明的样子,算盘打得精,一靠近就会被他吃掉,谁敢?谁愿意?大家都比较相信忠厚的人,一脸老实相,当然靠得住。这样一来,貌似忠厚的小人,不但站得住脚,而且有获得大家信赖的可能。自古以来,小人得不到信赖的,大多隐身为“伪君子”,历史上记载的,都是获得信赖的“真小人”,有机会,能大作为,才会被揭穿,现出小人的真面目。

貌似忠厚还要配合巧言令色,喜欢说一些讨人喜欢的话,并且装出讨人喜欢的脸色,功夫就相当高深。

先以貌似忠厚,争取信赖,再以巧言令色,使人失去警戒。小人当道,就由此产生。

外表聪明伶俐的人,巧言令色,马上引起戒惧,被认为“缺少仁心”的表征。忠厚人说讨人喜欢的话,不会产生巧言令色的联想,这是一般人的弱点,小人乘虚而入,令人防不胜防。

中国人主张深藏不露,并不允许用来作假。貌似忠厚的人,很容易从巧言令色的表现,拆穿他的虚假面目。可惜一般人为巧言令色所迷,却无视于貌似忠厚的假面具。

(二)过与不及,违反中庸

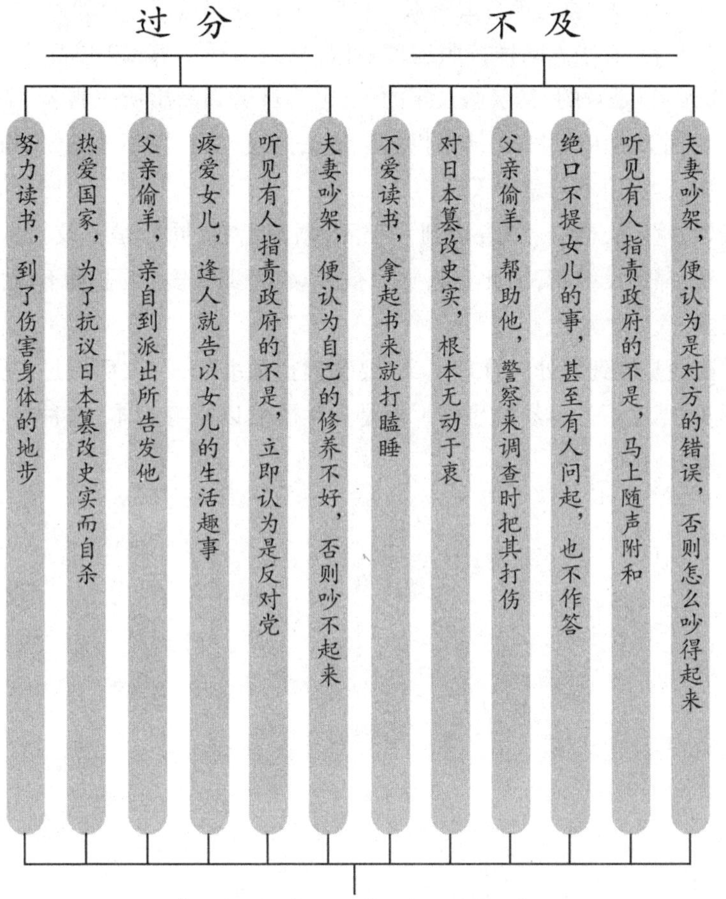

有些人立志为君子,而且勤学相关道理,努力实践,结果成为小人而不自知。背后遭人议论,他再三反省,依然不觉得有何缺失。这种人很可怜,不知道自己只是把道理实践得过了头,拉回来一些,就不是小人了。

例如“隐恶扬善”,原本是做人的原则之一。但是隐到连儿子贩卖毒品都要隐,岂非隐得过头？女儿可爱,到处说给人听,令人避之唯恐不及,否则又要接受疲劳轰炸，也是扬得有些过分。正确的道理，做得过分，也不算合理，不合乎中庸之道。

梁漱溟先生说过，任何道理，都不能像直线那样地一直向前。因为原本是对的，一路走下去，也可能变成不对。物极必反，好像道理也是如此。

反过来看，有些人同样按照道理去做，只是做得不够，却也成了小人。例如“大义灭亲”是对的，父亲偷人家的羊，也要自己到派出所去报警，那就是不及“义”。因为别人会去报，结果仍然会依法办理，实在用不着儿子做这种事。义没有那么大，用不着急于灭亲。

捡到一百元，拾金不昧；捡到一千元，据为己有，同样是不及，也不合理。过与不及，都违反中庸，因此有人觉得很麻烦，管那么多，做了也不后悔，所以小人很多。

中庸便是恰到好处的合理主义，要拿捏得很准确，一方面无过，一方面又要无不及，当然不是容易的事情。但是人生既然以修身为本，这种事情再难，也应该好好修炼。

（三）勇往直前，毫不畏惧

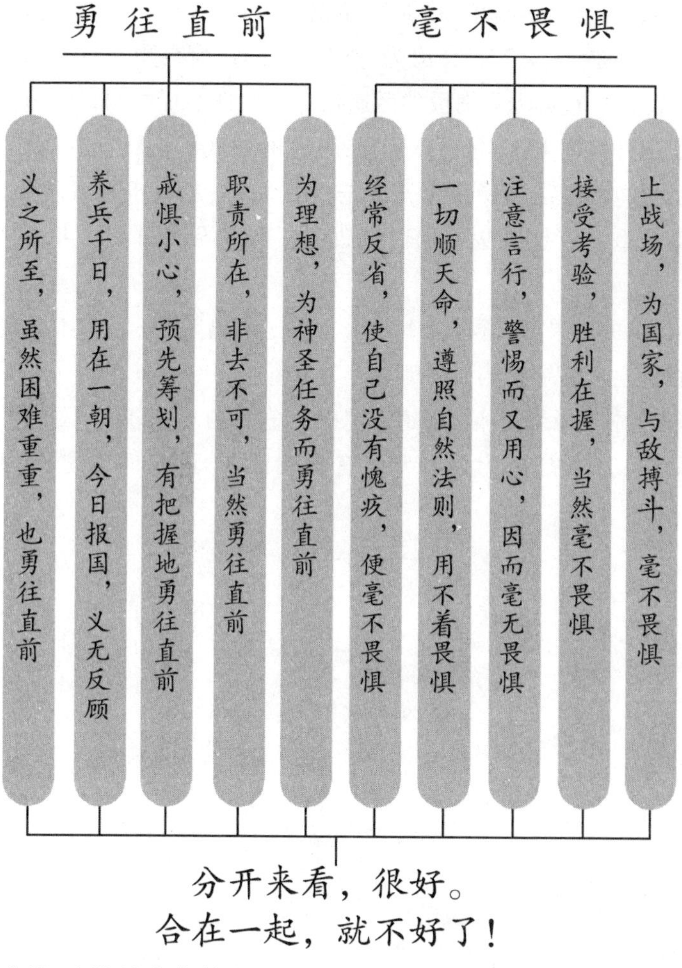

勇往直前，应该是有条件的。如果有勇无谋，徒然表现匹夫之勇，那就过于勇敢，不值得赞美了。孔子有一天对他的学生子路说：“你比我还要勇敢，可惜不能够适当地裁度事理。”不能裁度事理，便贸然地勇往直前，有时候和坏人一样可怕。若干正直人士，真相未明之前，就主张制裁某人，是不是过分勇往直前呢？

君子不忧不惧,不能解释为君子什么都不忧虑,也不畏惧任何事物。这样,就过分自我膨胀了。君子必须“临事而惧,好谋而成”,凡事戒惧小心,预先筹划,立于不败之地;同时还要经常反省,做到没有愧疚,然后才能够不忧不惧。勇者不惧的勇,是合理的勇,所以不惧。

见义不为,是“无勇”,见义勇为,是“合理的行为”,勇往直前,则常常由于无所畏惧而过分,造成令人悔恨的后遗症。例如日本打中国,站在日本人的立场,可以找出许多理由,但是南京大屠杀,也有违武士道精神。当年日本兵毫不畏惧地勇往直前,造成历史上永难忘怀的耻辱,想来也是日本人所不乐见的,否则为什么一直想办法要加以篡改呢?全世界都知道的事情,哪里篡改得了?

毫不畏惧的后果,常常过分。小人不知道有意无意,经常不做则已,一做就不能适可而止,结果当然不合理。

有些人标榜什么都不怕,难道不是公开宣称自己是不折不扣的小人?敬天、临事而惧,是不是更为妥善呢?有勇无谋,不过是匹夫之勇,并不值得鼓励。

（四）口是心非，表里不一

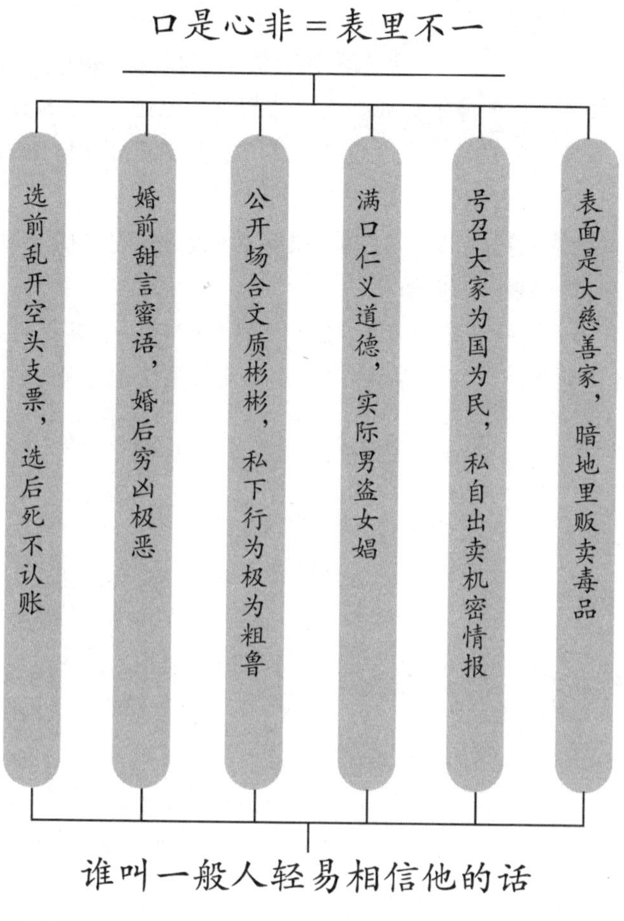

小人不愿意当坏人，不肯明白表示“我就是不讲理”。反而更加用心，拿义理当挡箭牌，使人难以辨别。

人人都认为自己聪明，不料被小人赶入网罟、机槛、陷阱里去，竟然不知道避开。原因是小人擅长口是心非，说一大堆合情理的话，令人防不胜防。

小人的战术是“表里不一”，说得很动听，做起来刚好背道而驰。一般人容易“以耳代眼”，听听就信以为真。小人比君子更能迅速获得利益，其实是一般人的判断力不强所造成的。君子为求言而有信,通常不敢轻易承诺,更不敢乱开支票,显得不如小人那么热心而有本领,短期内想和小人竞争,恐怕胜算不大。必须抱着“人不知而不愠”,纵使隐遁山林不为众知,也毫不后悔,才能够确保中庸,一切求合理。

民主时代,选票决定胜负,小人获胜的概率比较大。乱开空头支票,极力讨好大众,正好是小人的拿手好戏。选举之前先经推选,拿过去的实绩来通过大众的考验,应该比较妥当。大众也应该养成“不要完全相信他的话,看看他的实际行动”的习惯,否则,吃亏的永远是选民。

一开始就把话说得很动听,有要求很容易就承诺,完全居于讨好大家,口是心非的结果,当然表里不能如一。

阴阳文化不是也主张表里不一吗?不错,我们是居于尊重对方而有所合理地隐瞒,和这种存心讨好对方的口是心非,实在有天壤之别,必须用心加以分辨才好。

（五）人定胜天，冒险妄求

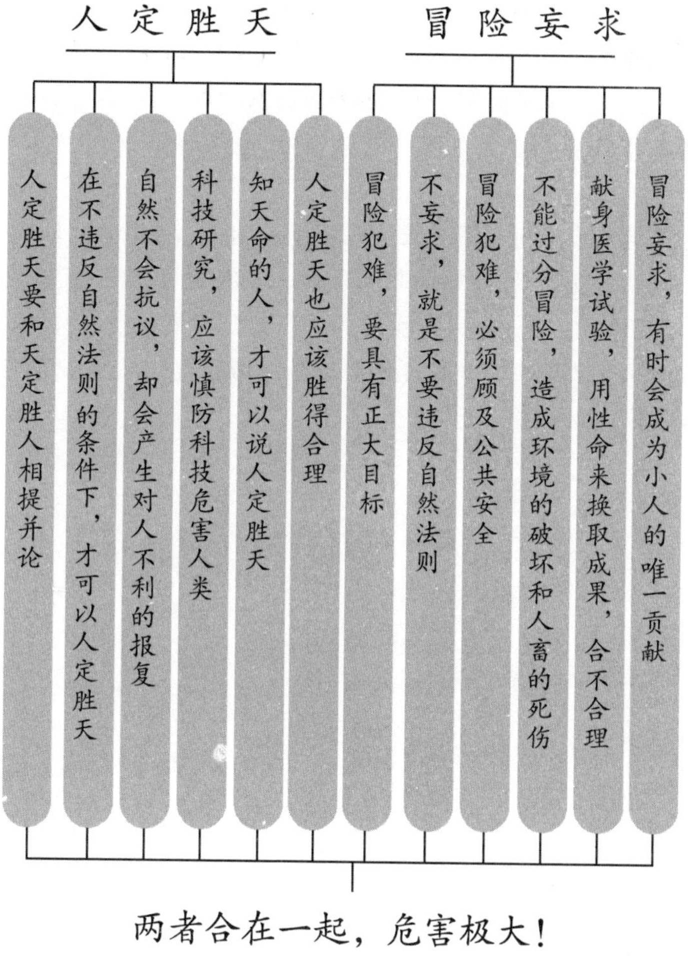

人定胜天如果和天定胜人相提并论，同时兼顾，那就是君子之道。若是一味认定人定胜天，便可能冒险妄求，一不小心，就成为小人。

从事科学研究的人，更应该慎防科技危害人类。自然科学，往往过分强调人定胜天的观念，抱着征服自然的心态而冒险妄求，结果短期获得胜利，长期观察，却带来更多的灾难。人定胜天，必须先知天命，研究自然界的法则，顺着它研究发展则可,违反它而冒险妄求,大可不必。

做人做事,不能不积极奋斗;遭遇困难,也不可以半途而废。然而积极奋斗的时候,要安心居于平易的地位,以顺应自然的心情,等候瓜熟蒂落的到来;不能不择手段,希望奇迹般的获得成果。挑战困难的时候,应该顾虑公共安全和自身健康,不能过分冒险,造成环境的破坏和人畜的死伤。

冒险犯难,必须顾及安全。小人愿意献身医学试验,或者做出一般人所不敢做的举动,应该算是小人的唯一有益贡献,阴中有阳,小人总算也有一丝好处。

当然,冒险有妄求也有不妄求。捐血救人,是义举;卖血度日子,是小人。登山当作锻炼,是正当行为;非征服世界第一高峰,死不瞑目,就有些过分,虽然他可能也有贡献。合理地人定胜天,顺乎天理地发展科技,妥善地冒一些风险,是小人所做不到的事情。他们不做则已,一做就过分,结果必然自作自受,却不幸地连累了别人。

（六）专心求利，不顾义理

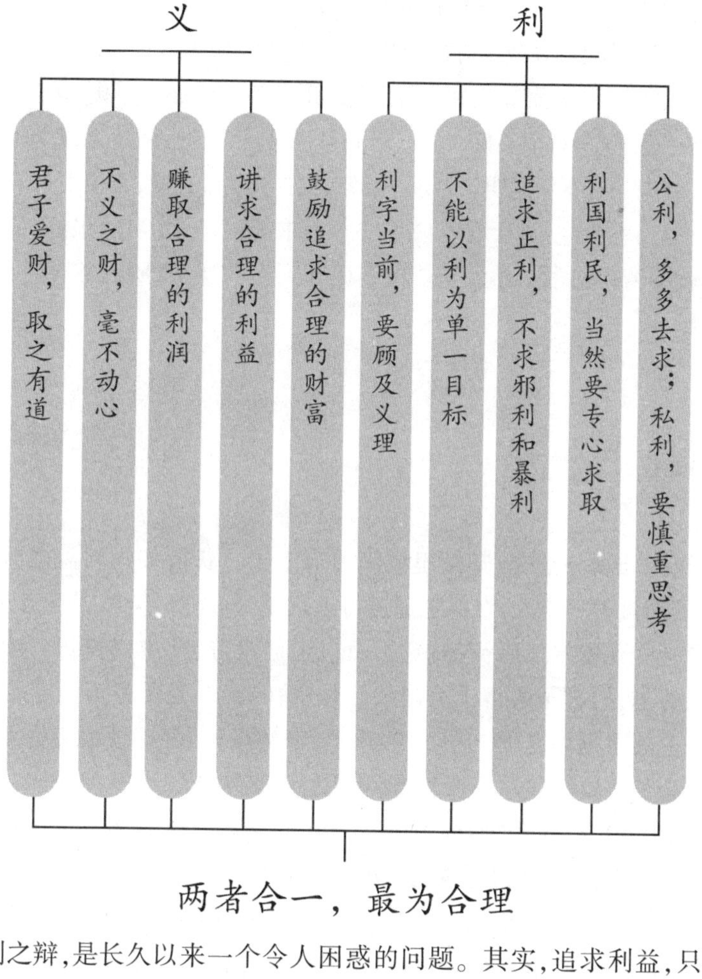

义利之辩，是长久以来一个令人困惑的问题。其实，追求利益，只要兼顾义理，当然是合理的行为。若是不顾义理，专心求利，不论其正邪如何，那就是小人行径。不义之财，才是大家反对的标的。君子爱财，只要取之有道，没有人会反对的。

有些人一想到赚钱，立即联想起资本主义，忘记了中国历史上也曾出现富庶的社会，那时候资本主义好像还没有诞生。以儒家为主流的社会，照样可以过着富庶的生活，可以证明儒家不反对求利。只是把义放在更重要的位置，才形成“君子重义，小人重利”的原则。重义不一定轻利，而重利却往往轻义，这才是值得警惕的。

中国人普遍贪财，难道中国人都成了小人？请问：贪财好不好？谁说不好，根本就是违心之论。然而，谁敢说好，又将陷人于不义，十分危险。

贪财本身，并没有好或不好的分别。贪得合理，所求的是合理的财富，而且顺乎自然，不致不择手段，那就很好。若是贪得不合理，所求的是邪财、暴利，而且冒险妄求，不择手段，这样就很不好。专心求利，只要合乎义理，很好；如果违反义理，就很不好。这样，不是很清楚吗？合理不合理，同样要持经达变，必须用心拿捏。

利是应当求的，不过要看安或不安？追求能安的利，当然很好。若是不安的利，那就不值得追求。小人未能把利提升到安的层次，所以才会不顾义理地盲目求利。

我们的建议

1. 小人，谁都不想当，却糊里糊涂地当上了。获得某些利益之后，有时就迷上了，不知自返。小人，谁都想逃避得远远地，却不知不觉、甚至于防不胜防地接近了。受到迷惑之后，有时竟不由自主地跟着他，难以自拔。读历史，最气愤小人得志，把君子害得十分凄惨。现实社会，却苦于分不清楚谁是君子，谁是小人。迷迷糊糊之中，小人又当道了，等到真相大白，恐怕又是悔恨不及，只有徒叹奈何！要摆脱这等命运，唯有用心明察秋毫。

2. 貌似忠厚，经常勇往直前，强调人定胜天，专心求利，原本都是合乎常理的表现，一不小心，就容易产生好感，赋予信任。不料过与不及，都可能变成小人而害人害己。但是过与不及，很容易用口是心非来解释或蒙骗，使人一而再、再而三的上当。社会提供温床，让小人不断地繁衍，这是谁的过错？大家不重视君子和小人的区别，甚至羡慕小人轻易占便宜，应该负很大的责任。

3. 冒险妄求的主要错误在“妄”。冒险犯难的目标如果光明正大，就不是妄求。现代社会，对个人价值观的尊重，给予更大的自由，只要不妨害自然环境、不构成公共危害、不害及他人的冒险，应该视为正当而不是妄求。持经达变应用的范围很广，又是一个良好的例证。

八、明辨君子和小人

说起来很可怜,我们今天好像有很多守法的小人,
却很难看得见知书达理的君子,究竟是什么缘故?

因为分不清楚君子和小人的真正区别在哪里,
以致随波逐流,盲目学习,不知不觉成了小人。

孔子希望我们视其所以,观其所由,察其所安,
便是要我们从动机、行为和结果来明辨君子和小人。

明辨的基本态度是不可不信,不可尽信,
用将信将疑来冷静观察和判断,避免先入为主。

看他重义或重利,君子义为先,小人先想利,
看他知命不认命,还是根本不知命,或者很认命。

从义利的先后和知命认命改命的表现,
经过审慎研判,可以分辨到底是君子还是小人。

(一)先看他所做的事

视其所以

- 盖棺论定，看他这一辈子所作所为合不合理
- 就事论事，依这件事来判断他是君子或小人
- 首先要看事情的结果，是不是很公正
- 有没有假公济私的情况
- 是不是秉公处理，为公设想
- 还是私心很重，为私人利益而努力
- 这件事归这件事，以后的事情仍旧要小心观察

中国人喜欢“盖棺论定”，意思是一个人未死之前，还有变化的余地，君子可以变成小人，小人也可以变成君子。从这个角度来看，我们似乎是“结果论者”，凭结果来论断一个人，所以说“成者为王，败者为寇”。

明辨君子和小人，并不需要等到死亡来临。因为我们不是评论某人的一生，而是判断他做这件事，是以君子的行为，还是小人的行径。就事论事，不涉及人身攻击，不是比较具有君子风度吗？

某人以往处事，结果呈现小人行径，但这次所作所为，颇有君子之风，难道不可以称道，让他有改变的机会吗？某人一向做事，结果证明君子行为，但此

次行事，显然是小人行径，难道不必警惕，就让他有机可乘吗？

看他所做的事，结果公正不公正，有没有假公济私。为公，就是君子；为私不害公，离君子不远；为私而害公，小人。事情总有结果，依既定的结果来衡量，应该比没有具体结果之前的盲目猜测，要可靠得多。

所做的事，结果证明是公正的、为公的、无私的，只可以判定某人就此事而言，确系君子，并不能表示他这个人即为君子。必须历经考验，有实迹，才可以初步认定他是君子。但是仍旧要每事考察，帮助他持续下去而不放纵自己。中国人主张不断地考验，一方面是害怕自己吃亏上当，一方面也是帮助对方不敢大意而疏于自律。无论如何，少听他的话，多看你的实际行动表现，是不易的法则。

（二）再观看他的动机

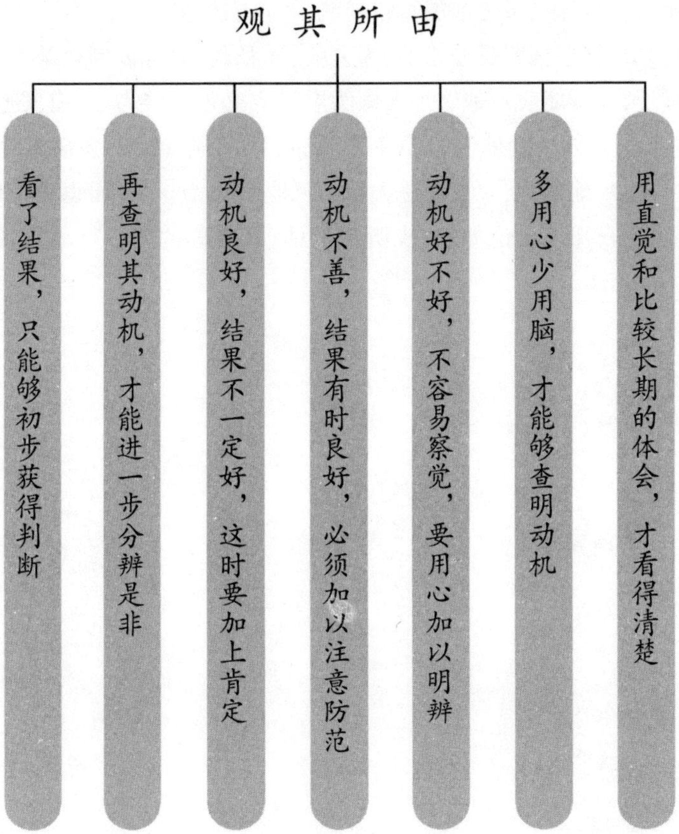

中国人是结果论者，却不以结果为唯一评断标准，我们会兼顾“过程”，来观测他的动机。结果良好，过程却令人起疑，究竟他的动机是为公还是为私？因为有许多事情，纯粹从结果来看，很不容易判定。何况歪打也可能正着，完全依凭结果，难免判断错误。从这个角度看起来，中国人又是“动机论者”，所以说“不以胜败论英雄”。

我们兼顾过程和结果，使人无所遁形。过程看出动机，比猜测动机来得准确。某人所作所为，结果十分公正，但过程好像有些怪异，到底是君子或小人，不妨再观察一段时间，再来推论，比较正确。我们常常在结果呈现的时候，感动得不得了,而过一段时期,每一想及此事,就恼怒得很,便是隔得久些,一些过程细节浮现出来,才知道原来自己看错了。中国人说“日久知人心”,就是有些事情,从结果很难判断,必须过程细节来检讨,才能真相大白。那么,完全看过程好了。这又不行,因为结果很重要,当然要一并列入考虑。前面说过,做人尽心而已,做事要看效益。明辨君子小人,既要就事论事,结果就显得相当重要。把过程和结果相提并论,有时候还是弄不清楚,究竟是君子作风还是小人行径。这时候就要动用第三个标准:看看他对于这件事情的结果,觉得安不安。

做好事,当然觉得安。做坏事,君子会觉得不安,小人却没有这种感觉。安于做坏事的人,必然是小人。君子求安,不安的事不愿意做。可见有所不为,才是君子。

(三)然后看他安不安

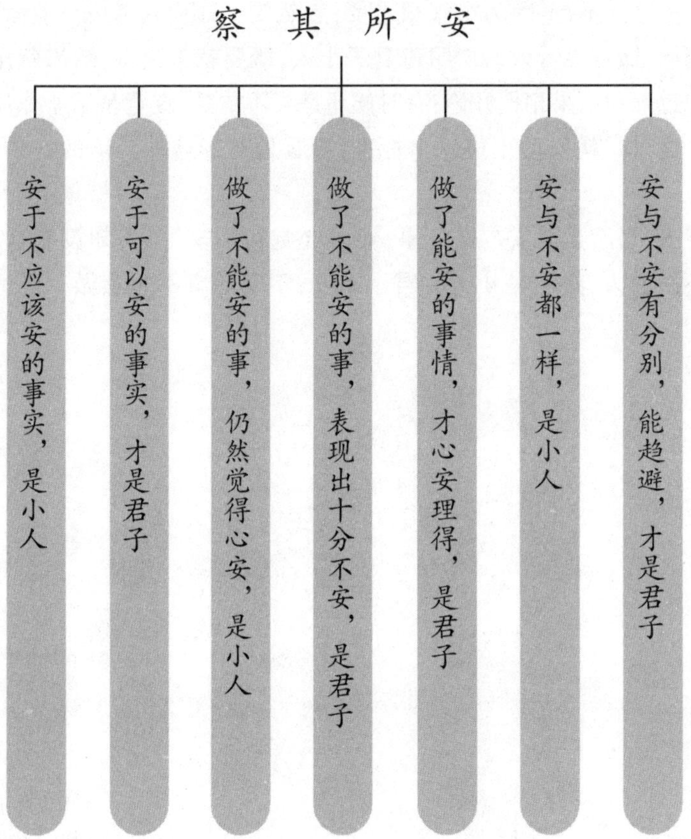

中国人喜欢猜测人家做事的动机,对结果议论纷纷,这是一种坚强的社会约束力量,不可等闲视之,也不必愤怒指责,甚至要大力鼓吹改变这种习惯。

十手所指,十目所视,用来帮助自己警惕小心,有什么不好?完全“各人自扫门前雪,休管他人瓦上霜”的时候,我们又要厌恶这些“沉默的大众”了,对不对?

动机和结果,都很明确地表现出大公无私,义利兼顾。这时候再进一步看他做了这件事,内心是不是很喜欢?还是相当不情愿?那么这个人到底是君子还是小人,就已经非常清楚了。

内心喜欢，呈现一种心安理得的样子。有人说好，固然很高兴；有人指责，也问心无愧而不致不高兴。相当不情愿，呈现一种不安宁的样子。有人说好，不得不苦笑；有人指责，觉得很冤枉。高兴不高兴能够伪装，内心安不安很难掩饰，明眼人一下子就识破。

由于中国人喜欢猜测，所以中国人也相对地善于伪装。有心人更加刻意掩饰，必须从不容易伪装的地方，来加以侦察。中国人好管闲事，如果是为了明辨君子小人，实在无可厚非；若是用以制造是非，说人长短，那就大可不必。安不安？好像是应该不应该的最合理衡量标准。

猜测和伪装，都保持合理的程度，当然是君子。若是过分，便成为小人。不必把猜测和伪装，全都看成坏事，也不应该过分强调，自然合乎中庸之道。

（四）不要尽信他的话

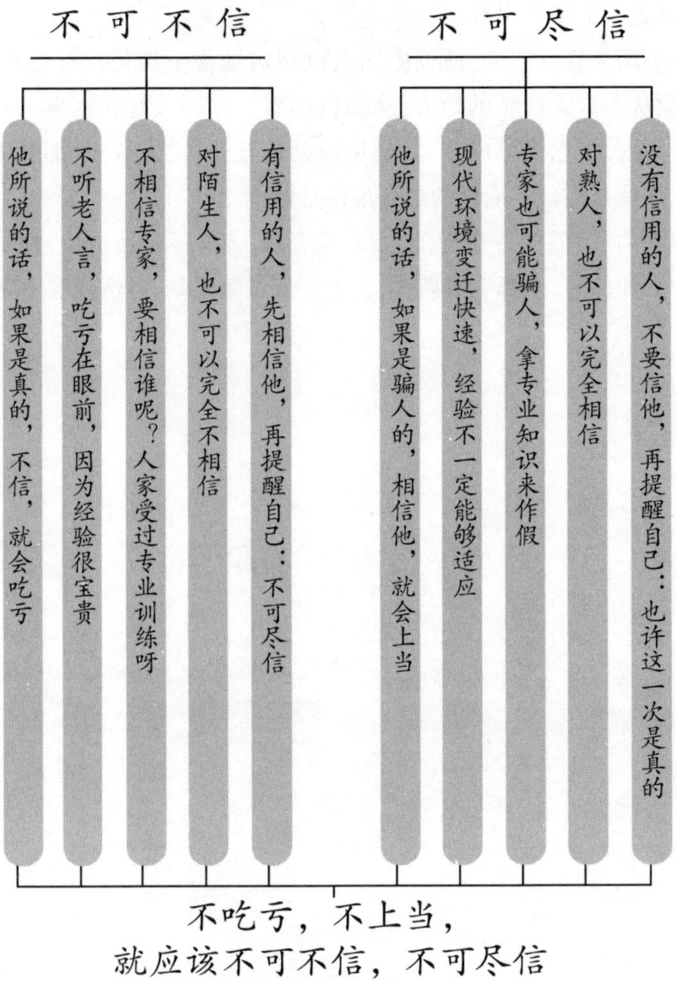

有人批评中国人怀疑心很重，好像什么事情都不相信。这话有点过火，我们并不是不相信，而是“将信将疑”。相信他，如果他骗我，怎么办？不相信，如果是真的，岂不吃亏？可见将信将疑，才是比较安全的措施。

君子因应中国人将信将疑的态度，知道“说给他听，他不会相信；做给他看，他才会相信”，所以在没说以前先做，等事情做到了然后才说。

小人也懂得中国人心理，先用事实来证明自己的大公无私，等到建立相当信任感之后，再来假公济私。幸好中国人还是会适当地怀疑，否则小人会更多。

不要完全相信一个人的话，是分辨君子小人的必要方法。对于陌生人，我们不可以完全不相信；对于熟人，也不能够完全相信。换句话说，不可尽信也不可不相信，才是兼顾双方的正确态度。

专家也会借着专业知识来骗人，不可不防。再坏的人，有时良心发现，也会说一两句有益的话，不听可惜。相信不相信，是程度问题，不应该是两者选其一。

对有信用的人，先不可不信，再不可尽信。对信用不好的人，先不可尽信，再不可不信。循着前面所说——“看他所做的事，动机纯正否，安不安？才决定信或不信到什么程度。”通常仿效银行的做法，由小信而大信，对每一个人，都设置一个信用的额度，然后再逐次调整，以求合理。任何人都可能改变，这是我们必须小心的原因。

（五）看他重义或重利

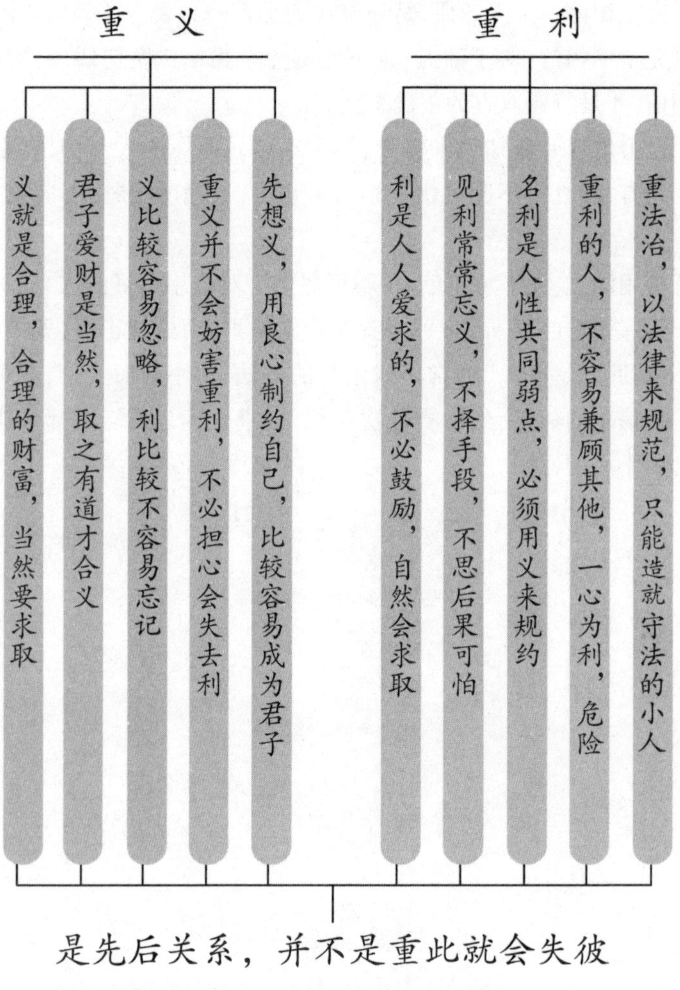

观念可以形成习惯，习惯也可能影响观念。现代有些人顺着西方人的习惯，例如“有话就要说出来”“不要忘记自己的权利”，等等，结果认为这些都是合理的，在观念上就会形成“没有尊敬长上的必要，大家都是一样的”“你有你的意见，我也可以有自己的看法，不一定要一致，才叫作多元”，不知不觉中离经叛道，仍然觉得自己没有什么不对！

我们放宽尺寸，尽量包容这些看似现代化其实是西方化的东西，谁叫我们近四百年来科技严重落后，以致现代年轻中国人对自己的文化失去信心呢！

但是，重义或重利、知命不知命这种重要的原则，仍然不能放弃，否则中华文化的根本不存，哪里有资格在国际上和人家谈什么文化，比较什么性格。

义利必须兼顾并重，但是先后关系具有决定性的作用。先想利常常忘掉义，形成人为财死而不知觉悟；先想义并不会忘记利，因为名和利毕竟不是那么容易忘怀，这是人性的共同弱点。强调法治，用法来规范义，充其量只造成合法的小人；一切凭良心，用道德来制约，真的合义，才算是君子，是以良心提醒自己，保护自己，并无不妥。

义的意思，其实就是合理。把义和利合在一起，成为合理的利，当然可以放心地追求。不义之利，就是不合理的利益，最好不要去争取，以免害人也害己。

(六)看他知命不知命

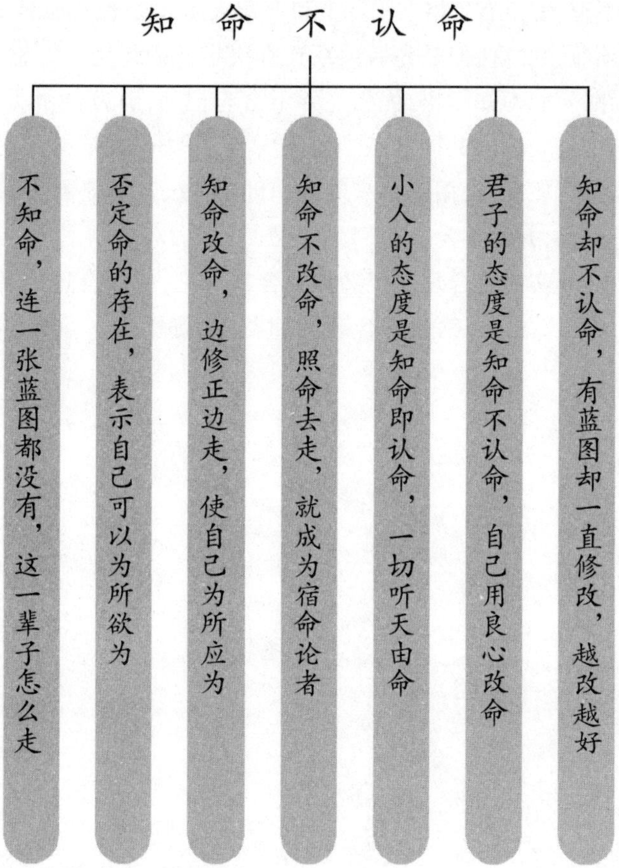

中国人知命不认命，显然不是宿命论者。社会上真的有宿命论者，一切凭命运，丝毫不抗拒。这些人深信“万般皆是命，半点不由人”，主张听天由命，并不是君子所应有的态度。知命，只是知道有命运的存在，你不抗拒它，它就会来摆布你；你要抗拒它，还得要有一套正确的方法，才能够摆脱它的摆布。这套方法，叫作“改命”。

命确实存在，很多人一生糊里糊涂，毫无主见，结果照样混一辈子，便是不由自主，一切照命在运作。命可以改变，这才是人类可贵的自主性。但是必须由自己来改，才名副其实地自主，若是假手他人，由别人来改，哪里称得上自主？一切自己做主，无法依赖他人。自己怎么改？用“心”来改。相代表命，而相随心转，可见心一改变，相就跟着变，而命也改过来了。中国人凭良心的主张，就是告诉我们，良心可以带来好运。凡事凭良心，命就会变得很好。可惜有些人相信科学，相信到世间只有科学值得相信，因而不相信良心，因为它不科学。

知命，才会想到改命；根本不知命，连一张基本的蓝图都没有，改什么？又怎么改？知命就认命，仍然是小人。知命却又不认命，终其一生都在改命，因为好还可以更好，戒慎小心，持久不放纵自己，当然成为君子。

小人想改命，常常把希望寄托在别人身上。君子也想改命，却明白非自己改不可的道理。一切从自己做起，抱持求人不如求己的心态，大多是君子。

我们的建议

1. 大家对君子和小人不关心，不用心去分辨，小人就会越来越多，结果大家都受害。对君子小人的辨识力不足，或者评鉴的标准不正确，把君子当成小人，却把小人看成君子，势必自己吃亏。这样说来，明辨君子小人，不但帮助我们了解中国人的性格，而且有助于建立正常的社会秩序，使我们安居乐业。

2. 君子和小人，表面上看几乎一模一样，很难分辨。大家都西装革履，大家都满口仁义道理，大家都凭良心，而大家又都公而忘私。实际上，君子以义为先；小人则拿义做幌子，想的完全是利，而且大部分为私利。君子知命却不认命，一切凭良心，负责任；小人则知命而认命，不择手段，却将结果推给命，说什么“天亡我也”。孔子的“视其所以，观其所由，察其所安”，是帮助我们明辨君子小人的三要则，细心研判，才能够越来越看得分明。

3. 基本态度是“不可不信，不可尽信”，对任何事情，不要太快下结论；对任何人，不要主观地论断可以相信或者不能相信。中国人“将信将疑”的态度，应用得合理，可以收到很好的效果。但是最后阶段，一切分辨清楚，就应该相信，或者不相信，照样分得清清楚楚。透过将信将疑来判断可信不可信，或者可信到什么程度。

九、把二看成三的变形

中国人擅长把二看成三，
君子和小人之间，存在着很多不同的变形。

成为君子，是一种长期努力的目标，
我们不能够拿君子来衡量每一个中国人。

能坚定决心不做小人，已经相当了不起，
善补过，不断修治，必然会成为难得的君子。

万一当不成，就要做真小人，至少够坦白，
伪君子最令人厌恶、痛恨，千万不要尝试。

中华文化并没有什么糟粕、过时或无用的东西，
完全看自己用什么方式来选择、配合和应用。

把二看成三，产生形形色色的中国人，
是人的变形，行为的变态，却全是中国人。

(一)君子是长期目标

君 子 是 长 期 目 标

君子

■ 真君子不逾矩

■ 君子律己甚严

■ 不二过很难得

■ 善补过就很好

■ 先小人后君子

■ 真小人还好些

■ 伪君子最可怕

小人

不要要求人人都是君子

可以用君子来期待别人

不要期望自己当圣人,因为太困难了。期盼自己成为君子,也就可以了。成为君子,是自我管理的上限,把它当作长期努力的目标,不可能短期内实现。

孔子说:"亲身实践君子之道,我还没有做到。"一个人认定自己已经是君子,就会停止而不再进步,结果百密一疏,错误难免。最好承认成为君子是一辈子的事情,才能够兢兢业业,时刻小心,避免有所闪失。

我们对人,不要期望人人都是君子,因为有阴有阳,有君子就有小人,才属正常现象。亲近君子,彼此请教切磋;疏远小人,不要撕破他的脸,让他有机会思过改正。

中国人大多不是君子,也不是小人,而是介乎君子和小人之间的正在修治的人。对事不对人,便是不要用君子或小人来论断人。说某人是君子,某人则是小人,未免太过自我膨胀,怎么不想一想,我们凭什么论断别人?说某人处置此事,有君子之风;某人处理彼事,难免小人之嫌,这种就事论事的态度,比较容易客观而持平。

和中国人相处,完全看他的短处,就叫作"以小人之心"来观察别人,自己反而成了小人。君子要求自己,小人只责怪别人。把别人当作君子来期待,再详细观察,看看是否相符,律己严而待人较为宽厚,自己也快乐一些。

人生原本是长期竞赛,应该有长远的目标。我们不必由于一时落后而自暴自弃,却应该百折不挠,以长期奋斗的心情,来追求最后的胜利。持久努力,才是君子所当为。

(二)尽量不要做小人

尽量不要做小人

坚定决心,不做小人

↓

养成自己反省的习惯

- 为人谋事,尽不尽心
- 跟朋友交往,信不信实
- 所学道理,能否实践

↓

注意三戒

- 年轻人 (戒色、戒赌、戒毒)
- 壮年人 (戒斗、戒赌、戒毒)
- 老年人 (戒贪、戒赌、戒毒)

↓

掌握十大原则

- 看要看得明白
- 脸色表现温和
- 说话忠实诚恳
- 疑惑时要发问
- 见财利顾义理
- 听要听得清楚
- 容貌谦恭有礼
- 行事恭敬谨慎
- 愤怒时想后果
- 行动要重安全

要成为君子,第一步应该下定决心,不要做小人。这种决心,并不容易坚定,常常产生动摇。因为“大伙儿聚在一起聊天,不谈正经事,说一些俏皮话,耍耍小聪明”,日子不是很容易过吗?为什么要约束自己“以合理一切行事的根本,用礼节来实践,用逊让来表达,用信实来完成”呢?人一旦无所畏惧,抱着只要我喜欢,有什么不可以?就容易自甘下流,在小人堆里混日子。

不做小人,首先要养成自己反省的习惯。曾子说:“我每天自我反省三件事:为人谋事,尽不尽心?跟朋友交往,信不信实?所学到的道理,有没有付诸实行?"这三件事,可以带我们走向君子之道。

其次要注意三戒:年轻人戒色,壮年人戒斗,老年人戒贪。而所有年纪的人,都应该戒毒、戒赌。

然后注意做到十件事:看要看得明白、听要听得清楚、脸色要表现得温和、待人时容貌要谦恭、说话要忠实、行事要恭敬、疑惑时要发问、愤怒时要顾及后果、见得财利时要先想想是不是合理,以及行动时要遵守公共秩序及维护公共安全。这样持久做下去,养成习惯便不觉得困难。

这样持续做下去,至少不会成为小人。刚开始会有很多困难和疑惑,要多听、多看、多思考,还要适当地问。

远小人的意思,其实是和小人保持相当的距离,以防止自己遭受感染。不要过分注意小人的所作所为,因为印象深刻反而容易模仿,一不小心就将自己变成小人了。

(三)伪君子最要不得

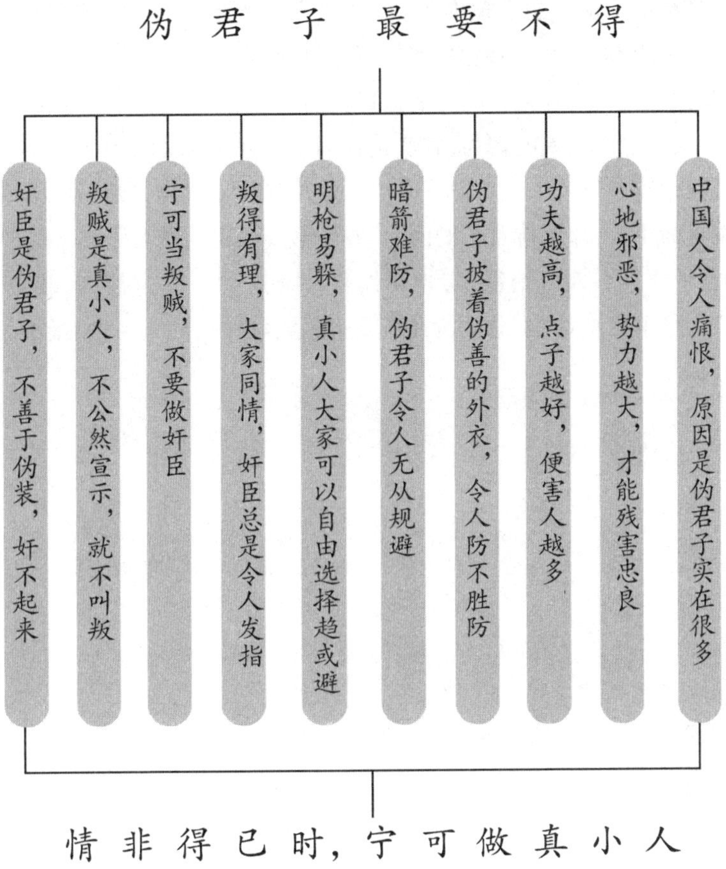

历史上的奸臣叛贼，分辨起来，前者是伪君子，后者则是真小人。奸臣若是不善于伪装，怎么称为“奸”？叛贼如果不公然宣示，如何叫作“叛”？

社会上最令人痛恨的是伪君子。把一切卑鄙行为，都用正义、道德包装起来，大家信任他，甚至尊敬他，只有受害者心知肚明，却又投诉无门，因为没有人肯相信。

伪君子的功夫特别高，而心地格外邪恶。奸臣先要以忠贤的面目出现，才能获得信任，同时点子特多，又特别好，才有机会害人；历时长久，才能够害更多的人;居心险恶,才会残杀忠良。虽然最后被揭穿,已经祸害多年,害人无数了。

明枪易躲,暗箭难防。伪君子善于隐藏自己的企图,和暗箭一样,令人无从预防,甚至没有预防的心理准备,所以很容易上当。加以上当之后,引不起大家的同情,激不起大家的愤怒,产生不出制衡的力量。伪君子因此得以长久施放冷箭,始终披着伪善的外衣,而扬扬得意。

许多人痛恨中国人的行为,其实是针对伪君子而来的。伪君子越多,社会越乱,风气也越差。若干人为君子不成,或者有君子之名以后,认为有能力骗人,便失足为小人,却保持君子的面目,成为最要不得的伪君子。

伪君子比真小人可怕得多,也可恶得多。这种人功力甚高,装得很像君子,一般人很不容易觉察,总认为他们是值得信赖的君子。我们最痛恨的,就是这种人。

(四)不得已做真小人

把人分成六等

- 圣人
- 真君子
- 君子
- 真小人
- 小人
- 伪君子

不得已要做真小人
比小人还要高一等
最起码比小人坦白
让人看得清楚明白

如果把人分成六等:第一等为圣人,属于可遇不可求,并非每一时代都有,也不是人人想当就能当。第二等为真君子,已属难能可贵。只要有决心,有毅力,循正道,脑筋始终保持清楚,不要老糊涂,终究可以修炼成功。第三等是君子,订定目标,努力以赴,也可以做到。第四等是真小人,也就是不隐瞒,坦白以小人的面目示人,让人有选择要不要合作的机会,严格说起来并不可怕。第五等是小人,伪装的能力虽然不很高明,却极力要隐藏自己的企图,让许多人弄不清楚而上当。最可怕的是第六等人,称为伪君子,伪装的能力十分高明,几乎可以骗尽天下的人,虽然最后被揭穿,却已经为害甚久,害人无数。

奸臣是伪君子,叛贼是真小人。我们痛恨秦桧,却相当喜欢梁山泊的一群人。依中国人的道理，合则留不合则去，道不同不相为谋，我们宁愿做叛贼，也不要做奸臣。人生际遇各不相同，所处环境差异很大，真正不得已的时候，宁可当真小人，千万不可扮成伪君子。

当年管仲为老母亲而逃避兵役，因家境贫寒而吃掉鲍叔的午餐，为维持生活而分账不清，对鲍叔都没有隐瞒，是真小人。鲍叔认为可以接受，始终和他做好朋友，终于日后共创辉煌事业，传为“管鲍之交”的美谈。

中国人喜欢“把丑话说在前面”，便是在伪君子和真小人之间，宁愿选择真小人，而非常不愿意充当伪君子。君子做不成的时候，干脆当真小人，心里会好过一些。

（五）先小人而后君子

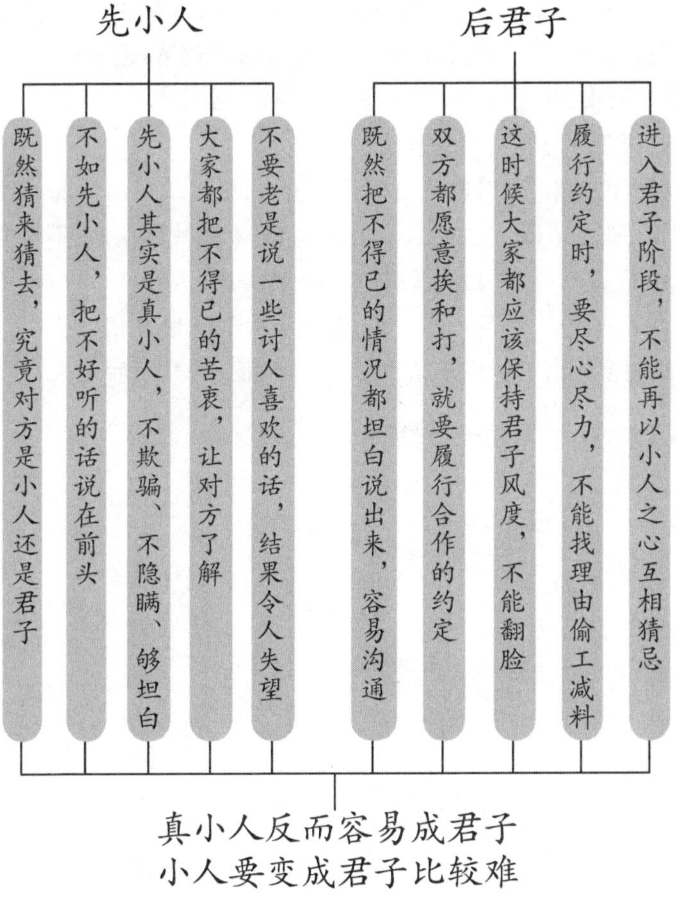

中国人最大的问题，在于期待别人做君子，而自己则乐得当小人。这种贪图占便宜的心理，使得大家“防人之心不可无”，彼此猜忌，喜欢打听试探，以致人心惶惶。

最好的办法，便是“先小人而后君子”，把坏话说在先头，以免事后一大堆恶毒的话。

《论语》重复指出“巧言令色，鲜矣仁”，告诫大家要特别提高警觉，当心那些“说讨人喜欢的话，装着讨人喜欢脸色”的人，而把他们看成君子，结果吃亏上当。

先小人后君子,实际上是"先摆出真小人的姿态,把自己不得已要做的事,明白说出来",双方互相了解之后,再以君子的行为来把这件事情处理得合乎义理。

请人演讲,先说好"本会是服务性的机构,非属营利性,所以钟点费较低,请能谅解",是真小人。对方自己衡量,要不要接受邀请,也是真小人。双方谈妥,觉得愿打愿挨,就要尽力以赴,使听众受益,才是君子的行为。如果抱着"给多少钱,说多少内容",那就是伪君子了。

先把坏处说出来,可以避免对方猜来猜去,反正最坏的情况不过如此,其余的可以放心来谈。既定之后,不可存心不良,不能片面反悔,不得偷工减料。先小人后君子,是对待中国人比较有效的一种方式。

先装君子的样子,然后一步一步,露出小人的恶形恶相,是最令人厌恶的行径。可惜很多人由于认识不清,借口碍于情面,先君子后小人,使自己陷于绝地。

（六）善补过不断修治

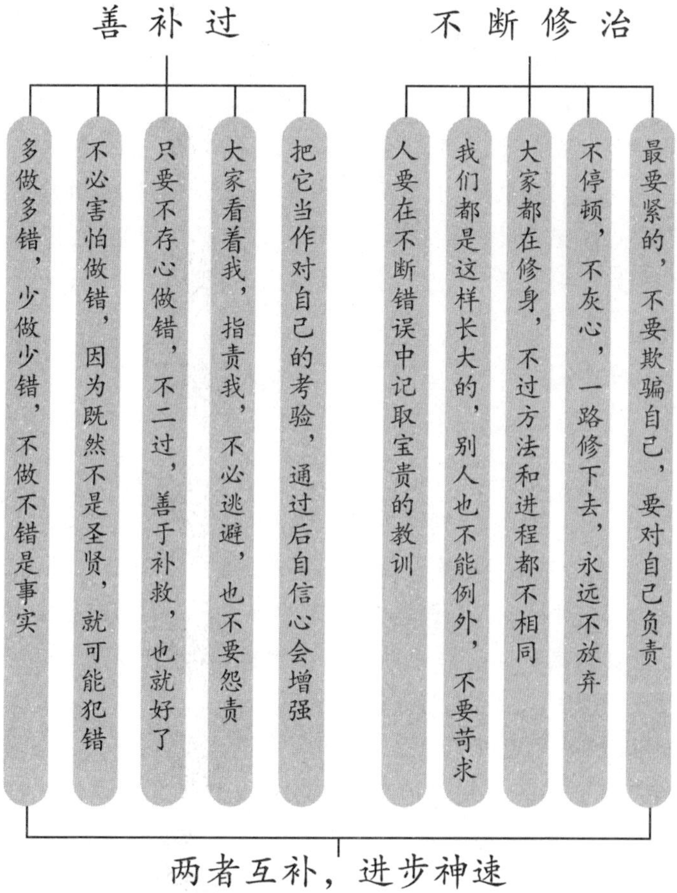

不是圣人，就不可能不犯过错。小人有过失，必定设法加以掩饰。君子有过失，好比日食、月食那样，大家都看得见，想掩饰也不可能；好在一旦改过，大家又对他仰望，恢复对他的信任。中国人应该认清，有过失而不肯改正，才叫作过错。发现错误，马上真心悔改，善于补救，就不算过错，不应该再耿耿于怀。犯法又另当别论，当然应该绳之以法。任何人都不必害怕犯错，否则过分谨慎，可能一事无成。只要能够不二过，把过失当作宝贵的教训，不再发生，便是君子所应为。

过失不但要看作教训，而且要善于补救。对不起人家的，设法补偿；增加人家的困扰，及时道歉并且马上调整。既然君子是长期努力的目标，就需要不断地修治自己，《大学》说：自天子到平民，全都以修身为根本，可见修治自己，是任何人都不能够忽视的。

多做多错，少做少错，不做不错是事实，人不必害怕错误，只要不存心、不二过，有过失赶紧设法补救，就可以了。在中国社会，随时随地有十只手指着，也有十只眼睛盯着，不必逃避，也用不着埋怨，把它当作对自己的考验。通过这些检验，自己的修养又高了一层。这样不断努力，不断接受考验，只要经得起，成功即在眼前。

不要骂多做多错，少做少错，不做不错。也不必白费心思，想要改变这种观念。我们最好面对这样的事实，能够跳脱出来，勇于尝试应该做的事情，不用害怕犯错。

我们的建议

1. 我们把人分成六等，圣人可遇不可求，真君子已属难能可贵。一般人浮沉于君子、真小人、小人和伪君子这四等之间，可以成君子最好，实在迫不得已，也要做真小人。恶习难改，只好当小人。最要紧的是，千万不要变成伪君子，不但害人害己，而且往往祸患无穷。

2. 君子和小人，不可以二分法，认为不是君子便是小人。把二看成三，君子可能变成伪君子，比小人更可怕。同样为小人，宁可坦白些，做个真小人，比伪君子好得多。君子随时会变成小人，小人也随时有机会成为君子，一切存乎于心，由自己来决定。中国人喜欢猜测，怀疑心重，主要是用来鉴定他人的变化。用得合理，对大家都有好处。过分或不及，势必害己也害人。

3. 中国人变来变去，所以需要大家“十目所视，十手所指”地帮忙，使自己更加警惕，日新又新。中国人性格矛矛盾盾，把它当成阻力，觉得非常讨厌；将它化为助力，则又十分可爱。既然很难改变中国人，不如“化阻力为助力”，把讨厌的行为变成可爱的助力。一天到晚骂中国人，难道他就会改变吗？人人化阻力为助力，自己先修治好，再来接受别人的考验，成为别人参考的对象、学习的目标，好像更有力量来改变中国人。

十、把二看成三的拿捏

中国人的真本事,是“拿捏得恰到好处”,
是一种境界,由一点一滴的功夫累积而成。

有些人怕麻烦,觉得人生应该快乐,不必麻烦!
因此看不起这种功夫,也懒得去修炼自己。

把二看成三,最要紧的就是拿捏的功夫,
否则乱糟糟,不知如何是好,就更加苦恼。

花样多、变化大、弹性好、调整快,是好现象,
但是拿捏不精准,顾此失彼,弄得人人都头痛。

既然喜欢把二看成三,要享受其中许多好处,
就不能不重视拿捏的功夫,视为必备的技巧。

按部就班,长期规划,有恒去磨炼,用心体会,
有一天功夫到家,无一事不合理,自然快乐无比!

(一)花样多,变化才会大

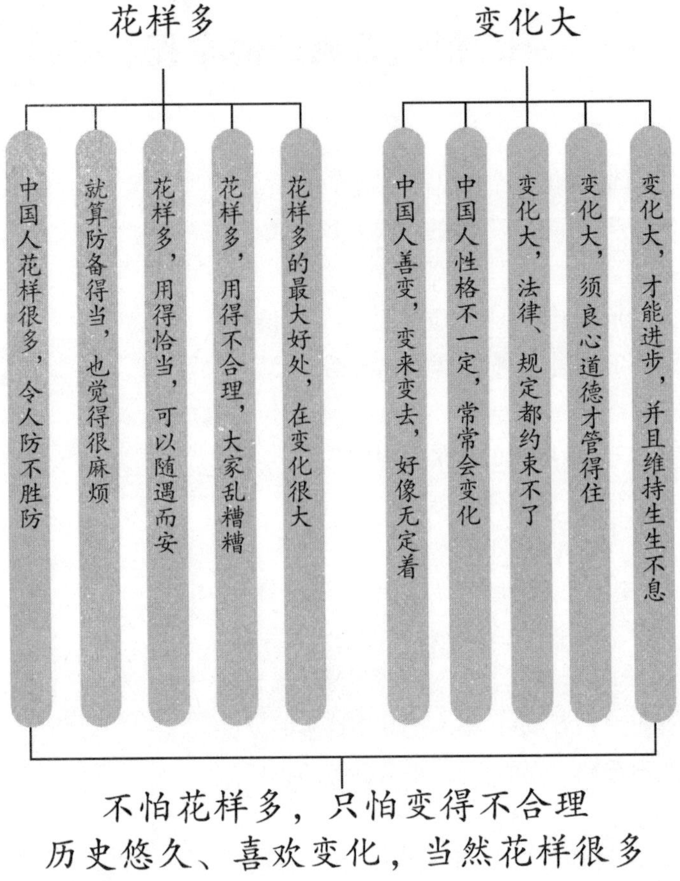

我们常常觉得中国人花样太多,防不胜防。就算适时防止,也觉得费时、费力又费神,实在麻烦。

把二看成三,三又代表多,等于把二看成多,怎么会单纯呢?中国人花样多,不奇怪,很合乎情理。

花样多,变化才会大。中国人的性格,一直到现代,仍然避免定性化、制式化,依然保持变动性、多样性、不一定性,因为我们深知:"有变化才会进步。"请看世界历史,多少古文化都由于定性而不再变化,因而走向死亡。中国历史悠久，持续不断，就是因为我们花样多，一直在变化，迄今不定型。

哪一天中国人简单化、制式化、定型化，就注定中华文化快灭亡了。我们不愿意看到这么一天，就不应该寄望中国人花样少，很容易判定而不必多费脑筋。

花样代表文化，文化不过是花样的集合。年轻人经历少，花样不多；年纪大的人经历丰富，当然花样也跟着多起来，这是十分自然、相当正常的现象。

地球村需要保留各民族的花样，彼此不同，才够多样化。多样化是时代的潮流之一，中国人花样多，似乎也符合时代潮流，就让它多下去，继续变化下去。

只要心正意诚，就不用害怕花样很多。心正意诚而具有多花样的变化，正好是艺术的表现。大家欣赏之余，多少也会受到感染。仿效的人增多，自然成为主流。

(二)变化大,弹性才够好

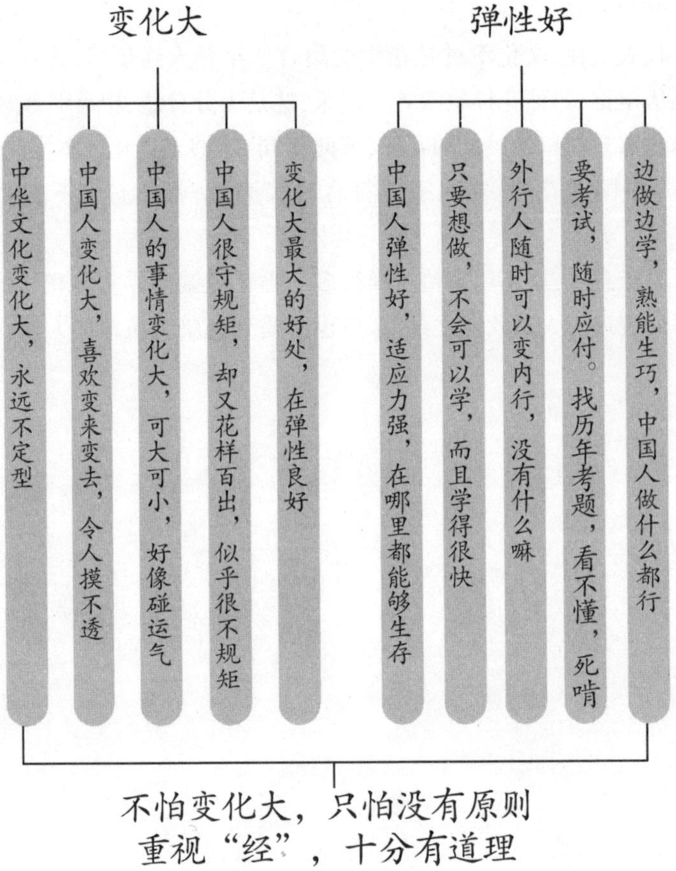

四海之内,都有中国人。中国人的生存力很强,无论到欧洲、非洲、美洲、澳洲,哪一洲,都有本领生存。不会烧菜的,照样在巴黎开餐馆,而且自己当厨师。

如果讲求专业化、执照化,种种限制,生存比较困难。中国人讲专业,边做边学熟能生巧,当然专业。拿一本食谱,尝试着烹调,多加糖多加醋,煮成甜酸肉,法国人也觉得很专业。要执照,中国人最不怕“考”,凡考试必有答案,看不懂死背,听不清楚用猜的,成绩列在洋人前面,当然领得到执照。

在台湾担心考不上大学，到美国当小留学生，成绩惊人，顺利申请到著名大学。这是什么道理？善变，会找路子。洋人重视课外活动，大人就教小孩子编造辉煌纪录；洋人不把课本带回家，华人会找人补习，当然棋高一着。

变化大，使中国人弹性十分好。兵来将挡，水来土掩。上有政策，下有对策。只要不违反洋人的法律，洋人又能拿我们怎么办？

在这种情况下，中国人不尽力修养为君子，行吗？对得起地球的其他村民吗？

然而，要求中国人不要变花样，减少弹性，好像也相当困难。退一步想，果真办到了，是福还是祸？

大家都按照一定的模式，没有什么变化，是不是和机械人差不多？人一旦机械化，脑筋就逐渐退化而不管用，久而久之，就成为白痴化，那才是可悲之至！

（三）弹性好，调整才快速

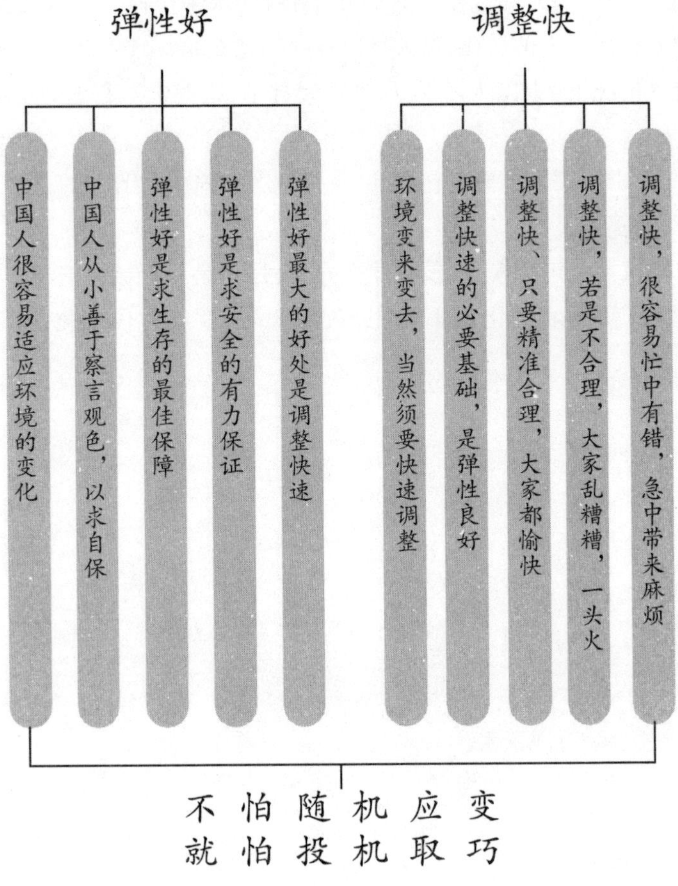

依据观察，环境越稳定，游戏规则越严密，西方人越有良好表现。环境越变动，规约越不清楚，中国人的表现就越突出。西方人凡事讲求游戏规则，规定不清楚就不敢乱动，是其长处。中国人凡事好商量，规约越不清楚大家越容易建立默契，是其优点。

中国人从小习惯于花样多，变化大，够热闹的社会，培养出很好的弹性，不但随地可以生存，而且随时能够快速调整。一方面入境随俗，一方面因时制宜。

我们把二看成三，有更多的选择。合理的标准又不固定，讲求因时、因地、因人、因事而变动，调整起来，当然比那些把二看成二，而且固定标准的民族，要快速得多。中国人到美国，在某些方面，做得比美国人更美国化，不到半年，把十数年的生活经验都忘掉；一旦违规，却又马上装成不会说美语，对美国情况不了解，法律不熟悉，来考验美国警察的人情味，是不是常见的例证？

调整快速并无不好，只要调整得合理，当然很好。这种拿捏的功夫才是中国人必须用心揣摩，好好练习的。我们最悲哀的是，中国人在海外投机取巧，欺骗洋人，丢人丢到外国。我们所乐见的是，中国人善于随机应变，四海为家，到处都可以顺利发展，而扬名海外。

外国人也许分不清楚什么是随机应变，什么才是投机取巧？中国人在这方面的辨识能力，素来很高强，应该很容易明辨。问题并不在知不知，却在于行不行。

(四)调整快,要拿捏合理

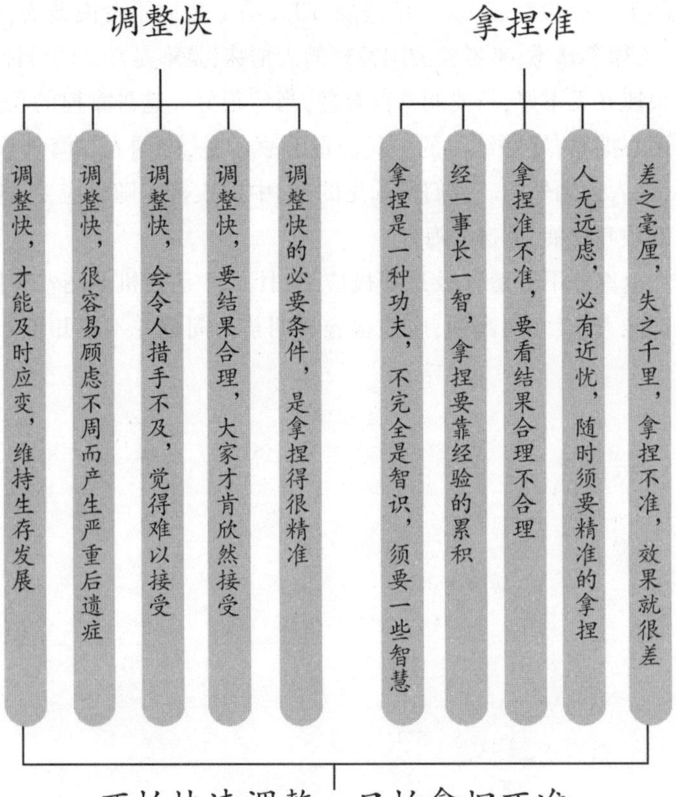

不怕快速调整,只怕拿捏不准
在生活中练功夫,才是从做中学

调整快速,固然可以及时应变。但是变得是否合理?则有赖于拿捏的功夫。中国人常说“差之毫厘,谬以千里”,便是说拿捏得差那么一点,结果可能有很大的不同。

又要快速又要精准,这才是功夫。功夫得来不易,几乎没有办法急就章,希望短期、密集训练,就立可奏效。

功夫是一点一滴逐渐累积而来的,所谓有恒为成功之本,便是说恒久练习,用心琢磨,才能够练成功夫。

我们很不可能产生大的差错,因为所学道理基本上都差不多。我们很可能造成微小的偏差,因为见仁见智各有不同看法。拿捏的功夫,不是指导引大的方向,而是指矫正微细的差距。往往些微调整,可以收到很大的效果。

为什么成君子是长期努力的目标?就是因为君子一切求合理,而合理不合理,往往只有些微的差距,要拿捏得精准,必须长期的历练。人生的结果,要知命;人生的过程,要自主。想不想成为君子,要不要练成拿捏的精准功夫,完全由自己决定。诗经说:"深则厉,浅则揭。"遇到深水,脱下衣服涉水而行;遇到浅水,卷起裤腿走过去。这样,时时合理,处处合理,不就随遇而安了吗?

人无远虑,必有近忧。生活本身充满变化,随时需要合理调整。中国人在生活中练功夫,是一种"从做中学"。在实践中求知,做得出来才是真知,做不出来不过是假知。从尝试错误着手,边做边调整。每一次尝试,都应该认真检讨,以精益求精的心情,不断改善,以求止于至善。

（五）拿捏准，要按部就班

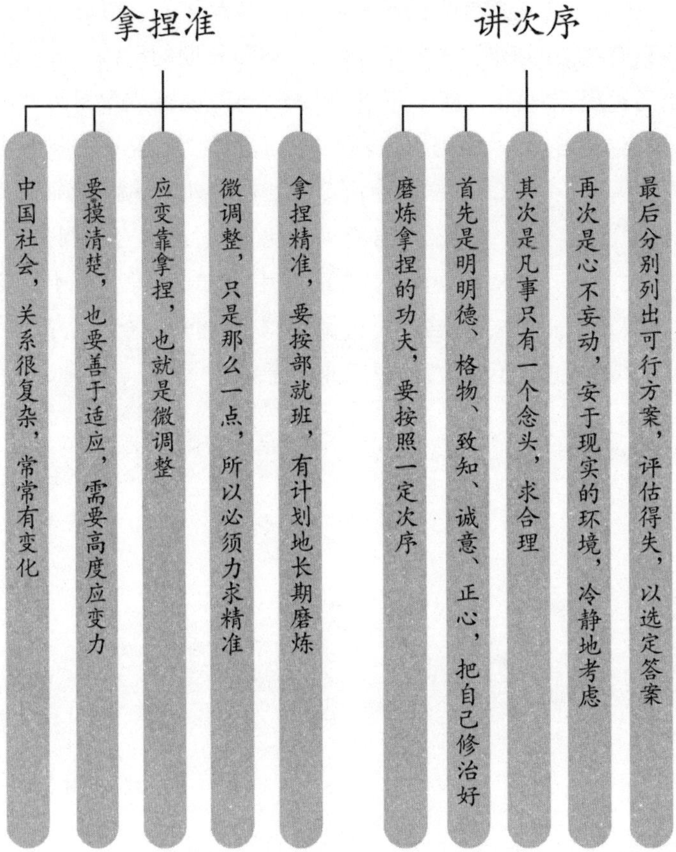

拿捏的功夫，要练到精准的地步，必须按照大学之道，从个人的明明德做起。遇见事物，要用心分析它的道理，以增广见识。明白道理，心意真实无妄，比较笃定而有把握，情绪也较为稳定。处理事情最要紧的，是不能以情绪来反应，将自己的喜怒哀乐好恶，和事情结合在一起。心中所想的，只是合理。有了这个定向，会比较理智而心不妄动，安于现在的处境，周详地考虑，精准地处置。

遇到问题，第一，不可逃避，因为逃避不掉，而且可能拖延出更大的问题。

第二,不能求立即解决,因为有些事必须速战速决,才能快刀斩乱麻,但是有些事则急不得,缓一下它自然产生一些变化,反而有助益。第三,不能推给别人,若是不得其人,推的结果只是耽误时间。第四,不能马上承担,应该看看有没有比自己更合适的人,设法推给他。第五,不论由自己或由别人解决,自己都要用心思索。由自己解决,要把思索结果和有关的人商量;由别人解决,也要将思索结果提供给他参考。解决之后,赶紧看效果,以求适时补救或增强,同时加以评估,以获取经验。

思索的时候,要掌握“本末、先后、轻重”的原则,追寻前因,预测后果,以合理为标准,提出若干解决方案,然后逐一评估,求得最为合理的,付诸实施。

不要对自己过分严苛,要求自己一下子要达到高标准,有时候反而得不偿失。最好要求日有寸进,天天有进步。只要不断求取改善,终有一天,能够拿捏得十分精准。

(六)讲次序，有长期规划

讲次序

- 不要怕麻烦，才能耐心练拿捏的功夫
- 讲求次序，循序渐进，一步一步完成
- 分析研究比较时，把握本末、轻重、先后的原则
- 每一件事都有条理地加以处置，养成按部就班的习惯
- 讲次序，就必须有长期的磨炼计划

有规划

- 一件事有一件事的规划，从头到尾，有始有终
- 一生也要有一生的规划，自幼及老，从生到死
- 任何时间都可以开始，只要有心，永远不嫌晚
- 把人生分成志于学、而立、不惑、知天命、耳顺、不逾矩六阶段
- 分别配合适当的时间表，有毅力有恒心，长期磨炼

天下无难事，只怕有心人
讲次序、讲方法，还要有恒心

既然不嫌麻烦，有意磨炼精准拿捏功夫，而且明白这是一种长期的历练，应该做好长期的规划。

孔子的经验，或许可以当作参考。他十五岁时，便能一心向学，三十岁时能坚定信心，四十岁对一切事理得以通达而没有疑惑，五十岁知天命，六十岁能明白所听所闻而不觉得违逆，七十岁时能够从心所欲，而不逾规矩。

七十而从心所欲，不逾矩，可见那时候拿捏的功夫，已经十分纯熟，不假思索，便能恰到好处。六十而耳顺，表示拿捏功夫精准，只是还要听听反应，不论

反应如何,都不致引起情绪上的反应。五十而知天命,是拿捏时能够顺应天命,更适合自然的法则。四十而不惑,指拿捏时所分析的事理,以及本末、轻重、先后的配合,已经相当有把握而不觉得疑惑。三十而立,是说若干原则已经确立,不再动摇。至于十有五而志于学,那是因为孔子家境贫穷,不能像现在这样,受正规教育。不过十五岁能一心向学,也确实不容易。

我们可以把自己的长期规划,照样划分成志于学、而立、不惑、知天命、耳顺、不逾矩六个阶段,依据各自的实际状况,拟订时间表,加以配合。任何时候开始,都不嫌晚;只要有毅力、有恒心,必定会成功。

成功不成功,交给老天爷去操心。我们应该把心思用在过程上,一步一步都合理,成功的果实,自然落在我们身上。万一不是如此,那就证明没有成功的命,认了。

我们的建议

1. 许多人不是不喜欢君子之道,却迟迟不肯下决心,要向它迈进,原因多半是:"为什么要这么麻烦?"认为人生应该快乐,所以单纯、简单才好。然而,一味追求单纯、简单,真的快乐吗?婴儿好像最单纯、简单,一辈子停留在婴儿阶段,快乐吗?必须经历磨炼,劳其筋骨,苦其心志,然后由不惑而知天命,才能够从心所欲而不逾矩,这种自由自在,既单纯、简单又快乐无比。

2. 长久以来,我们一直生活在花样多,变化大,虽然乱中有序,却需要处处小心的中国社会。多少人咒骂,多少人痛恨,是居于不了解?还是因为自己的功夫不够高?我们要改变中国人,用意是正确的,无害于中华文化。因为中华文化本来就是时时求变化、永远不固定的。但是变要变得合理,必须继旧开新,持经达变,所以先了解中国人,才有办法加以改变。

3. 花样多、变化大、弹性好、适应力强,如果运用得合理,中国人很可爱;若是运用得不合理,中国人很可怕,也很可恨。中华文化本身没有问题,人如何运用才是问题。要运用得合理,必须长期规划,按部就班,耐心地磨炼,才能精准而快速。当然,有这种磨炼的意向,坚定的决心,有恒去做,必然会修身有成,做一个可爱的中国人。

十一、把二看成三的平衡

中国必须现代化,这是大家一致的愿望,
然而现代化不等于西化,不一定要走上西方的路。

以正道表现中华文化,使其合乎现代的需要,
才不致现代化却迷失了自己,变得不像中国人。

我们依然可以保持把二看成三的作风,
只是应该求平衡,也就是配合现代时空的演变。

二看成三有变态,也可以保持正当的姿态,
以正道表现,保持二看成三的常态,才叫作平衡。

先求规规矩矩,然后才考虑合理地应变,
应该变的事宜才求变,不应该变的事情当然不变。

因公而变,不要因私而变,至少不要因私害公,
含糊的结果,应该很清楚,才是现代化中国人。

(一)把二看成三必须现代化

平衡才能现代化

- 中国必须现代化，是海内外华人一致的目标
- 现代化不等于西化，不必样样依西方的标准
- 使中华文化走入正轨，便是中国现代化
- 二看成三获得平衡，表示适合现代时空的变化
- 适合现代时空变化，当然就是现代化
- 几百年来我们一直不重视中华文化，以致走入歧途
- 今日最重要的，莫如回归原点，恢复固有文化正道

中国要现代化,现代化并不等于西化。我们不反对自由、民主、资本主义、市场经济这一类主张,但是衡诸事实,无论中国还是华人居多数的新加坡,这些华人所走的现代化途径,正逐渐走入中华文化的正轨。说来说去,都属于非西方型的现代化。

看起来像走向西方,是因为观察、评论的人心目中只有西方的观点,拿西方的自由、民主,当作唯一的检验标准。却不知道中国五千年历史,已经包含许多主张,融合许多学说,如今历经几百年来的变态、盲目学习,终于回归原点,把固有的文化以正道表现于世。

中华文化,本来就包含自由、民主、资本主义和市场经济的色彩在内,由于中国人具有把二看成三的本领,同样自由民主,也不像西方那么简单,变得相当复杂。

中国领土辽阔,各地的人文、地理相差很大,各自因地制宜的结果,能够求其大同小异,已经很不容易。何况中国人弹性化,爱变花样,差异性当然更大。把二看成三要平衡,必须现代化;要现代化,就应该步入正轨。

同样现代化,我们必须走出非西方型的现代化。并不是有意标榜,而是不忍让好东西被埋没掉。把二看成三的现代化,亟待我们的努力发扬,人人有责。

(二)先求规规矩矩再想应变

无规矩不能成方圆

- 发扬正道的第一步，在培养守规矩的习惯
- 先求规规矩矩，端端正正，再来合理求变化
- 因为无规矩，就不能成方圆，守规矩才是根本
- 守规矩叫持经，成方圆即达变，持经才可以达变
- 不能守规矩守到不懂得应变，失去应有的弹性
- 思考时先想合不合法，在法的范围内求合情合理
- 行动时要先讲情，再导入合理合法范围，比较有效

中国现代化,是把固有的文化,以正道表现出来,符合现代的环境,也切合现代的需求。

正道的第一步,是每一个人都先规规矩矩,然后才想合理的变化。“无规矩不能成方圆”,中国人持经达变,经就是规矩,方圆才是变化。不守规矩,一心只想到私人的利益而乱变,是变态,令人厌恶。

应变是必要的,只要变得合理,就是正当的行为。然而应变的基础,是“守规矩”。初听起来好像很矛盾,但是从二看成三的角度来看,便不觉得如此。

思考时先想合法不合法,只允许在合法的范围内应变,不能够逾越法律规

定而乱变。法的范围,看作品管的上下限,在法律许可的限度内,做合情合理的应变,才是正道,为众人所欢迎,而且不会违法、犯法。

沟通和行动时,先由合情入手,作为桥梁,比较容易导入合理合法的范围。这样执法,比较不伤感情。

守规矩不能忘记应变,否则成为"公事公办",是一种办公心态而不是办事精神。总有一天,当自己需要找人帮忙时,虽然合法,也会受到冷漠的回应,大伤感情。

实在没有办法时,把"法"摆在前面,这样已经是真小人,比君子毕竟差了一截。

守法不过是为人做事的基础,并不能代表做人做事的全部。守法之外,还有很多事情可以做。譬如衡情论理,便是应变的具体表现。只要不投机取巧,当然可以变通。

(三)明辨应该变和不应该变

- 凡事先问应该不应该
  - 发扬正道的第二步，再明辨应该不应该求变
  - 凡事先问应该不应该变，再接下去想其他问题
  - 如果不应该变，就不要继续想怎样变或要不要变
  - 不应该变时，就算吃亏，也应该放弃变的念头
  - 吃亏算什么，合理最要紧，这才是正道
  - 聪明人知道什么时候应该做傻瓜，吃点亏
  - 只有傻瓜才会在不应该时表现聪明，永不愿吃亏

正道的第二步,是分辨应该变的事宜,才可以变;不应该变的事情,要切实遵守规矩,不可以变。

例如公共秩序、交通规则,都是居于大家的安全和方便,大家照着去做,何必一定要擅自应变?当然,有关的规定,必须力求合理,大家才乐于遵守。

应该不应该,原本是中华文化的最高检验标准。大家行之日久,只把它用在变得合理与否?好像合理就应该,不合理便不应该。却忘掉了这种考虑之先,要问一问应该不应该变?若是不应该,等于大前提确定,后面那些怎样变才合理,已经不必考虑。

凡事先问“应该不应该变”，像遵守红绿灯指示，根本不应该变，那还考虑什么呢？在十字路口，人变得呆一些，大家都安全。就算对个人稍微不方便，吃一点小亏，也就算了，这才是君子所应为。

不应该变时，吃亏也无所谓，这才是大智若愚。聪明人知道什么时候应该做傻瓜，只有傻瓜才会在不应该时表现聪明，因为他搞不清楚什么叫作“时”，什么又叫作“中”，所以无法找到此时此地合理的“时中”。

不必时时求变，也用不着永远求新，那样太费神，耗费精力。应该变才想办法，不应该时，不必伤脑筋。

当今社会，自认为聪明的人太多。我们建议大家做傻瓜，便是针对时弊所做的一种变通。多一些自愿吃亏的傻瓜，社会才可能有秩序，人间更为美好。

(四)因公而应变勿为私而变

因公而变勿为私而变

- 发扬正道的第三步，是为公而变，勿因私而变
- 因公而变，动机自然纯正，不会令人怀疑
- 为私而变，牵涉私人利益，容易利令智昏
- 因公而变，大家受惠，这种努力，代价比较高
- 人人因公而变，大家都受益，个人终究也得到好处
- 个个为私而变，彼此利害不一，难免引起冲突
- 因公而变是正道，为私而变是偏道，要以正代偏

正道的第三步，是为公而变，尽量不要因私而改变。一般人刚好相反，遇到公家事务，马上提醒这是“公事”，公事公办，应付过去就好，何必伤脑筋？碰到自己的私事，人立刻精明起来，千思百虑，总要变得对自己有利，因为“人不为己，天诛地灭”，空有脑袋，此时如果不用，更待何时？变通，变通，还不是变得令自己更通畅，更有利？办公事先找法令，只要依法有据，好坏由他，关我什么事？处理私事时，央三托四，钻法律漏洞，游走于法律边缘，鼓动群众势力，一心求变，简直无所不用其极。

因公而变，动机自然纯正；为公设想，公众受惠，自己所花时间和精力，也

比较有代价。因公而应变,不牵涉私利,这时脑筋会清醒得多,思虑也周延得很,为什么不多做一些呢?大家为公,人人受益,个人终究也得到好处。想得远一些,公私到头来还真的合一。

为私而变,不免私心——以致私而害公。若是私利与公利一致,大可扩大范围,推己及人,公私一并处理,岂不更有意义?"私"字写起来不如"公"字正,更谈不上四平八稳。可惜一般人私而忘公容易,公而忘私难。

因公而变是正道,为私而改变是偏道。人人走正道,中华文化自然发扬光大,否则,再骂下去也是徒然。

走不走正道,完全由自己决定,别人奈何不得。是不是走正道,只有自己心里明白,别人也难以猜测。凡事先求自己做得正当,才是走正道的最有力保障。

(五)含糊的结果应该很清楚

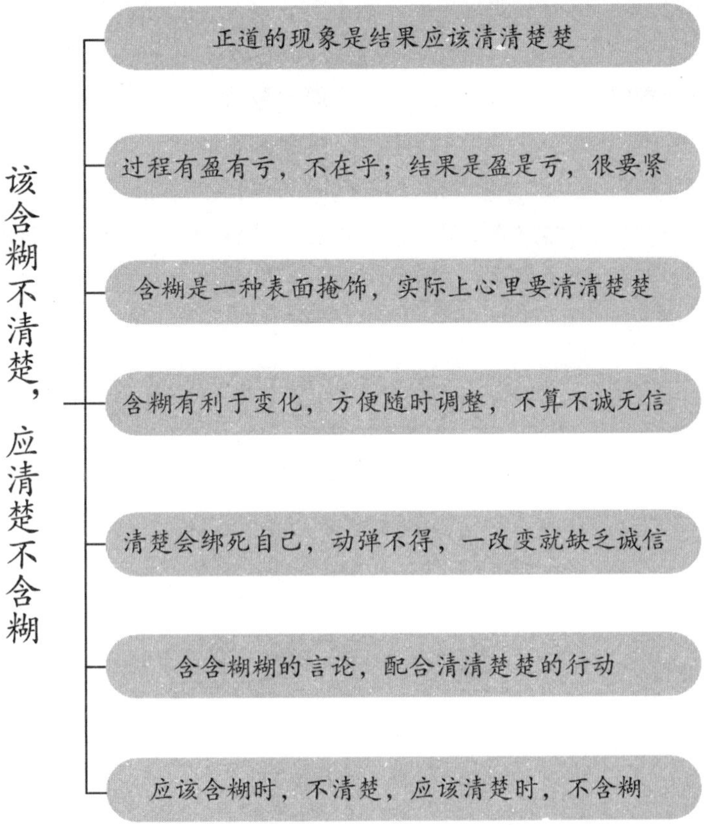

正道的现象是含含糊糊的,结果必须清清楚楚,大家才能够了解而密切配合。

二看成三最令人诟病的地方,在含含糊糊,令人弄不清楚。从电视上看,美国总统说起话来,清楚、明确而具体;中国人都知道,当到总统,位置高而权力大,说话越含糊,就越不容易出错,因此也越安全有利。

弹性大,随时准备改变,怎么能够一开始就说得那么清楚明确?将来有所改变,遇到人家以“诚信”原则相责询,岂非自讨苦吃?中国人很难透明化、台面化,不一定要黑箱作业,照样要含含糊糊。常听人说:“不主张如此,但是也不排除这种可能。”说毕哈哈而笑，状甚安全。

其实，含糊是表面的一种掩饰，内心应该清清楚楚，才是“有充分准备”“知道怎样因应”“预测结果如何”“否则自有补救方法”的中国人，而立于不败之地。含糊是过程，因为明朗化不便于也不利于变化。结果必须清楚，才能昭信于人。

含含糊糊之中，让人看得清清楚楚，这才是功夫。满足中国人“我说的你不会相信”，而“你自己会看”的需求。还是那一句话：“应该含糊时，不可以清楚；应该清楚时，不可以含糊。两者交互，互为消长，二才能够成三。”

最后的结果，当然清清楚楚，用不着大家操心，因为水落必然石出。过程最好有一些含糊，但是要拿捏得恰到好处，才见真功夫。含糊绝非糊涂，非用心设计不可。

(六)现代化不失中国人本性

现代化，不能失去原来本性

- 中国不现代化，可怜；现代化却失去了中国，可悲
- 未来地球村必须多元化，应该保留中华文化
- 这一波复兴中华文化运动由洋人发起，成功率偏高
- 但是中华文化要步入正轨，仍待中国人努力
- 把二看成三，要应用得恰如其分，无处不合理
- 不要毁坏它，废弃它，整天人前背后都说它的坏话
- 应该重建它，珍惜它，使它合理化，也就是现代化

且不说把二看成三是未来世界的主流，至少地球村必须多元化，应该保留中国人的特性。中国现代化，不能够有了现代化却失去了中国。要保有中国之名，已经不容易，有人一直想要抛弃它，改掉它的名；想保有中国之实，那就更加困难，多少人处心积虑，想改变它，要去掉它的实。苦难的中国，加上残忍的中国人，不免令人担心。

最近这一波复兴中华文化运动，好像不是中国人所发起的，我们极力避免"地区性""局限性""自大性"，居于"全球观""国际观""整体观"，最好不谈这个话题。实际上如此态度，也是中华文化的一部分内涵，只需要适度调整，也

就不生大碍。

这一波复兴中华文化运动的发起人，大多是洋人，所以成功的概率很高。今后的留学生有福了，中华文化更幸而可以保存。

但是，要发扬中华文化，仍有待中国人的努力。如何把二看成三，应用得恰如其分，无一处不合理，是我们今后努力的目标。我们的使命，不是毁坏它、废弃它、整天说它的坏话。而是重建它、珍惜它、使其合理化。

一旦中华文化在现代获得合理化，就是中国现代化，中国人现代化却不失去原有本性，对我们而言，才属合理。中国人在现代化中，当然不可能缺席，也不应该缺席。全世界的眼光，都在看我们怎样表现。不要让外国人看不起，就不能放弃自己固有的特色。继旧开新，才是正道。

我们的建议

1. 1988 年 1 月在巴黎召开全世界诺贝尔奖得主会议，公开宣示："如果人类要在 21 世纪生存下去，必须回溯到 2540 年前，去汲取孔子的智慧。"儒家"过与不及"的理论以及因此而建立的"时中"标准，历久犹新，仍然是今后生存发展的主要准则。过与不及，是二看成三之后，所需要的拿捏功夫，结果随时命中目标，即为时中。前者是过程，后者表示结果，两者要兼顾并重。

2. 中国必须现代化，表示把二看成三应该现代化，也就是在现代化的环境中应用得合理。合理表示一种平衡状态，把二看成三要求得平衡，必须掌握三大原则：第一，先求规规矩矩再来设法求变；第二，明辨应该和不应该变，应该变时才可以求变，不应该变时不要想去变；第三，要因公而变，不应该为私而求变。

3. 大家害怕二看成三，主要因为它相当含糊，令人看不清楚。现代人要求透明化、台面化，是居于怕吃亏、怕受累的心理，无可厚非。但是只要让我们看得清楚，就不需要说得那么清楚明确，因为我们根本就不会完全相信人家所说的话，清楚明确与否，不是很重要。要紧的是，有把握、能机动、善应变，结果很清楚，我们就不用害怕。对人要求，也不可过与不及，否则人家如何因应？

十二、中国人应有的使命

中国人在数量上完成了壮举,占有率世界第一,
今后所要努力的,应该是提高人的素质,品管至上。

由于我行我素,又喜欢自由自在,谁也管不了我们,
只好自求多福,用心自修、自律,才能够合理自主。

盲目学他人的教训已经很多,四不像很痛苦,
如今要觉悟,最好做自己,不要老想变成别人。

恢复中华文化,由自己人喊喊,显得有气无力,
因为中国人看不起中国人,满脑子"你算老几"!

好不容易这一波有洋人来带动,好像天助我也,
留学生和本土生有志一同,说起话来比较有共识。

走久了偏道,现在走正道,似乎配合物极必反,
风水轮流转,好景不常在,此番亟待大家共同努力。

(一)人数众多,影响力应该大

人数已经够多
- 世界上每四个人就有一个中国人,论数量居第一
- 人多势大,应该拥有很大影响力才对,事实不然
- 因为中国人喜欢自己打自己,自己看不起自己人
- 历史上最可怕的,其实不是暴君、奸臣,应该是汉奸
- 人数多,不一定有实力,多半被自己人害死了
- 人数多,必须有共识,心连心,才会产生大的影响力
- 要有共识,先要说大家都听得懂的普通话,便于沟通

世界上每四个人当中,就有一个中国人。这种比例,实在惊人。在数量上,中国占有绝对优势。

按理说,中国人这么多,说中国话的人这么多,中国话应该理所当然地成为世界语言才对。事实上,中国人不一定会说中国的普通话。某些中国人,坚持说方言,装成不懂普通话,也鼓励他们的子女不要说普通话。大家都骂中国人不团结,却不支持大家都说普通话,是不是矛盾?

幸好如此。大家才会用心学日语、学英语、学俄语,甚至学德语、学法语,虽然学成四不像,却也实在扩大了现代中国人的视野。语言是工具,多一种工

具,应该是有利无害。不过,我们希望不管会说哪一种方言,哪一种外语,只要是中国人,都应该会说普通话,也就是国语。

说国语,不一定要放弃方言或外语,中国人善于兼顾,多说几种语言,不难,也有好处。大家都会说国语,影响力才会大。团结就是力量,不是用来侵占别人或挑战他人,而是“同样的话说多了,说久了,就会产生很大的影响力”。大家会注意,说话自然有力量。

人数多,不一定影响力就跟着增大。人数多,还要加上说共同语言,有共识,心连在一起,力量才会大。应该大而不大,是现代中国人的耻辱,徒然拥有那么多人,见笑!人多好办事,但是一定要办正事,做好事。论人口,世界上没有人胜得过我们。四分之一绝对不是简单的比例,任重道远,现代中国人必须全力以赴,责无旁贷。

(二)市场广阔,大家都很关注

论市场相当热络

- 中国台湾、中国香港、新加坡已经名列亚洲四小龙之中
- 中国大陆也取得了经济改革的成果
- 人多市场也大,消费力也逐年增强
- 在一片萧条的情况中,中国大陆市场备受关注
- 看起来好像在走西方资本主义的路
- 实际却不是,因为中国人善变,各有一套
- 中国人已经用实际力量,在复兴中华文化

由于政治太可怕,而经济很可爱,所以全世界不约而同,大家重视经济,说什么政经分离,其实是先赚钱才有力量搞政治,金权非钱不行,才是实话。

搞经济必然重视市场,中国市场一向不起眼,想不到忽然间热络起来,引起各方的关注。

香港受英国人统治一百年,经济发展可能是英国人的功劳,事实上一九九七年香港归还中国以后,预期经济还会持续发展,只是说英语的人会减少而说中国话的人会增多。广东人会说普通话,越来越不令人觉得稀奇。

新加坡经济发展,看起来走西方的路子,实际上李光耀先生每逢紧要关

头，就适时展开中国功夫。执政党要持续下去，主要人物都在暗中补习华语。

台湾终于听到“经济发展之后，文化很重要”的政策，所指的是日本文化、美国文化还是“台湾”文化，中国人一向含含糊糊却又清清楚楚，看时势变化，来分别轻重。

中国大陆和当年的苏联共同实施共产主义，结果苏联崩溃瓦解，中国大陆却可能成为明日经济大国，可见中国功夫，才是中国市场起伏的主力。表面上走资本主义路线，实际上却不如此，这才是大家用心探讨的焦点。

明眼人都知道我们走的并不是西方的资本主义。就算是，也是经过修正的资本主义。中国人不希望贫富过分悬殊，必须有一套防止的办法，这是千古不易的道理。

（三）素质提高，世界自然欢迎

素质提高才会普受欢迎

- 中国人多，又喜欢到处乱跑，哪里都敢去
- 带着一大堆坏习惯，到处我行我素，令人伤脑筋
- 西方人已经提高警觉，好像第二次“黄祸”又将来临
- 中国人往外走，是自然趋势，走走、看看，很不错
- 但是一定要修身，让大家看得起，才会受欢迎
- 数量已经够多，素质必须提升，所以要重视教育
- 教育应该普及，而且年限要延长，才符合实际需要

不是中华文化有问题，而是长久以来，中国“人”出了差错，产生变态行为，走入偏道。从近年来的种种变化，让我们逐渐看清楚，到处都赞扬中华文化，却常常讨厌中国人，真正的原因，即在于此。

前面说过，中华文化可以产生君子，也能制造小人。同样依照中国人所说的道理，有时候是君子，有时候又是小人。不分辨君子与小人，对此道不认同或不具兴趣，全凭脑海中那么一点模糊的概念，变成小人的机会特别多。这样一来，海内外的中国人，好像小人多于君子，难怪令人失望，惹人厌恶！

可是，人多是事实，喜欢到处乱跑也是事实。带着一大堆坏习惯，行走全

世界,难怪西方人相当担心:“第二次黄祸又将来临。”

人多,不能不往外走。有钱,当然要向外求发展;无钱,也要到海外找机会。未来世界,果真“四海之内,都有中国人”。在这种趋势下。中国人更加应该重视修身,提高素质,使大家看得起,才能够普遍受欢迎。

数量已经够多,今后要注意的是素质提高。教育非常重要,不但要普及,而且要延长年限。因为需要教育和再教育的人很多,而教育内容繁多,也相当费时。

但是,教育的方式和教材的内容,必须慎选。我们要教出堂堂正正的中国人,而不是全盘西化的假洋人。当然,我们并不担心,因为世界会越来越欢迎真正的中国人。

（四）保持本性，人家才会尊敬

发扬善良本性，自然受尊敬

- 中国人要到处走，而且要受人尊敬，才够面子
- 个人不受尊敬，会影响到整个民族，不能不谨慎
- 先了解自己的文化，做一个堂堂正正的中国人
- 试试适应中华文化，会产生一种崭新的经验
- 人多变态多，时间久了，也会走上偏道
- 要由偏而正，改变态为常态，需要由自己做起
- 每个人都修身，大家都从自己做起，很快就有效果

普及教育，注重教育，教育些什么呢？当然应该以中华文化为主要内容。世界各国，无不以创造特色、保持特色来吸引外来观光客，并且引以为傲。中国号称世界古国，历史悠久，怎么可能没有特性，又怎么能够不具特性？

保持本性，呈现自我本色，大家才看得起；走入正轨，走上正道，自然受人尊敬。中国人要到处走，势必以常态代替变态，以正道取代偏道，才不致被人视为“黄祸”。

要保持本性，首先应该了解自己。这一点现在看起来，已经相当困难。有些人日化得忘了自己是谁，有些人美化得听不懂中国话，有些人俄化得好像鼻

子也大起来。你用日本式华语,我说美国式华语,他则说俄式华语,就算大家都说华语,已经很难沟通。加以你看不起我,我要求你必须和我一样,他又有自己的标准,怎么了解自己呢?海峡两岸各说各话,说的都是普通话,却怎么说都说不通,是什么道理?用心了解自己,便不致如此。

了解自己的文化,以文化为共识,才能沟通而彼此适应。初步能够适应,才有办法谋求改进,使中华文化现代化,合理地呈现在世人眼前,令大家安心。

一个人迷失了自己,已经够可怜,若是整个民族都失去了本性,有再多的人,也等于零。

做自己,人家才会尊敬。处处学别人,万一成了东施效颦,岂非丑人学美,徒然显得更加丑陋?奉劝自信心低落的人士,重新认识真正的自己,不要再迷失了。

(五)二看成三,合乎正道就好

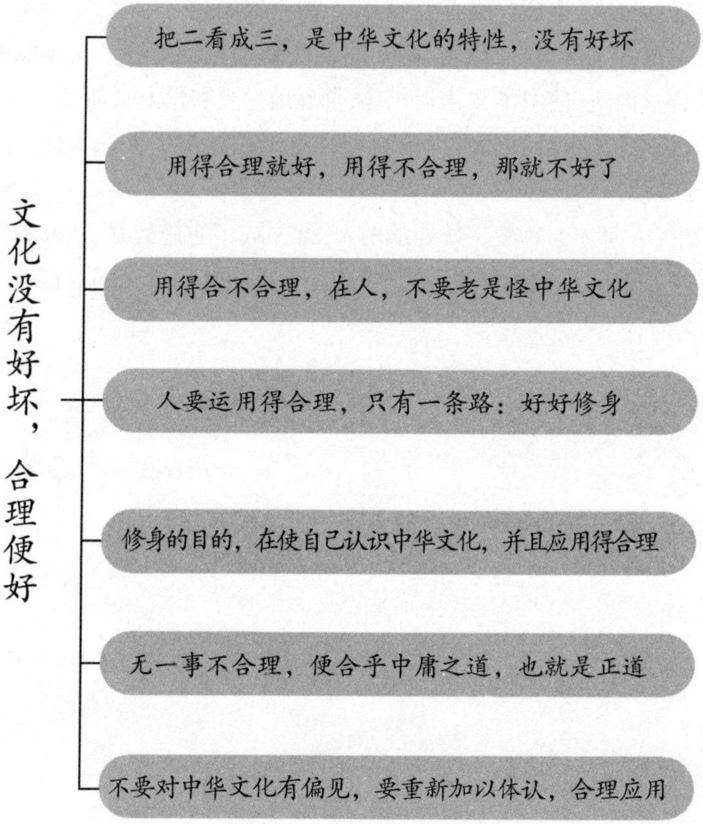

现在,我们已经看清楚,把二看成三,不能说好不好,应该说合理便好,不合理就不好。把二看成三是中华文化的特性,本身没有问题。用得合理不合理,是人的造化,所以说中国人很可能有问题。

二看成三,合乎正道就好。身为中国人,能够做到时中就好。时中表示合乎正道,无一事不合理,其实就是中庸之道。孔子说:“中庸的道理,真是好极了。可惜大家很少能够做到,已经很久了。”他在两千多年前说这种话,现在又过了两千多年,不是更久了吗?

现代知识普及,大家脑筋更加灵活,要来体会中庸之道,应该并不困难。

我们所担心的是缺乏实践的决心和恒心,一开始就嗤之以鼻,看不起它,或者下决心却不能持之以恒,才是不容易改变的。

长期以来,许多中国人对中华文化有偏见,有人指称"儒家所有的东西,不过是服从长官这一类的教诲",有人表示"中国要现代化,只有一条路:全盘西化",也有人认为"儒学已经朽木不可雕也,唯有整个砍掉,才能移植新苗"。其实,一样米可以养百样人,人要如何,和米没有多大关系,要看自己如何吸收,怎样消化。合乎正道,走上正轨,才是中国现代化的大道。

把二看成三,主要在多一些选择,更能够择善固执,找到最合理的平衡点。单凭这一种方式,就足以放之四海而皆准,不可能落伍、陈腐或不合现代的需求。

(六)以正救偏,用心调整不难

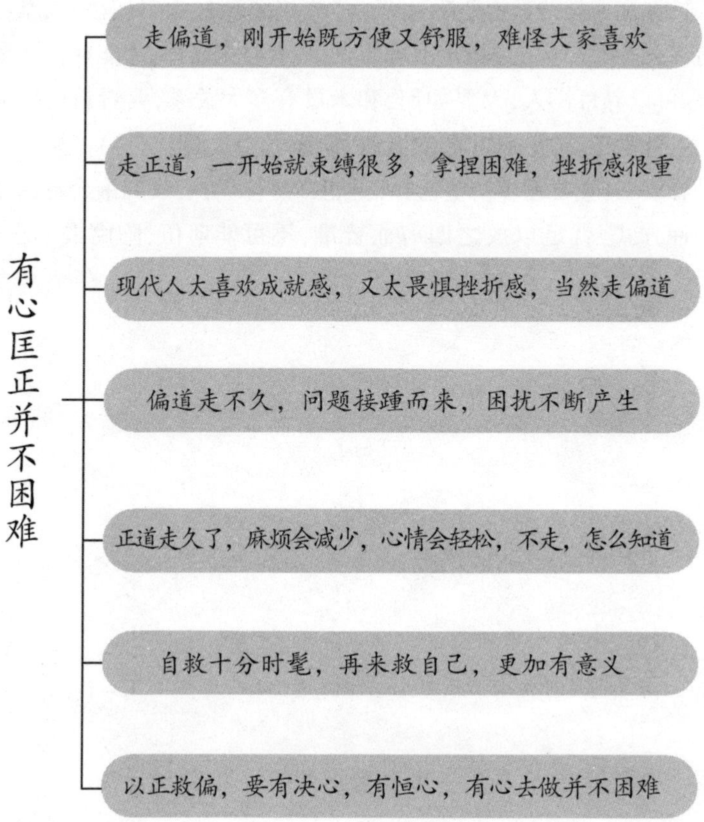

中庸之道为什么不行?主要是大家喜欢走偏道,不愿意用心走正道。走偏道刚开始好像比较容易,也比较舒服,虽然不久之后,就会产生种种问题,带来许多麻烦。走正道刚好相反,刚开始便不容易,而且比较不舒服,因为束缚很多,也不容易恰到好处,以致挫折感很重,虽然日久成习惯,习惯成自然之后,可能获得更大的快乐。

我们从许多怕麻烦,拒绝中庸之道,却又苦恼日多,觉得越来越困扰,可以推知偏道越来越拥挤,人满为患。

刚开始比较困难,所以要"慎始",一起步就走入偏道,自然失之毫厘,造成日后的谬以千里。有人盯着看的时候，只好尽力而为；没有人看见的时候，很可能放松自己，轻松一下吧！以致前功尽弃，所以“慎独”非常重要。走走停停，忽然走正道，不久又偏掉，越偏越远，所以“反省”十分要紧。像这些道理，中国人普遍都知道，只是说说容易，真正付诸行动很难，所以说得多做得少。

现在我们所要做的，是以正救偏，设法把己从偏道上纠正过来，刚开始要带一些勉强，有几分强制，否则很困难。别人勉强、外力强制，我们都不喜欢，唯有自力救济，自己救自己，自救不是很时髦吗？用来改变自己，使自己走上正道，只要用心，真的很容易！

各民族的不同文化，并没有好坏的区别，不过是各有不同的生存之道罢了。依中国人观点，不管怎样做，合理便好。让我们包容更多的花样，但是一定要调整得合理。

我们的建议

1. 人多好办事，但是人多问题也多，真是一则以喜，一则以忧。既然多了，就要正视它。想办法提升素质，无论居家还是出走，都受欢迎，这才是正道。人多的好处，表现在正面的影响力；人多的坏处，也在强大的破坏力。中国人多，既然是事实，无法改变，只好让大家走正道，以增强影响力，减少破坏力。希望做到这种地步，大家必须认清中庸就是合理，而合理化即是现代化。

2. 中庸之道为什么不能实行，孔子当年说得十分明白：“聪明的人太过了解，认为不足行；愚笨的人弄不明白，因而不能行。”只要进者退之，不要以为自己很聪明，而退者进之，勉强使自己聪明一些，其实不难解决。现代知识普及，大家脑筋都很灵活，再一次认识中庸之道，应该比较容易。比较要紧的，恐怕是勉强自己，约束自己，早日下决心，早一点开始行动，以走上正道，步入正轨。

3. 仔细观察，中国人已经动起来了，而且越走越快，越走越起劲，也越走越有信心。我们不要像日本人那样，老希望世界第一，不必像美国人那般，一心希望别人让着他走。中华文化必须尊重他人的自主，包容各种的花样，既不自卑，也不骄傲，不样样学人家，也不勉强别人学我们，才算是正道，自己心安，也使别人心安。

结　语

中华文化的阴阳变化,有常态也有变态,有君子就有小人。父母长辈鼓励子女后进走正道,走来走去,却时常走入偏道。人人立志当君子,尽力不做小人,却把握不住,成了伪君子。

大家都不愿意做小人,虽然小人不一定是坏人。大家都希望成君子,不料修来修去,竟修成伪君子,令人痛恨,自己则以为瞒骗了所有的人。

我们常常说暴君、奸臣可恶,有了汉奸之后,才明白原来汉奸比暴君、奸臣更可恶。我们以为小人可怕,残害君子,其实小人和伪君子比起来,伪君子更加可怕,不但害忠良,而且利用小人之后再予加害。

伪君子为什么如此可怕,因为外表和君子一模一样,使人不觉得怀疑,而内心和小人相像,一心为私。中国人"公"字很重要,才不致成为小人,"诚"字很要紧,才不会变成伪君子。

把二看成三,带给中国人许多乐趣,因为阴阳消长,变化多端,适应力很强。也带来很多苦恼,君子和小人之外,又生出个伪君子,很伤脑筋。天底下有阴就有阳,有乐趣就有苦恼。如何合理消长,全凭个人的修养。

以往中国闭关自守,好坏自己承担。坏,也是自家事,与外人不相干。如今交通便捷,中国人有钱无钱,都想到处看看;资讯发达,中国人不管能听不能听,都要想办法听听。这样一来,中国既不能自外于世界,中国人就必须成为地球村的一分子。

说一分子,其实是一大分子。光凭人数,多得令人咋舌;数人头,中国人最多,这一点西方人十分担心。中国人素质好坏,也很引人注目。现代中国人,比过去更应该重视修己,实践君子之道,极力远小人。

中国必须现代化,但是现代化不失去中国人本色,才有意义,也才有价值。把二看成三,要持续下去,想办法用得合理便好。让全世界都了解鸦片战争之前,中国已经开展出几千年文明,并且对西方的近代化做出很大的贡献。也让未来地球村的人明白“现代化不一定要西化”,而不致惊慌失措。

中国人现在的经济发展,表面上好像是资本主义,其实不然。德国学者韦伯(Max Weber)早就指出,像儒家这样的学说,无法产生资本主义。现代日本、韩国、中国香港、中国台湾以及中国大陆,都深受儒家学说的影响,这些地区的经济发展,并不是资本主义,而是中华文化的正道表现。我们已经开始走上自己的道路,更应该好好了解自己,恢复信心,更小心翼翼地走上正道。

图书在版编目（CIP）数据

说不尽的中国人：曾仕强谈民族精神 / 曾仕强著. -2版（修订本）.
—北京：中国工人出版社，2017.4
ISBN 978-7-5008-6669-5

Ⅰ. ①说…　Ⅱ. ①曾…　Ⅲ. ①中华民族—民族精神—通俗读物　Ⅳ. ①C955.2-49

中国版本图书馆CIP数据核字（2017）第100488号

说不尽的中国人：曾仕强谈民族精神

责任编辑　宋　杨
责任校对　董春娜
责任印制　黄　丽
出版发行　中国工人出版社
地　　址　北京市东城区鼓楼外大街45号　邮编：100120
网　　址　http://www.wp-china.com
电　　话　（010）62005043（总编室）　（010）62005039（出版物流部）
（010）62379038（社科文艺分社）
发行热线　（010）62005049　（010）62005042（传真）
经　　销　各地书店
印　　刷　北京市密东印刷有限公司
开　　本　710毫米×1000毫米　1/16
印　　张　23
字　　数　362千字
版　　次　2017年8月第2版　2023年4月第7次印刷
定　　价　49.80元
